档案资源建设与信息化服务管理

陈 倩 侯晓辉 刘明珠 著

吉林摄影出版社

·长春·

图书在版编目(CIP)数据

档案资源建设与信息化服务管理/陈倩,侯晓辉,刘明珠著.--长春:吉林摄影出版社,2023.6
ISBN 978-7-5498-5869-9

I.①档... Ⅱ.①陈...②侯...③刘... Ⅲ.①档案管理-信息化建设-研究 Ⅳ.①G270.7

中国国家版本馆 CIP 数据核字(2023)第 123567 号

档案资源建设与信息化服务管理
DANGAN ZIYUAN JIANSHE YU XINXIHUA FUWU GUANLI

| 著　　　者:陈　倩　侯晓辉　刘明珠 |
| 出 版 人:车　强 |
| 责任编辑:罗　晗 |
| 开　　　本:787mm×1092mm　1/16 |
| 字　　　数:253 千字 |
| 印　　　张:11.25 |
| 版　　　次:2024 年 1 月第 1 版 |
| 印　　　次:2024 年 1 月第 1 次印刷 |

出　　版:吉林摄影出版社
发　　行:吉林摄影出版社
地　　址:长春市净月高新技术产业开发区福祉大路 5788 号
　　　　　邮编:130118
电　　话:总编办:0431-81629821
　　　　　发行科:0431-81629829
印　　刷:北京银祥印刷有限公司

ISBN 978-7-5498-5869-9　　　　定　价:48.00 元

版权所有　侵权必究

第七章 核素活度化的实施策略

第一节 核素活度化的背景 ································ 119
第二节 核素活度化的实施途径与方法 ···················· 141
第三节 核素活度化实施成功的条件 ······················ 150

第八章 核素活度化管理及策略

第一节 核素活度化管理技术的应用 ······················ 157
第二节 核素活度化技术本策略 ·························· 159
第三节 核素活度化管理的普遍的新探索 ·················· 162

参考文献 ·· 173

目 录

第一章 档案收集与管理工作 1
 第一节 档案收集与管理工作的内涵 1
 第二节 档案室与档案馆的收集工作研究 5
 第三节 档案的整理 11

第二章 档案鉴定与保管工作 19
 第一节 档案鉴定与保管工作的内涵 19
 第二节 档案鉴定工作的制度和组织机构 27
 第三节 档案的销毁程序 30
 第四节 档案的库房管理 34

第三章 图书馆档案资源配置 44
 第一节 图书馆档案资源配置的机制 44
 第二节 现代图书馆档案配置的评析 49

第四章 图书馆文献资源建设与档案应用 54
 第一节 信息应用于图书馆文献资源建设 54
 第二节 信息应用于读者服务来满足来馆者的策略 58
 第三节 档案文献信息资源共享并非尽善尽美 62

第五章 图书馆档案文献资源建设 67
 第一节 数字图书馆及数字化档案文献资源的建设 67
 第二节 数字化档案资源的流转、采集与传播 75
 第三节 数据编辑库及网络化档案信息资源的整合 88

第六章 档案信息化建设分析 100
 第一节 信息技术概述 100
 第二节 信息化与档案工作 108
 第三节 档案信息化的优势和任务 114

前 言

信息基础设施是国家的战略性公共基础设施，它对一个社会各方面的信息进行了标准化精准的采集与观测，从中可以对涉及一个社会的各种政治经济及未来发展规划，随着信息基础设施的长期发展及其信息化的纵深的国际性展开关注，相关研究技术对这一领域的研究进展发展，人们对信息基础设施及其信息化的纵深的国际性展开关注，相关研究技术对这一领域的广阔议题研究的也越来越多。

如今，以当代的知识领域都在5G技术中引领了向着重加广泛化、信息化、清晰化的数据的提取升，随之而来的是更重复难度的大数据，也导致了越来越多的数据家，也更需要水平更高的信息基础设施化的建设工作。这些因为我国信息系统门宽目前自身明显通问了方向，信息基础设施的信息基础通信网络加速运送而生，并成为了我国信息基础通信建设的关键配置基础。

信息化建设是一项系统性的工程。随着信息技术时代的来临，信息技术在社会各领域都将被广泛地运用，信息技术的应用存在于各信息化通信基础建设通信的发展上。为了适应时代的发展，也必将推动化的需要和人们活跃在科技工作上的长期存在，在信息基础建设通信和信息技术监控上能完全展现其发展活力，也能够完善的出现。

在编写过程中，我们借鉴了国内外许多专家和学者的著作，并在许多参考文献中做了标注，但是书中部分文献资料未能获得准确来源，有些参考数据来源——不明出处，同时由于编者的写作水平有限，书中难免存在编漏及遗忘之处，敬请读者同行加以指正批评指正。

第一章 档案收集与整理工作

第一节 档案收集与管理工作的内涵

按照档案形成的规律,把分散的材料接收、征集、集中起来,并对收集来的档案分门别类组成有序体系是档案管理中的一项基础工作,这就是档案的收集与整理,通过这两项工作,档案管理人员可以把分散在各机关、部门、个人手中和散失在社会上的档案,集中到机关档案室和国家档案馆进行科学管理,从而建立档案实体的管理秩序,为档案鉴定、保管、检索、利用、编研等工作奠定基础。

一、档案的收集工作

(一)档案收集工作的内容

档案收集是一种按照党和国家的规定,通过例行的方式和制度接收、征集有关档案和文献的活动,这种活动可以将散落在各机关、组织、个人手中的相关档案统一收集到有关的档案室或档案馆,以便实现对相关档案的科学管理。具体来看,档案收集工作涉及以下几方面的内容。

①机关单位、事业单位和企业单位的档案室对本单位所要归档的档案的接收。

②档案馆对辖区内现行的机关单位、事业单位、企业单位和撤销单位的具有长期保存价值的档案的接收。

③对中华人民共和国成立以前各个历史时期所形成的档案的接收与征集。

在这里需要注意的是,档案收集工作并非是一项简单的事务性工作,而是一项会受国家政策影响,并且具有很强业务性特征的工作。这主要体现在两方面:一方面,档案室和档案馆在收集档案时需要根据国家政策规定,以及档案的特性进行选择;另一方面,档案收集工作受档案形成者的档案意识水平、价值观以及档案馆(室)保管条件等多种因素的制约,需要综合研究、统筹规划,以提高档案收集工作的质量。

(二)档案收集工作的地位

在整个档案管理工作中,档案收集处于一个十分特殊的地位,这一地位主要体现在以下几方面。首先,档案收集工作是档案馆(室)积累档案的一种重要手段,也是档案馆(室)开展档案工作的业务对象和业务起点。其次,档案收集工作是档案馆(室)对档案进行有组织、有目的、有纪律、有规划的管理的一项具体措施。再次,档案收集工作质量的高低情况,会直接影响档案馆(室)其他工作的开展和实施。最后,档案收集工作是档案馆(室)和外界发生联系的重要环节之一,是以国家相关政策为依据,与社会进行广泛接触,且需要工作人员具有较强的业务能力的工作。

(三)档案收集工作的特点

1. 预见性与计划性

作为人类各种社会活动的伴生物,档案的形成具有很强的分散性特点,即档案是散布于社会各个方面的,档案室和档案馆要进行档案收集,只有对其进行认真调查,科学地分析和预测档案形成、使用、管理的规律和特点,这样才有助于从分散的档案中做好收集工作。

同时,档案馆和档案室在进行档案收集时,还必须充分、全面地了解和把握本馆(室)主要档案用户的利用动向、特点和规律,以便结合档案用户的长远需要收集能为他们所用的档案,真正发挥档案收集的作用,这意味着档案馆和档案室需要提前做好档案收集工作的计划,以便有计划、主动地开展档案收集工作。

2. 完整性与系统性

档案收集的一个重要要求就是收集到的档案必须在种类、内容方面符合齐全、完整的特点,同类档案之间也应能构成一个有机整体,这就使档案收集工作也表现出完整性和系统性的特点。档案收集的完整性和系统性特点要求档案收集工作人员在收集档案时,必须考虑档案当前以及未来在生产、生活中能起到的积极作用,以便真正发挥档案收集信息参考的价值。

3. 针对性与及时性

档案收集工作,必须根据各级各类档案馆(室)的收集档案的范围来进行,不能违反国家规定,擅自收集不属于本馆(室)收集工作范围的档案,以保证收集工作能够有目的、有重点地进行。档案收集工作还具有及时性的特点。它要求档案人员必须具有明确的时间意识,将应当接收或征集的档案及时收集进馆(室)。档案部门应当尽最大的努力,避免拖延迟误,在掌握有关信息线索的前提下,采取相应的方式,尽快将档案收集起来。

二、档案的管理工作

(一)档案管理工作的内容

一般情况下,档案管理工作的内容主要包括区分全宗、在全宗内建立档案分类、立卷并进行案卷编号、编制案卷目录。而考虑到实际工作中存在状况的差异,具体的档案整理工作内容也会有所差异,从实际情况来看,目前我国的档案管理工作,按其内容范围大致可以分为以下三种情况。

①在正规的工作条件下,档案室所接收的文件大多数是由文书部门和业务部门按照本室档案归档工作的要求立好的案卷,而档案馆接收的档案则是根据本馆档案要求整理好移交的案卷。正因为这样,档案室和档案馆的档案管理工作主要是对接收的档案进行更大范围的系统和整理,如全宗和案卷的排列、案卷目录的加工等。

②一些已经入馆、入室保管的档案文件,档案室在整理时可能发现其中存在一些不符合

本馆、本室档案工作要求的情况,这就需要档案馆和档案室根据本馆、本室档案工作要求对其进行重新加工整理,以提高档案整理的质量。同时,还有一些保存时间较长,档案自身和整理体系已经发生变化的档案,档案室和档案馆也需要对其进行调整。

③一些情况下,档案室和档案馆也会接收一些零散的档案文件,这就需要工作人员对其进行全过程的整理和加工,其工作内容与一般档案整理工作内容相同,即区分全宗、在全宗内建立档案分类、立卷并进行案卷编号、编制案卷目录。

在实践中,我国档案室和档案馆对档案的管理主要属于第一种情况,但后两种情况也经常出现。因此,档案工作人员需要熟悉整个档案管理工作的程序,掌握相应的业务能力。

(二)档案管理工作的程序

1. 系统排列和编目

在正常情况下,档案室接收的是文书部门和业务部门按照归档要求组合好的文件材料,而档案馆接收的是各个单位档案室按照进馆规范系统整理的档案。因此,对于档案室和档案馆来讲,档案管理工作只是在更大范围内对接收进来的档案作进一步调整。

2. 局部调整

档案馆(室)在日常管理工作中,要定期对所藏档案进行检查,发现明显不符合要求、确实影响保管和利用的档案,档案馆(室)有责任对不合理的整理状况进行局部的调整。

3. 全过程整理

档案馆(室)在收集档案过程中,由于种种原因,其中有些档案没有经过系统的整理,处于凌乱状态,这就必须进行全宗划分、组合、排列和编目的全过程整理工作。

(三)档案管理工作的原则

1. 注意保持档案之间的有机联系

可以说,档案整理的任务就是要"自然地"按照档案文件"固有的次序"去排列组合档案文件实体并固定它们相互间的位置,使之保持其内在的、客观的有机联系,形成具有合理有序结构的整体。

档案之所以会对各种类型的、有着不同需求的用户有用,就是因为它记录了一定的人类活动过程。这种活动过程是与各种事物相联系的,因此日后的利用者才会从这一活动过程与自己所查考的事物的关系的角度出发,需要利用这种档案。也就是说,从各种角度、方面对档案的利用要求,实际上是档案所反映的活动过程本身所诱发的,是由这种活动本身的存在而派生出来的。因此,档案分类只能依据形成档案的活动过程本身所具有的运动规律和科学程序来进行,即应以保持文件中与这种过程、规律或程序相吻合的本质有机联系为原则。

在这里需要注意的是,档案之间的有机联系并不是绝对的,而是相对的。在同样类型的活动过程中,事物之间的各种矛盾和联系也是多种多样的。哪种主要,哪种次要,这是随客观条件的变化而变化的,对待文件间的有机联系必须具体问题具体分析,绝不能强求一律,机械地认为保持某种联系最重要,就僵硬地坚持非采用某种分类方法不可。相反从实际出发变换我们的方法,力求保持文件间最紧密的联系,才是唯一正确的做法。

2. 充分利用原有的整理基础

档案是历史的产物,在入藏以前,有的可能存有文件作者或经办人员保管、利用它们的痕迹,有的则可能经过历代档案工作人员的整理。因而在档案整理过程中注意发现上述遗迹并加以利用,即充分利用原基础,也是科学组织档案分类工作的一条原则。

档案中存在的经初步保管、整理的状况或成果,在某些情况下,可能会具有一定的合理成分。如文书处理人员为便于承办和利用,常把同一事件的请示与批复放在一起,造成了档案文件间一种自然的排列次序;而过去的档案人员整理文件时,更是出于当时的某种需要或某种考虑,把具有某种共同特征(问题、作者、时间或形式等)的文件组合在一起。正因如此,应该从实际出发,充分认识并利用原有的基础,以确定档案整理的任务与方式,不轻易打乱重整。也就是说,在整理档案之前,应对档案的现状作调查研究。

第一,如果发现档案已初步经过整理,原基础较好,一般就不必打乱重整。这种原有的基础,按现时的标准衡量,可能在保持有机联系的问题上有这样那样的缺陷。但是整序档案作为实体控制的手段,其目标无非是要使档案按一定的规则或规律排列起来,确定其存放的位置,以便于检索。只要这些档案尚有规可循,有目可查,一般就应尽量保持其原有的整理体系。

第二,即使原基础很不理想,根本未经整理或必须重整,也应仔细研究存在于档案中的每一丝线索,不轻易打乱破坏文件产生处理过程中形成的自然顺序,或前人的整理成果。也就是说,要注意吸取原基础中的合理成分,即使对某些极简单的保存与清理工作的痕迹,也应注意分析是否有参考价值。只有在全面掌握原基础情况以后,才能拟订确实可行的计划,动手整理或仅仅作局部调整。

3. 便于保管和利用

整理档案时,应充分利用档案原有的基础,积极保持档案之间的有机联系,但在具体的整理实践中,有些文件的联系的保持又容易与档案保管的便利性产生冲突。例如,某次会议产生的文件,有纸质的,也有视频的、音频的,还有可公开的、必须保密的,如果单纯只强调文件之间的有机联系,将它们混合起来进行整理,很显然会对保管的便利性产生不利影响。因此,在整理档案时,如果档案之间的有机联系与档案保管的便利性产生冲突时,不能只重视文件联系,还要充分考虑档案保管与利用的便利性。对于不同种类、不同载体、不同机密程度、不同保管价值的档案应根据具体情况具体处理,恰当组合,以便在一定范围内保持档案的最优化联系。

在这里需要注意的是,档案整理必须便于保管和利用,并非是通过它就能完全满足从多角度检索档案文件的一切需求。便于保管和利用不仅是档案整理的出发点,更是整个档案管理工作的出发点。不能要求在实体控制阶段就"毕其功于一役",解决应由整个档案管理各阶段共同一起解决的问题。应该看到,档案整理工作的任务只能是按一种规则排列档案实体使之形成有序结构,从而为档案的更好保管和进一步利用提供必要的基础。至于使档案信息能从多角度检索,满足一切查寻要求,那是智能控制的任务,不能强求由档案的实体整理去完成。否则就只能今天按这一种方法整理,明天又按那一种方法排序,反而使档案实体易于损毁,不便利用。

第二节　档案室与档案馆的收集工作研究

一、档案室的收集工作

档案室的收集工作包括接收本单位归档的文件和收集未及时归档的平时文件两个方面的内容。其中，文件归档是档案室收集档案的主渠道，平时文件的收集则是一种补充的形式。

（一）文件归档

各单位在工作活动中产生的文件材料办理完毕后，不得由承办部门或个人分散保存，必须由文书部门或业务部门系统整理，定期移交给本单位档案室集中管理，这就是归档。在我国，归档是党和国家明文规定的一项制度，并且以法律的形式固定下来，这就是通常所说的归档制度。归档制度是档案室收集工作的重要内容和最基础的工作，建立健全归档制度能够确保档案室档案来源的连续性，为国家积累档案财富提供重要保证。

1. 归档范围

归档范围是指办理完毕的档案文件应该归档还是不应该归档的范围。决定文件是否应该归档的因素主要是档案文件本身的保存价值。根据国家档案局制定的《机关文件材料归档范围和文书档案保管期限规定》（国家档案局第8号令），以下几种档案文件都属于归档范围。

①能反映本机关历史发展情况，以及本机关的主要职能活动，并且对本机关的工作具有利用价值的文件材料。

②在机关工作活动中形成的，在维护国家安定、公民权益等方面的凭证性文件材料。

③本机关需要执行的上级机关、同级机关的文件材料，以及下级机关报送的重要文件材料。

④其他对本机关工作具有参考价值的文件材料。

不属于归档范围的文件材料，主要包括以下几种。

①备份的文件材料，如国家相关机关印发的文件，本单位内凡有备份的，均由主管单位负责归档，其余可不必归档。

②一般事务性，且没有保存价值的文件材料。

③未经会议讨论，未经领导审阅、签发的文件材料。

④未成文的草稿，以及经过多次修改的修改稿。

⑤与本机关、单位业务无关的由主管机关和非隶属机关发来的文件材料。

⑥本机关领导兼任其他机关职务期间形成的文件。

⑦一般人民来信。

⑧法律规定的不得归档的文件材料。

总之，确定归档范围的一般原则是：归档文件必须具有一定的保存价值，必须符合各机关文件材料的实际状况。各机关和单位应根据国家的统一规定和要求,确定本机关归档和不归档文件材料的范围。

2. 归档时间

归档时间是指文书处理部门或业务部门将需要归档的文件材料向档案室移交的时间。

《机关档案工作条例》规定:机关文书部门或业务部门一般应在文件办理完毕后的第二年上半年,即在次年6月底以前向档案部门移交。

《企业档案工作规范》规定:企业在经营管理工作、生产技术管理工作、行政管理工作、党群工作中形成的文件,一般应在办理完毕后的第二年第一季度归档。

某些具有一定专业性的文件可以另行规定合适的归档时间,如会计档案在会计年度终了后,可暂由会计机构保管一年,期满后,应当由会计机构编制移交清册,移交本单位档案机构统一保管;学校档案应当在次学年6月底前归档;磁带、照片及底片、胶片、实物等特殊载体则应在工作结束后及时归档,或和相应内容的纸质载体同步归档等。在这些文件中,科技文件的归档不同,它没有固定的归档时间,主要根据科技文件材料的不同类型和特点、不同的形成规律和利用需求来确定合适的归档时间。一般来说,有定期归档和实时归档两种。定期归档可分为按项目结束时间归档、按子项目结束时间归档、按工作阶段归档、按年度归档四种,实时归档适用于机密性强的科技文件材料和外来材料(外购设备的随机图纸、文字说明,委托外单位设计的文件材料等)。

3. 归档文件的质量要求

根据《归档文件整理规则》的规定,应该从以下几个方面检查归档文件的质量。

①归档的文件应齐全、完整,每份文件不缺张少页,并组成保管单位。

②遵循文件的形成规律,保持文件之间的有机联系,区分不同价值,便于保管和利用。

③卷内文件经过系统整理和编目。

④案卷封面填写清楚,案卷标题准确,案卷排列合理,编号无误。

⑤编制了完整的案卷目录和相关的文件。

⑥对已破损的文件应予修整,对字迹模糊或文件载体存在质量隐患的文件应予复制。

⑦归档文件所使用的书写材料、纸张、装订材料等应符合档案保护要求。

⑧在文书档案文件组卷时,一般应将文件按年度分开,不同年度形成的文件一般不可放在一起组卷。但是,跨年度的请示与批复,应放在批复年度立卷,没有批复的,放在请示年度立卷。

⑨录音带、录像带、影片、照片等特殊载体的文件,应同纸质文件进行统一整理、编目,但要分别存放,在案卷目录上要注明互见号,以保持文件间的历史联系,便于查找利用。

⑩绝密文件和绝密电报应该单独立卷(少量普通文电如与绝密文电有密切联系,也随同绝密文电一起立卷)。

对于不同保存价值的文件,应当分开组卷,以便日后向档案馆移交,防止拆卷重组问题的产生(表1—1)。

表1-1 移交案卷目录

卷号	案卷标题	案卷起止日期	卷内页数	保管期限	备注
		年 月 至 年 月			

(二)平时文件的收集

平时文件收集是指档案室在执行归档制度之外对零散文件的收集。

1."账外"文件的收集

"账外"文件是指未经单位文书部门登记入账,在收、发文登记簿上无"账"可查的文件。"账外"文件主要有:本单位召开的各种会议文件材料;本单位领导和业务人员外出开会或参观学习考察等活动中获取的文件材料;外单位直接寄发给领导"亲启"的文件或直接给部门和有关人员的文件材料;本单位内部各种规章制度、统计数字材料等。

2.专业文件的收集

专业文件是指在各项专业活动中形成的文件和特殊载体的文件材料。档案室在重视对文书档案、科技档案收集的同时,还应重视对各种专业文件的收集;在重视对纸质文件收集的同时,还应健全归档制度,重视对音像等其他载体文件的收集,确保档案室保存的文件门类齐全。

3.零散文件的收集

零散文件的形成原因主要有两个方面:一是某些单位由于归档制度未建立或归档制度执行不严,致使文件材料分散保存在内部机构、领导或业务人员手中,特别是未经收发室登记的文件和某些内部文件;二是由于机构调整、人员变动或发生搬迁、灾害等特殊情形,使归档文件不齐全、不完整。

二、档案馆的收集工作

档案馆作为党和国家的文化事业机构,是集中保管党和国家重要档案的基地,是社会各方面利用档案信息资源的中心。因此,它必须要以拥有丰富、优质的馆藏档案和资料为基础。做好档案的接收与征集工作是档案馆工作中一项非常重要的内容。

(一)档案馆档案接收的范围

按照《档案馆工作通则》和《各级国家档案馆收集档案范围的规定》的文件精神,档案馆接收的范围包括如下几方面。

①本级各机关、团体及其所属单位具有永久保存价值的档案,省辖市(州、盟)和县级档案馆同时接收长期保存的档案。

②属于本馆应接收的撤销机关、团体的档案。

③属于本馆应接收的中华人民共和国成立以前的各种档案。

对于第①条所列"本级各机关、团体及其所属单位"中的所属单位,在具体接收时要明确规定接收到哪一级所属单位。目前一般只接收到二级单位,档案馆各方面条件具备也可以接收到所属的基层单位。比如省、市档案馆,按规定应接收省(市)直属机关、团体、企业、事业单位的档案。如果接收到二级单位,就可以接收省直机关所属的公司(如百货公司、五金交电公司、服务公司、食品公司等)的档案。如果接收到所有的隶属单位,就要接收各公司所属的工厂、商店的档案。

党的组织关系在地方,属于地方和上级主管部门双重领导的单位形成的、以反映地方某项事业或建设活动为主的档案,经有关方面协商,也可以属于第①条范围内。

另外,集体所有制单位和典型私营企业形成的有进馆价值的档案和著名人物档案,经协商同意,也属于档案馆的第①条的接收范围。

(二)档案馆档案收集的要求

为保证接收工作的顺利进行,档案馆在接收档案时,一般应符合如下要求。

①档案整理编目规范。档案由有关单位收集齐全,并按规定进行系统整理。

②档案收集完整。进馆档案应按全宗整理,保持全宗的完整性。一个全宗范围内文书档案、科技档案、音像档案和实物等各种门类和载体的档案应作为一个整体,统一移交给一个档案馆。

③档案检索工具齐全。接收立档单位档案的同时,应将其编制的组织沿革、全宗介绍、案卷目录等有关检索工具以及与全宗相关的各种资料一并接收。

④限制利用意见明确。对自形成日期满30年仍能对外开放的档案,各有关单位应在移交时提出明确的控制利用意见。政府信息公开部门应对移交档案中涉及政府信息的,书面告知其原有公开属性。

⑤清点核对手续完备。档案移交时,交接双方必须根据移交目录清点核对无误,并在交接文据上签字盖章,一式两份分别由双方单位保存。档案交接文据见表1-2。

表1-2 档案交接文据

档案全宗名称						
移交单位名称				接收单位名称		
性质	移交	档案所属年度				
档案类别		数量				检索及参考工具种类和数量
		永久	30年	10年	排架长度	
文书档案(卷)						
科技档案(卷)						
音像档案(录像带、光盘)						
会计档案						

续表

实物(件)					
合计					
移出说明					
接收说明					
移出单位:(印章) 领导人: 经办人: 移出日期:　年　月　日			接收单位:(印章) 领导人: 经办人: 接收日期:　年　月　日		

(三)档案馆档案收集的任务

1. 现行机关档案的收集

按照《档案馆工作通则》等文件的规定,现行机关档案中具有长远保管意义的部分,需要定期向档案馆移交。接收现行机关档案室移交的档案,是各级档案馆的经常任务。

在对现行机关档案的接收时间上,档案馆接收现行机关保管期满的档案时,有逐年接收和分段接收两种办法。逐年接收,就是每年对现行机关保管期满的档案接收一次;分段接收,就是要隔一定时期(如3年、5年)对现行机关保管期满的档案接收一次。一般采用后一种办法为宜。

现行机关档案产生和形成的档案文件数量多、完整、系统,并且具有连续性。收集这些档案时需要满足以下几方面的要求。

①按规定向档案馆移交的档案,应该收集齐全(与档案有关的资料、立档单位的组织沿革、全宗指南及有关的目录、索引等检索工具,随同档案一并接收),并按全宗作为一个整体归入档案馆,不得随意分散。

②进馆的档案必须真实。凡有疑点的档案,都要尽可能加以考证,如果一时难辨清楚,也要存疑,予以证明。

③在接收档案过程中,除了履行必要的交接手续以外,在档案进馆前应做好案卷的检查验收,具体可以按照自检、互检、检查小组检查接收的步骤进行。

④馆藏档案内容除具有普遍性特点以外,还必须反映本地区的特点,有独到的地方特色。各省(市、自治区)档案馆的馆藏内容,有别于其他省(市、自治区)的鲜明地方色彩。要把带有地方特点的档案,作为接收的重点,以防止档案内容的大量重复。

⑤现行机关移交档案时,必须根据移交目录,同接收档案的有关档案馆一起清点核对,并在交接文据上签字盖章,以便明确交接双方的责任,保证进馆档案的完整齐全。

2. 撤销机关档案的收集

由于体制改革、行政区划调整等原因而被撤销合并的机关、团体、企业、事业单位及其他社会组织。档案馆按国家规定接收这类机关、团体、组织的档案,也是档案馆档案收集的重要任务。

撤销机关档案,具有易分散、整理不系统、存在尚未办理完毕的文件等方面的特征。为此,档案馆在接收撤销机关的档案时,除了应按接收现行机关档案的要求对所接收的档案进行检查外,还应注意以下问题。

①机关撤销或合并时,严禁将机关在历史活动中形成的文档予以分散、损毁、丢弃,而应将全部档案进行认真清理、鉴定,并妥善保管,之后按照国家相关规定,将这些档案移交相关档案馆进行管理。

②当某机关被撤销,其业务被划归到其他几个机关时,也不能将这个撤销机关原本留存的档案文件予以分散,而应将其视作一个有机整体妥善保管。然后由相关的单位通过协商的方式处理这些档案,当然也可以将其交给某个接管机关代管,或移交相关档案馆。

③当某个机关并入另一个机关,或几个机关合并为一个新的机关时,应按机关将其档案分别组成一个个有机整体,然后分别向有关档案馆移交,而不能将这些合并前的机关档案与合并后形成的档案混合在一起。假如接管撤销机关职能的机关,因为工作需要,可以在征得有关档案管理机关同意后,暂时代管撤销机关的档案。代管过程中一定要注意不要将撤销机关的档案与本机关的档案混淆,以便日后能清楚明白地将撤销机关的档案移交有关档案馆。

④机关撤销或合并时,假如存在还没有办理完毕的档案文件,应将这些文件转交给继承原机关单位职能的有关机关进行后续档案的处理。

3. 二、三级单位形成档案的收集

根据《各级档案馆收集档案范围的规定》的要求,各级人民政府的直属工作部门所属的独立分管某一方面工作或从事某项事业的行政管理机关和企事业单位,以及有代表性的第二、第三级单位形成的档案应向各有关档案馆移交。档案馆在接受这些档案时需要注意以下几方面的问题。

(1)避免不分重点,普遍接收

对二、三级单位形成的档案,档案馆必须择其有代表性的、典型的单位档案予以接收,而不能一味追求数量,采取普遍接收的办法。这就需要档案馆在接收档案前,要先做好调查工作,将本级机关或组织的所有的二、三级单位一一列举出来。在此基础上,按一定条件进行筛选,最后确定入馆单位的名单。

(2)避免不加选择,盲目接收

某些档案馆,为使馆藏数量增加,大量接收二、三级单位的档案,致使馆藏档案质量下降,数量"暴涨",入馆的这种档案分类混乱,重复件增多(如统计报表、劳动及组织人事文件重复严重),给档案馆增加了人员、库房设备等方面的压力,给档案管理(如标准化工作)带来了沉重的负担。

(四)档案馆档案收集的方式

一般而言,档案馆对档案的收集方式主要有两种:逐年接收和定期接收。逐年接收即每年接收一次档案,定期接收就是每隔一定时期(如3年、5年)接收一次。

但是,档案馆对科技档案的收集方式有所不同,实行相关单位主送制和科技档案补送制。

1. 相关单位主送制

对于普通文书档案而言,应按要求将其中具有永久和长期保存价值的所有档案都移交进馆。科技档案则不采取这种普遍接收进馆的制度,而是实行相关单位主送制,即对不同种类及不同项目的科技档案,按照国家有关规定,分别确定报送单位,主送单位报送档案中的不足部分由其他有关单位补充移交。

2. 科技档案补送制

建立补送制的目的,是为了及时反映进馆档案所涉及的科技、生产项目的发展、变化情况,保持馆藏科技档案的完整性和准确性。例如,进馆档案所反映的基建项目进行重大改建、扩建,产品改型、换代等,在这些情况下,原移交单位要向档案馆补送相关的科技档案。

第三节 档案的整理

使档案实体系统化、有序化的整理工作也可称为档案的整序,它主要是通过分类来进行的。整序的过程就是对档案实体分分合合,将它们分层次组成全宗群、全宗、系列和案卷(或保管单位)并进行排列的过程。

一、区分全宗和全宗群

档案整理首先从区分全宗开始,这不仅因为档案信息的有机关联性首先是在全宗这一层次上体现出来的,而且因为全宗是档案馆对档案进行日常科学管理的基本单位。衡量文件的价值以决定是否选择它们进入档案馆的工作,是以全宗为基础进行的;为档案编目,保管、交接档案,也都要按全宗进行。全宗在馆藏建设和对档案实体进行控制的过程中有着举足轻重的地位。

全宗是一个国家机构、社会组织或个人在社会活动中形成的具有有机联系的档案整体。一个全宗,反映了一个单位或个人活动的全过程。同时,全宗也是档案馆(室)对档案进行科学管理的基本单位。

(一)确定全宗的构成方式

区分全宗实际上就是将产生于同一活动过程的档案集中在一起,以便使它们与其他各类档案区别开来。科学地确定全宗的构成方式是区分全宗的前提,而全宗的构成方式是指全宗围绕什么样的核心(主体还是客体)形成,因此,确定全宗的构成方式实际上就是在判断全宗范围和界限的基础上,确定全宗是围绕什么中心形成的。

然而,任何人类活动都是主体、客体之间相互作用的复杂过程,站在不同的角度,按不同的标准观察分析,对活动过程和文件据以形成的核心就必然会有不同的理解,得出不同的结论。机关档案室档案之所以应构成主体全宗,就是因为站在现行机关的立场上,必然把由本机关进行的全部活动,看作以本机关主体为中心进行的完整活动过程。但是如果站在更宏观的角度,即站在档案馆的立场上,从全社会的范围观察分析,对此又可能会有不同的认识,而且不同类型的档案馆的服务目标和担负的任务不同,所体现的社会需求和用户整体利益也不同。站在它们各自不同的立场上,分析形成全宗的人类活动过程和全宗本身的构成方式,其结论必然不尽一致。

具体来看,立档单位不是固定不变的,由于社会的发展,事业的进步,常常引起一些机关的增设、撤销或合并,这些发展变化常常给全宗的划分带来一些新的问题,需要在实践中认真对待。这就要求在具体划分时应该研究立档单位的各种变化情况,辨别哪些变化是根本性的,应当产生新的立档单位和全宗;哪些变化是非根本性的,不应成立新的立档单位和全宗。

1. 政权更迭及跨政权立档单位的区分全宗

不同政权中的政府性质立档单位,虽然职能相近或相同,但因所属政权的差异,名称会有一定的差别,因此决不能将跨政权的同一职能的立档单位视为一个单位,因此,它们的档案也不应构成同一个全宗。不同政权中的非政府性质的立档单位,如学校、社团、政党等,它们的档案可以构成一个全宗,但在具体的管理中应将他们按照所属政权的时间分为不同部分。不同政权中存在的具有较强政治色彩、对政权依附性较大的立档单位,如军事院校等,由于政权更迭中一般会进行重大的改造,因此其档案也应像政府性质的立档单位一样,构成不同的全宗。至于个人全宗,不管其立档单位或个人是否跨政权存在,也不管他们的政治倾向、职业等是否会发生重大变化,其档案都应构成一个全宗。

2. 临时性机构档案的区分全宗

各种临时性机构形成的档案,一般不设新全宗。因为临时性机构的业务往往属于某机关或若干机关业务范围之内,存在的时间不很长,形成档案的数量不多。个别的临时性机构,独立性较强,存在时间较长,其档案也可以考虑成立新的全宗。

3. 立档单位变化所导致的区分全宗

在立档单位的政治性质无根本变化的情况下,主要是分析基本职能是否有根本变化。

(1)新建

新建立的机关、企业、事业单位,它们的档案可以构成一个全宗。

(2)独立

某一个单位原属一个立档单位,但后来这个单位被分离出去,负责原立档单位的部分职能。从它独立之后,它所形成的档案就可以构成一个新的全宗。

(3)合并

由两个或两个以上的撤销单位构成一个新的单位,这个新的单位一般与其原单位虽然前后存在一定联系,但在职能上却有明显差异,它们所形成的档案也应构成一个新的全宗。

(4)分开

当一个机关、单位被分割为两个或两个以上的单位,原来的机关、单位在分割之前应构成一个全宗。分割后形成的新机关、单位分别构成不同的全宗。

(5)合署

当两个单位合署办公,但其文件又是分开处理时,它们所形成的档案应分别构成全宗。

(6)从属

当某一个立档单位由于工作的需要,后来变为某一个机关内部的组织机构时,改变之前形成的档案为一个全宗,改变后形成的档案为另一个全宗的一部分。

4.组织全宗与个人全宗档案的区分

个人全宗与组织全宗中的档案在有些情况下会出现交叉现象,也就是说某些档案既有一定的个人属性,又体现出自组织属性,如某个单位领导以个人名义发表的文件。对于这种情况,一般采用以下的处置方式:首先,凡是以组织的名义制发的文件都应归入组织全宗,个人全宗如果有必要,可以保留副本;其次,组织全宗中不保存个人性质的文件,如个人自传、对个人情况的调查文件等;最后,决不允许将具有组织与个人双重性质的档案文件抽出归入个人全宗中。

(二)全宗群及其划分

联系密切的若干全宗的群体,称为全宗群。在我国,全宗的组织常常通过组建"全宗群"来体现和维系全宗之间的联系。各个立档单位的工作活动不是孤立的,而是互有联系的,因此,一定的全宗之间也就有了必然的历史联系,这种具有时间、地区、性质等共同特征的,有密切联系的若干全宗的组合体,称之为"全宗群"。具体而言,全宗群是指同一时期或地区,在纵向或横向方面具有相同性质的立档单位形成的若干个全宗构成的一个有机群体。组织全宗群的目的在于维护同一类型或专业系统的若干个全宗的不可分散性和保持文件材料在更大范围内的历史联系,便于管理和开发利用。

为了便于保管和利用,应该把互有联系的全宗组织到一起,维护一定类型全宗的不可分散性。全宗群首先按照档案形成的不同时期分为几大部分,然后每一部分再按立档单位的类型和特点,对全宗进行细分。比如,按照立档单位的性质,把档案分成工业交通系统、农林水利系统、财政、金融、商业贸易系统、科学文化、教育、卫生系统等;或者按区域分类,分别组成全宗群。全宗群分类一般应和档案的分库保管相一致,一个或几个性质相近的全宗群应当集中保存在相同的档案库房内。

全宗群不是具体对档案进行整理和统计的一个固定的实体单位,而是在档案管理中起指导和组织作用的一种形式和方法。

(三)全宗的编号

各个档案馆都保存有一定数量的全宗,为了便于各项工作的开展,除了要对全宗进行一定的组织外,还应给每个全宗编一个代号,称为全宗号。

全宗号是档号的组成部分,在档案数量、全宗数量增加以及检索工作发展的情况下,全宗号对于档案系统化整理、编目、检索具有十分重要的作用。

1.全宗编号规则

第一,对全宗进行编号,要考虑馆藏全宗的特点及管理的方便。根据全宗的类型和数量合理编号。

第二，应为新全宗的编号留有余地，避免因新入馆的全宗打乱整个编号体系。

第三，全宗号应力求简洁，方便实用，不能过于烦琐。

第四，全宗与全宗号之间一一对应，一个全宗只能有唯一的一个号码，便于统计和检索。全宗号数应能如实反映馆藏全宗数量和档案出处。

第五，已编好的全宗号不得任意更改，应保持其稳定。即使某一全宗的全部档案都已移出，该全宗号亦不得挪作他用，以免发生混乱。

2. 全宗编号方法

全宗编号的方法有很多且各不相同，归纳起来主要有序时流水编号法和体系分类编号法两类。序时流水编号法是按全宗进馆时间的先后顺序进行编号。这种编号方法简单实用，比较客观，适合全宗量不大、全宗类型较为单一的档案馆采用。体系分类编号法是对全宗先进行一定的分类或分组，再编号。这种编号方法逻辑性、系统性强，层次分明，能反映全宗本身的性质和特点，但编制较复杂，其号码不易分辨和记忆。这种编号方法适合馆藏全宗数量大，全宗的时间、地域跨度大，类型复杂的档案馆采用。这两种全宗编号方法各有优缺点，在具体应采用哪种方法来编号时，档案馆应依馆藏全宗的状况而定。

全宗的编号与全宗在库房内的实际排列顺序有时一致，有时不一致。在一些规模较大、馆藏数量较多的档案馆，不一致的情况居多。全宗的排列可按全宗号顺序排列，也可按立档单位的历史时期、性质、所属系统、地区以及立档单位名称的音序或笔画排列。在我国，通常按全宗群来排列，即把同一时期、同一系统或相同性质的全宗排列在一起，以保持同类全宗之间的联系。一般来说，全宗的排列方法和次序对全宗的编号无决定性影响，当全宗在库房中的排放根据保管需要有所变动时，并不需要改变全宗号。但全宗号作为查找档案出处的一种手段，若与全宗的实际排列顺序相一致，则有利于迅速找到所需档案。

二、全宗内档案的分类

(一)全宗内档案系列的划分

划分系列在全部档案整理程序中是承上启下的环节。它不仅深化了由区分全宗开始的整序过程，而且为立卷及案卷排列等工作奠定了基础。分类必然是一个由总到细，从一般到个别的逻辑过程，如果不先分系列(或者说如果不事先拟订出全宗内的分类方案和分类规则并使文件据以自然地归类)，反而先自下而上盲目地将文件组合堆砌成卷，势必造成各卷文件之间的交叉、重叠、混乱，以至于无法检索利用并使编目和统计难以进行。

划分系列包括选择分类方法、制定分类方案和类分文件等具体内容，它是在区分全宗的基础上进行的。两者的区别在于：区分全宗是站在宏观角度，以整个档案馆已经和将要收藏进馆的档案为受控客体，其目标是保证档案反映同一活动过程的完整性；划分系列则是站在微观角度以某一全宗内的全部档案为受控客体，其目标是改善全宗内文件数量多、内容杂且巨细不分、不便于检索的现状，使之分别归入相互联系、相互制约、层次分明、结构严谨的类别系列中去,从而有可能系统地提供利用。

(二)全宗内档案的分类

1. 全宗内档案的分类原则

全宗内档案分类总的原则是要科学、客观、符合逻辑,并能反映档案的形成特点和规律。具体分类原则如下。

第一,根据全宗的性质和特点,选择适当的分类标准。能够恰如其分地揭示档案间的内在联系,使整个分类系统具有客观性,组成一个有机的整体,系统反映出立档单位的活动面貌。

第二,类目名称应含义明确,具有系统性,有合理的排列顺序。必要时,对类目所指范围和归类方法应有说明,以保证分类的一致性。

第三,分类层次简明,类目不宜过细、过多。一般来说,类目划分到二级至三级,使之能包容一定数量的案卷。另外,划分类别时应留有伸缩余地,以便随实际需要增加或减少类别。

第四,分类体系的构成应具有逻辑性,遵守逻辑划分规则。一次分类只能使用一个分类标准,子类外延之和正好等于母类外延,子类之间必须界线清晰,不能互相交叉,类目概念应明确。

2. 全宗内档案的分类标准

全宗内档案的分类标准主要有文件的时间、来源、内容、形式四种,每一标准下又有不同的分类方法。

(1)按文件产生的时间分类

按文件产生的时间对全宗内档案进行分类,可按年度分类形成不同年份的档案,也可按立档单位在发展过程中形成的不同时期(或不同阶段)形成不同档案类别。

(2)按文件的来源分类

按文件的来源对全宗内档案进行分类,可按立档单位的内部组织机构形成不同机构的档案,也可按文件的作者形成不同类别的档案,还可按与立档单位有较稳定的来往通信关系形成不同档案类别。

(3)按文件的内容分类

按文件的内容对全宗内档案进行分类,可按文件内容所说明的问题(事由)分类,也可按文件内容所涉及的实物分类,还可按文件内容所涉及的地理区域分类。

3. 全宗内档案分类方案的编制

全宗内档案分类的表现形式是分类方案,它是用文字或图表形式表示一个全宗内档案分类体系的一种文件。当选用了某种联合分类法以后,就应该编制一份分类方案(又称为分类大纲)。分类方案的编制,应该注意以下几点要求。

(1)排斥性

分类方案中同级的各类地位相等,内容互相排斥(不能你中有我,我中有你),类的范围必须明确。比如,按问题分类,所设问题各类地位相等,不能相互包括。第一类中设教育类,同位类就不能再设高等教育、中等教育类,因为教育类包括高等教育、中等教育……只能把它们设为属类。同级中设有人事类,就不能再设干部任免类,同样道理,既然设财务类,也就不能再设经费类。

(2)统一性

在编制分类方案时,首先要确定采用何种分类方法。第一级采用哪种方法,第二级采用哪种方法,都应明确规定、标示清楚。而在同一级分类中,不能同时并列采用两种以上分类标准。比如,第一级分类是采用年度分类,就不能同时并列组织机构或问题名称。如果是采取两种分类法的联合,那么不仅分类的第一级是统一的,第二级也应该是统一的。比如采用年度—组织机构分类法,第一级分类是年度,第二级分类是组织机构。

(3)伸缩性

档案是社会实践活动的产物,而社会实践活动是丰富多彩的。工作内容时而增加,时而减少,组织机构时而撤销,时而合并,因此,分类方案中的各类,均应留有伸缩的余地来增加或减少类别,以适应客观变化的需要。为了使分类方案编制科学、实用,在编制分类方案前还应该做好调查研究工作,要查阅有关材料,了解立档单位的业务执掌。对于立档单位的组织章程、办事细则、工作计划与总结都要认真分析研究,从中了解和掌握立档单位的工作性质、职权范围、业务执掌,以便决定采取合适的分类方法;参考本单位原有档案,如果本机关已有旧卷,应该对原有档案分类基础做周密研究并吸取其合理部分,以补充与修正现有档案的分类方案;还应征求多方意见,经机关负责人批准施行。科学而实用分类方案的形成,必须及时征求文书与业务承办人员的意见,集思广益,防止闭门造车。因为他们对文件的内容与成分比较熟悉,尤其是经办人员对事件、问题的处理过程,更有彻底的了解。分类方案实施以后,往往发生文件与分类方案不尽相符的情况,造成分类困难,应该随时交换意见,对分类项目或增或减,清除障碍,交领导审核批准。

三、立卷和案卷排列

(一)立卷

全宗内档案分类并不以划分系列为其终结点。一个系列内众多的文件决定了必须进一步在其中分类,才能便捷地检索利用某一份文件。这种分类往往是通过立卷实现的。

档案不同于图书,单份文件是零散的、大量的,一般不宜作为独立的保管单位,而且,文件之间常有密切的联系,若将有联系的文件随意分开,将会失去其原有价值。所以,人们在整理档案时,将若干互有联系的文件组合成一个有机整体,称"案卷",将文件编立成案卷的过程称"立卷"或"组卷"。

案卷是密切联系的若干文件的组合体,它是档案基本的保管单位。通常也是统计档案数量和进行检索的基本单位之一。案卷是组成全宗的基本单位。立卷是档案整理工作的重要基础,立卷工作的好坏、案卷质量的优劣,是衡量档案整理工作水平高低的重要标志。

立卷工作的内容包括组成案卷单位、拟写案卷标题、卷内文件的排列与编号、填写卷内文件目录与备考表、案卷封面的编目与案卷的装订等工作内容。目前,我国文书档案基本的立卷方法是"六个特征立卷法",即根据文件在问题、作者、时间、名称、地区和通讯者特征六个方面的共同点将文件组合成案卷的方法。比如,把同一个作者的文件组成一卷;把同一个会议的文件组成一卷等。按照文件的六个特征立卷时,一般不单一地采用某个特征组成案卷,而是综合分析文件之间的关系,选择其中最能说明客观情况的几个特征作为组卷的依据。例如,"某总公司关于2021年产品销售问题的调查报告、策划方案"是作者、时间、问题、文种四个特征相结合组成的案卷;"某省水利开发公司关于某地区水利资源情况的调查报告"是作者、地区、问题、文种四个特征相结合组成的案卷。

此外,在实际工作中还有一些其他的立卷方法,如将文件按照"事"或"件"组卷的"立小卷法"以及"四分四注意立卷法"等,都具有各自的特点,也是比较适用的立卷方法。

21世纪,国家档案局发布了行业标准《归档文件整理规则》,推行"以件为单位"的立卷方式。其操作方法是:将归档文件按"件"装订后,按事由结合时间、重要程度等排列(会议文件、统计报表等成套性文件集中排列);然后,编顺序号,装入档案盒,填写档案盒封面、盒脊及备考表项目。这种立卷方式需要借助计算机系统进行数据登记,才能便于日后的查找利用和管理。

(二)编制卷内文件目录

卷内文件目录是固定立卷成果,揭示卷内文件内容,检索卷内文件的工具,应放在卷文件之首。从性质上分析,编制卷内目录属智能控制范畴。如果用计算机编目,应该先对每份卷内文件进行著录,然后将著录结果按档号排序,以卷为单位打印成书本式目录,即成卷内目录。在手工条件下,这道工序可暂时按传统习惯,包括在立卷过程中,即在案卷编好页码后,于专门印制的表格上,按照排就的顺序,对每份文件逐项著录。其著录项目,按目前的习惯做法是:文件责任者、文件题名(或内容摘要)、文件字号、文件日期、文件份数、文件在卷内的页码、备注等,其格式如表1-3所示。

表1-3 案卷目录表

序号	文件责任者	文件标题	文件字号	文件日期	文件份数	文件在卷内的页码	备注
1							
2							
3							

(三)案卷排列与编号

全宗内档案(或档案馆、档案室接收的案卷),经分类、立卷以后还必须进行系统的排列。全宗内各类的序列,已在分类方案中排定,所以通常所说的案卷排列,就是根据一定的方法,确定每类内案卷的前后次序和排放的位置,保持案卷与案卷之间的联系。案卷排列方法有以下几种。

第一,按照案卷所反映的工作上的联系来排列。

第二，按照案卷内容所反映的问题来排列。

第三，按照案卷的起止日期(时间)来排列。

第四，按照案卷的重要程度排列。

第五，按照文件的作者、收发文机关以及文件内容所涉及的地区排列。

第六，人事档案或监察、信访等按人头立成的案卷，可以按姓氏笔画、汉语拼音字母顺序或四角号码等方法排列。

上述几种排列方法可以单独使用，也可结合使用。对于不同类型、不同保管期限的档案，在案卷排列中应予以区分。

案卷排列完后应按排列次序编上案卷号，固定案卷的排放位置，案卷号作为档号的组成部分可提供案卷的出处。现行单位大多采取一个组织机构的案卷每年编一个顺序号的办法，或是整个单位一个年度的全部案卷编一个顺序号。历史档案、撤销单位的档案不再形成新的档案，可把一个全宗内所有的案卷统一编号。

四、编制档号

档号是档案馆(室)在整理和管理档案过程中，以字符形式赋予档案的代码。档号通常包括全宗号、案卷目录号、案卷号、件号、页号。档号主要是表示类别及其相互关系的一组符号。在档案的整理、统计、检索、提供利用以及库房日常管理等业务活动中都要运用和借助档号。这几种编号，不仅对档案的管理和提供利用有着现实的、制约的作用，而且对于档案工作的规范化和现代化也是不可忽视的一个方面。各立档单位在编制档号的实践中，可参照行业标准《档号编制规则》(DA/T13－94)执行。

具体来看，全宗号一般用四个符号标志，其中第一个符号用汉语拼音字母标志全宗档案门类，另三位代码用阿拉伯数字标志某一门类全宗顺序号。全宗号一经编定，就不要轻易变动，档案馆内的全宗号应该是固定不变的，即使某一个全宗全部移交出去了，该全宗号在档案馆内仍然保留着。全宗号有三种编法：一是按系统编号，如党群、政法、工交、农林、财贸、文教、科技等；二是按立档单位的重要程度编号；三是按进馆档案的先后顺序编号。实践证明，前两种方法对于同时进馆的全宗是适用的，但是有新的全宗进馆，就会被打乱或冲破。第三种方法简便易行，比较实用。

案卷目录号一般采用流水顺序编号法，必要时可在顺序号前加上表示档案保管期限、载体形态等特征的代字。如"永13"表示确定为永久保管的第13号目录。每一案卷目录所含案卷数量不超过100卷时，不另立案卷目录。案卷目录内案卷数量超过999卷时应另立案卷目录，另编案卷目录号。

案卷号是管理档案中最常用的基本代号，是著录案卷目录内每一案卷的流水编号，因此确定案卷号要确定卷内每个案卷的前后次序和排列位置。

件号或页号是文件立卷以后，进行卷内文件的排列，给每份文件以固定的位置，用数字固定文件前后次序的代号。案卷不装订成册时应编制件号，其间不许有空号。

第二章 档案鉴定与保管工作

在档案管理中,档案鉴定与保管是两项十分重要的内容。做好档案鉴定工作,可以优化档案质量,以便于安全保管和有效利用;做好档案保管工作,可以有效维护档案的完整与安全,尽量避免和减少因自然因素和人为因素给档案带来的损害,延长档案的寿命,为档案工作奠定物质基础。

第一节 档案鉴定与保管工作的内涵

一、档案鉴定工作的内涵

(一)档案鉴定工作的含义与意义

档案鉴定工作包括档案的价值鉴定和档案的真伪鉴定两个方面的内容,而目前档案界所称的档案鉴定主要是指档案的价值鉴定,即"各个档案机构按照一定的原则、标准和方法来鉴别和判定档案的价值,确定档案的保管期限,并据此销毁失去保存价值的档案的工作"。

在档案管理中,开展档案鉴定工作有着十分重要的意义,具体表现在以下几个方面。

1. 便于明确档案是否需要进行保管以及保管的年限

档案鉴定工作是十分严肃的,一方面,对档案进行鉴定有比较大的难度,要持续地对文件的保存价值进行甄别,并对文件的保管期限以及所属案卷进行划定,实际上是对某一特定文件在未来是否具有重要的作用进行预测。但是,这种预测要想做到完全准确是极为困难的,可档案鉴定工作又要求这种预测尽可能准确。因此,档案鉴定工作者必须具备较为完善的有关档案鉴定的专业知识,并要具有较高的档案鉴定能力。这样一来,他们就能够借助于档案利用反馈信息,对各种文件今后可能发挥的作用,作出尽可能准确的估计,从而确定存毁和保管的年限。因此,档案鉴定工作是决定文件存在和销毁的工作,这是它与其他管理环节不同的一个重要方面。另一方面,由于档案是不同的组织和人物在特定的历史活动中形成的原始记录,所以档案馆(室)所保存的档案,大多数是不重复的,这是档案部门与图书、情报、资料单位的区别之一。如果对文件的价值判定不准确,错误地销毁了有用的档案,将会造成难以弥补的损失。在整个档案工作中,档案鉴定工作以其难度较大和严肃性强而显得十分突出,因此开展这项工作必须十分慎重和认真。

2. 便于应对突然事变

突然事变主要是指水灾、火灾、地震、战争等天灾人祸。如果不开展鉴定工作,致使有保存价值的和无保存价值的,以及保存价值大的和保存价值小的档案混杂在一起,一旦发生突然事变,不易及时抢救重要的珍贵档案,甚至"玉石俱毁"。通过鉴别档案的价值,则可分清

"玉""石",区别主次,有利于在必要时有重点地保护和抢救档案,力求它们的完整和安全,并尽可能地减少档案的损失。

3. 便于查找利用有价值的档案

对档案进行保存,一个重要的目的就是便于对档案进行利用。若是不论档案是否具有价值都存放在一起,则人们查找需要的档案(有价值的档案)就变得十分困难。因此,很有必要开展档案鉴定工作,对有价值的档案进行保存,这样人们在查找档案时便会较为容易。

(二)档案鉴定工作的内容

通常而言,档案鉴定工作主要包括以下几方面的内容。

第一,制定鉴定档案价值的统一标准及各种类型的档案保管期限表。

第二,具体分析档案的价值,划分和确定不同保存价值的档案的保管期限。

第三,挑出无保存价值的文件或档案予以销毁或做相应的处理。

(三)档案鉴定工作的原则

在展开档案鉴定工作时,需要遵循一定的原则,具体来说有以下几个。

1. 利益性原则

档案作为一种历史文化财富,是属于整个国家和人民的,而且档案的存在与作用发挥会关系到国家各方面的利益。因此,在开展档案鉴定工作时,必须遵循利益性原则,即要站在国家和人民的整体利益的角度对档案的价值进行衡量,绝不能以个人的好恶和小团体的利益为准则来衡量档案的价值。

2. 全面性原则

档案鉴定工作的全面性原则,具体表现在以下几方面。

(1)要综合档案的各个方面对档案的价值进行判定

实际工作中形成的文件,其构成要素是不尽相同的,大量文件是因其内容重要而具有较高价值的,而在分析档案价值时通常应结合文件的来源、形成时间等因素才能获得比较正确的认识。同时,有的文件或因时间久远、或因载体特殊、或因有名人手迹等因素而价值增高,因此在分析档案价值时只有全面兼顾文件的内外特征,才能准确判定档案的价值。

(2)要全面把握被鉴定档案与其他档案之间的关系

各个单位、各项工作中形成的文件之间具有密切的联系,因此在鉴定档案时,不要孤立地判断单份文件的价值,而应将有关的文件材料联系起来分析,然后再作出判断。只有这样,才能准确理解档案的内容和用途,从而对其价值作出正确的判断。

(3)要对档案的社会需要进行全面预测

档案能够对社会的多种需要进行满足,而且社会对档案的需要也是多角度、多方面的。也就是说,某一档案对某一单位来说有利用价值,但对其他单位来说则没有利用的需要;对某一方面意义不大的档案,可能对其他方面具有重要的查考利用价值等。这就决定了档案鉴定工作要综合考虑社会多方面的需要,切忌只根据某一方面的需求来判定其价值。

3. 历史性原则

档案是人类从事实践活动的产物,其形成总是依托于一定的历史环境。也就是说,档案的内容、形式与其形成的历史条件有着密切的联系。因此,在对档案的价值进行鉴定时,要将档案放到它所形成的历史环境中进行分析,并结合当前和将来的利用需要来考虑其保存价值。

4. 发展性原则

社会对档案的利用需求是动态变化的,而且档案的价值本身具有一定的时效性。因此,在对档案的价值进行鉴定时,要有发展的眼光,既要看到其现实作用,又要看到其长远作用,继而对档案的价值进行科学预测。

5. 效益性原则

这一原则指的是在对档案的价值进行鉴定时,要考虑到收益与付出之比。只有当档案发挥的作用超过因保存档案所付出的代价时,才能判定其具有保存价值。

6. 规范性原则

这一原则要求机构、组织开展档案价值鉴定工作,应自觉遵从国家法律、法规、行政规章、地方规章及地方法规的有关规定进行。机构、组织及各级各类档案管理部门开展档案价值鉴定工作,应依据《档案法》《档案法实施办法》《机关文件材料归档范围和文书档案保管期限规定》(国家档案局第8号令)、《企业文件材料归档范围和档案保管期限规定》(国家档案局第10号令),各专业主管部门制定的相关实施细则、部门规章,地方人大和人民政府制定的行政规章、行政法规等规范性文件中的有关规定执行,并注意遵循"法无规定即禁止"的原则要求。

(四)档案鉴定工作的标准

档案的价值具有客观性,而人们在对档案的价值进行鉴定时,却有着很强的主观性。因此,为保证档案鉴定工作的科学性、客观性和准确性,必须制定档案鉴定工作的标准。具体而言,档案鉴定工作的标准应该包括以下几个方面。

1. 档案的来源标准

档案的来源是指档案的形成者,档案形成者在社会上以及机关的地位、作用和职能可以影响甚至决定档案的价值。根据来源标准对档案的价值进行鉴定时,以下几方面应特别予以注意。

第一,要注意区分不同的作者。一般情况下,应该注意主要保存本单位制成的文件。对于外来文件,则应具体分析来文单位与本单位的关系,以及来文内容与本单位职能活动的关系。通常情况下,有隶属关系机关的来文比非隶属机关的来文值得引起重视;针对本机关主管业务的、需要贯彻执行的文件比非本机关主管业务、参考性文件价值要高。

第二,要分析本单位制成的文件的作者的职能。在本单位制成的文件中,单位领导、决策机构、综合性办公机构、主要业务职能机构、人事机构、外事机构制发的文件能够比较直接地反映本单位的主要职能活动和基本情况,因而具有长久保存价值文件的比例比较高;而一般行政事务性机构、后勤机构及某些辅助性机构所制发的文件中具有长久保存价值的比例则比较低。

第三,要分析档案馆接收对象的地位和作用。档案形成者的地位、作用和职能情况是各级各类档案馆确定档案收集范围的基本根据。一般来说,一个地区党政机关的档案,在本地区影响较大的、具有典型性和代表性的单位的档案,以及著名人物的档案等价值较高,长久保存的比例较大;而基层单位形成的档案,普通人士形成的档案,其价值则较低,长久保存的比例较小。

2. 档案的职能标准

在对档案的价值进行鉴定时,依据其职能标准就是依据立档单位在整个政府系统中所具有的地位及其重要性。也就是说,最高级别的机关所形成的档案比一般机关所形成的档案具有更大的价值。同时,立档单位的级别与地位不同,其所形成的档案的保管期限也会有一定的差异,通常是级别越高所保存的永久档案越多。此外,机关档案部门在保存档案时,要尽可能确保其能够对本机关的存在、发展以及历史作用进行证明,能够对本机关的职能起到凭证或评价的作用。也即是说,机关档案部门所保存的档案要能够充分反映本机关的发展演变及其职能演进。

3. 档案的内容标准

档案的内容指的是档案所记载的事实、现象、数据、思想、经验、结论等,其最能体现档案的价值。在依据内容对档案的价值进行判定时,除了要分析档案内容的真实性、完备性外,还要注意分析以下几方面。

第一,分析档案内容的重要性。档案是对既有事实的记载,而这些事实本身的重要程度直接影响着档案的价值。一般来说,反映方针政策、重大事件、主要业务活动的文件比反映一般性事务活动的文件重要;反映全面情况的文件比反映局部情况的文件重要;反映本单位主要职能活动、中心工作和基本情况的文件比反映非主要职能活动、日常工作和一般情况的文件重要;反映典型性问题的文件比反映一般性问题的文件重要。在工作、生产、科学研究、维护权益以及总结经验方面具有凭证、查考作用的档案,多具有较高的价值。

第二,分析档案内容的独特性,即分析档案是否具有独特的、新颖的内容。事实证明,越具有独特且新颖的内容的档案,其对利用者的吸引力就越大,价值自然也越大。此外,档案内容的独特性要求档案馆(室)在保存档案时,要最大限度地减少馆藏档案的重复现象,为此必须控制普发和多发文件的进馆。

第三,分析档案内容的时效性。档案作为处理事务、记录事实、传递信息的手段,在行政上、业务上等都具有时效性。档案的时效性也对档案的价值产生直接影响,因此在鉴定档案价值时,应该通过分析文件内容的时效性及其变化情况来判定文件价值。

4. 档案的形式标准

档案的价值在某些情况下与其自身形式具有一定的关系,因此档案的形式也是对其价值进行鉴定的一个重要依据。这里所说的档案的形式,主要包括以下几方面的内容。

第一,文件的名称既影响着文件的作用,也对文件的价值具有一定的影响。通常而言,能够对重要的方针政策、重大事件等进行反映,具有较高权威性的文件的价值较大,如命令、决定、纪要、条例等;而用于对一般事务进行处理的文件的价值相对来说比较低,如简报、通知、来往函件等。

第二,文件的形成时间对档案的价值也有一定的影响。年代越久远的档案,其价值就越高。这是因为,档案产生的时间越早,保留下来的就越少。此外,在国家或机关重要历史时期形成的文件具有特殊的保存价值。

第三,文件的稿本,即文件是草稿还是定稿,文件是正本还是复印本等。文件的稿本不同,其保存价值也会有一定的差异。比如,草稿、修正稿都不是定稿,从法律上来说并不具有效力,因而通常没有保存的必要。但是,在某些情况下,如国家重要领导人直接对草稿、修正稿进行了修改与批示,这样的草稿、修正稿则需要进行保存。

第四,文件的外观类型,即文件制成材料、记录方式、笔迹、图案等,它们的特殊性在一定程度上也影响档案的价值。比如,有些文件因载体材料的独特、古老、珍稀而具有文物价值;有些文件因出自书法家之手或装帧华美而具有艺术价值等。因此,在鉴定档案时,对于外观类型独特的文件要通过具体分析其特殊意义才能判定价值。

(五)档案鉴定工作的程序

在开展档案鉴定工作时,通常而言应遵循下面的程序。

1. 文件归档鉴定

这是各单位对于处理完毕的文件所进行的划定归档范围的工作。归档鉴定所依据的原则是国家档案局发布的《机关文件材料归档范围和文书档案保管期限规定》的内容。各个单位也可以根据国家的规定确定本单位的归档范围。这项工作通常由单位的文书人员或秘书人员承担。

2. 划定文件的保管期限

由于各种因素的影响,同属于一个归档范围的文件常具有不同的保管期限,为此,在确定归档范围之后还需要对文件划定具体的保管期限。这项工作也应由单位的文书人员或秘书人员承担。

3. 档案价值复审

除了永久保存的档案外,其他定期保存的文件在保管期满之后,需要对其价值进行复审,以确定是继续保存还是予以淘汰。档案价值复审主要采取两种形式:一是到期复审,即对于短期或长期保管的档案,在保管期满后重新审查其是否确实丧失了保存价值,对保管期满档案的复审周期可以逐年进行,也可以若干年度进行一次;二是移交复审,即档案室向档案馆移交档案时,档案室人员和档案馆接收人员共同对所移交的档案的保管期限进行的审查工作。

4. 销毁无价值档案

对于经归档鉴定和价值复审确认为没有保存价值的档案,应按照规定的手续和方法予以销毁。这项工作通常由档案部门承担。

二、档案保管工作的内涵

(一)档案保管工作的含义与意义

档案保管工作是指在档案入库后所进行的存放、日常维护和安全防护等管理工作。开展档案保管工作,目的是维护档案的完整,并尽可能保护档案不受损害。

在档案管理中,开展档案保管工作有着十分重要的意义,具体表现在两个方面。一方面,档案保管工作有助于对真实的历史进行反映。档案中所记录的是真实的历史,只有将这些档案原件保管好,使这些档案的内容永久保存,才能够对历史的原貌进行真实反映,同时方便党和国家在未来开展工作时对这些档案进行有效利用。另一方面,档案的寿命与档案保管工作具有密切的关系,当保管工作适宜且得当时,档案的寿命会相对延长,反之则会缩短档案的寿命。因此,必须要有效开展档案保管工作。

(二)档案保管工作的任务

档案保管工作的任务,具体来说有以下几个。

1. 防止档案的损坏

档案保管工作的基本原则就是"以防为主,防治结合。"防是档案保管工作中的根本问题,要防止人为地破坏档案,防止各种不利因素损毁档案,特别是对重要档案、核心档案,要注意重点保护,立足于防,最大限度地消除各种不利因素的影响。

2. 延长档案的寿命

要从保管工作制度、办法以及技术处理措施上,提出保护档案的具体要求,延长档案的寿命,以适应档案长期保存的需要,从而有利于档案的长远利用。

3. 维护档案的安全

档案的安全主要涉及两方面的内容:一方面是档案实体的物质安全;另一方面是档案内容特别是机密内容的政治安全。因此,在开展档案保管工作时,必须积极采取有效措施来维护档案的安全。

4. 建立和维护档案的存放秩序

为了使档案入库、移出、存放井然有序,能够迅速地查找档案,并随时掌握档案实体的状况,档案室(馆)要根据档案的来源、载体等特点,建立一套档案入库存放的规则和管理办法,使档案不管是在存放位置上还是被调阅移动都能够处于一种受控的状态。

(三)档案保管工作的内容

基于档案保管工作的任务,档案保管工作要包括以下几方面的内容。

1. 正确认识和全面把握档案的安全现状和破坏档案的各种因素

档案的安全现状和破坏档案的各种因素直接影响着档案保管工作的内容。首先,正确认识档案的安全现状包括了解馆(室)藏档案进馆(室)前后的保管措施、保管过程、有无损坏、损坏程度如何等,以便于确定今后的工作目标和工作内容;其次,破坏档案的因素多种多样,表现形式不一,对档案损坏的过程和损坏程度不同,只有全面把握威胁档案安全的各种因素的特点、表现形式,工作才能有的放矢,有针对性地将各种因素对档案的破坏降至最小。可见,正确认识和全面把握档案的安全现状和破坏档案的各种因素,是对工作对象和工作先天影响因素的深入剖析,回答了"管什么""为什么管"的问题,是档案保管工作有效开展的前提。

2. 提供档案保管的基本物质条件

档案安全、妥善的保管,离不开基本的物质条件。基本物质条件的好坏,直接影响着档案寿命的长短。良好的物质条件保证,有利于档案的长久保存;反之,恶劣的物质条件,直接危害着档案的安全。

确保档案妥善保管的基本物质条件包括档案库房、档案装具、档案保管的设备、档案包装材料等,这些条件要满足有利于档案长久保存的原则、规范和标准。不同载体的档案,如纸质档案、胶片档案、磁性载体档案、光盘档案、电子文件等材料和形成原理不同,影响其耐久性的因素也不同。因此,在保管中档案库房、装具、设备等基本保管条件也存在较大的差异,尤其对于电子文件,如何在保管中确保其长期可读、可用,已成为档案保管工作的新内容。

3. 制定和完善档案保管的各项制度和标准

制定关于档案保管工作的制度,有利于档案工作者和档案利用者规范自己的行为,明确在档案保管和利用过程中应该做什么、如何做,有何责任和义务,避免人为原因造成的对档案的损害,最大限度地保护档案。

档案保管工作标准有利于工作的规范化,有助于降低工作成本,减少工作中因人而异产生的对档案保管的变化,有利于为档案保管创造最佳的条件和环境。在档案保管工作中,从国家层面,到地方各级各类档案馆(室)应形成完整的档案保管工作制度和标准体系,以实现档案保管工作的标准化和规范化,维护档案的完整与安全。

4. 做好日常的档案保管工作

日常档案保管工作从内容方面看,包括防盗、防水、防火、防潮、防尘、防鼠、防虫、防高温、防强光、防泄密等;从工作地点来看,包括档案库房中的保管和档案库房外的保管,在库房外的保管又可分为在流通传递中的保管和在利用中的保管。在库房中的保管,主要由档案工作人员来完成,而在库房外的保管,则需要档案工作人员和档案利用者共同来实现,因此,使利用者同样以"爱惜"的态度,科学合理地利用档案也是日常档案保管工作的重要内容。日常档案保管工作繁杂琐碎,但又是档案保管的基础性工作,因此,需要档案工作人员精益求精、细心、耐心地来实现。

5. 开展有针对性的档案保护工作

采用专门的技术和方法对受损程度较大、有重要价值的或其他急需修复的档案进行保护,延长档案的寿命,这是档案保管工作的一项重要内容。对档案产生破坏的种种因素中,虽然有些因素我们是难以控制的,但我们可以采取相应的保护措施,利用先进的技术,将损失降到最低。比如,通过纸质档案修裱技术能帮助一定程度破损的档案恢复原貌,这已成为抢救档案的一项不可缺少的且具有中国特色的专门技术。这些专门的保护措施专业性较强、技术性较强,且细微细致,需要专门的人才,需要大量的财力、物力的保障,但它在延长档案寿命、保护人类文化历史遗产等方面发挥着重要的作用。因此,每个档案馆(室)在做好日常保管工作的同时,应根据馆藏状况,将有针对性地开展档案保护工作纳入档案保管工作的整体规划。

(四)档案保管工作的要求

档案保管工作的要求,具体而言有以下几个。

1. 注重日常管理工作

在开展档案保管工作时,需要做好档案库房管理的日常管理工作,包括归档和接收的案卷及时入库;调阅完毕的案卷及时复位;定期进行案卷的清点和检查,发现问题及时处理。只要持之以恒地坚持严格的日常管理,就能保证库房内档案的良好状态。

2. 重点与一般兼顾

档案的保管期限与其自身所具有的价值有着密切的关系,因而在开展档案保管工作时要遵循重点与一般兼顾的要求,对于单位的核心档案、重要立档单位的档案、需要长久保存的档案,应该加以重点保护,尽量延长档案的寿命。同时,对于一般性、短期保存的档案也要提供符合要求的保管条件,确保其在保管期限内的安全和便于利用。

3. 预防为主,防治结合

在档案保管工作中,保护档案实体安全的方法概括起来主要有两类:一是如何预防档案实体损坏的方法;二是当环境不适宜档案保管要求时或当档案实体受到损坏后如何处置的方法。在归档或接收的档案中,实体处于"健康"状态的档案占绝大多数。因此,在档案保管工作中,积极"预防"档案受到各种不良因素的破坏是保护档案实体安全的有效方法之一。我们应该采取各种措施,确保这些档案的长期安全。同时,还应该通过加强日常管理和检查,及时发现档案实体出现的"病变"情况,以便于迅速地采取各种治理措施,阻断或消除破坏档案的有害因素,修复被损害的档案,使其"恢复健康",预防为主,防治结合才能全面保证档案实体的安全。

4. 立足长远,保证当前

对档案进行保管,最为重要的一个目的便是方便党、国家以及相关单位对其进行利用。因此,在对档案进行保护时,必须充分考虑到档案的利用特别是未来问题,不可只关注眼前方便利用而危害未来的长远利用。也就是说,在进行档案保管时,必须遵循"立足长远,保证当前"的要求,以切实处理好档案的当前利用与长远利用的矛盾。

(五)档案保管工作的物质条件

档案保管工作的有效开展,必须要以一定的物质条件为支撑。档案保管工作的物质条件即档案保管所需的一切物质装备,具体包括以下几方面的内容。

1. 档案库房

档案库房建筑是档案保管最基本的物质条件,是档案保管中长期起作用的因素,其质量直接影响档案保管中各项设备的采用与效果。为此,国家档案局制定了《档案馆建筑设计规范》,作为档案管理机构建设档案库房的标准。

在实际工作中,因受职能、规模、财力等因素的限制,各档案室(馆)在库房建筑配置上不可能完全一致,因此应该分情况解决。档案馆应该按照《档案馆建筑设计规范》的要求建造档案库房;档案室在档案库房的选址或建造上也应该尽量向《档案馆建筑设计规范》的要求靠拢。在无法达到其要求的情况下,也必须满足以下几方面的要求。

第一,档案库房要有足够的面积,开间大小要合适。

第二,档案库房必须专用,不能与办公室合用,也不能同时存放其他用品。

第三,档案库房必须是坚固的正规建筑物,临时性建筑不能作为档案库房。

第四,档案库房应该远离火源、水源和污染源,符合防火、防水、防潮、防光、防尘、隔热等基本要求。因此,全木质结构的房屋和一般的地下室均不宜作档案库房使用。

第五,档案库房的门窗应具有良好的封闭性。

2. 档案包装材料

档案的包装是非常重要的,它既可以有效地防止光线、灰尘、有害气体对档案的直接危害,也可以减少管理过程中对档案的磨损。现在通用的国家标准的档案包装形式有三种。一是卷皮,它是包装文件的基本方式,分为软卷皮和硬卷皮两种。卷皮不仅是为了保护文件,同时它本身也是案卷的封面,对查找利用也是很方便的。二是卷盒。采用卷盒来保管案卷在目前是一种比较好的方法,它不仅能够防光、防尘和减少磨损,同时科学的卷盒也便于管理。但是制作卷盒费用比较大,因此,一般只对珍贵的档案用卷盒包装。三是包装纸,有些文件可以用比较结实的纸张把它包装起来,但这只是一种临时措施。

3. 档案装具

档案装具是指用以存放档案的柜、架、箱,它们是档案室(馆)必需的基本设备。档案装具应该坚固耐用、存取方便、密封良好,并有利于防水、防火等,因此最好用金属材料制成。

目前的档案装具中,活动式密集架在有效利用库房空间、坚固、密闭方面具有较好的性能。活动式密集架平时各架柜合为一体,调卷时可以手动或自动分开,比常规固定架柜节省近2/3的库房面积。新建库房如果使用活动式密集架则可比使用常规固定架柜节省近1/3的建筑费用。但是,安装活动式密集架要求地面承重能力较大,还必须考虑整个建筑物的坚固程度以及使用年限等相关因素。

4. 档案保管设备

档案保管设备是指在档案保管、保护工作中使用的机械、仪器、仪表、器具等技术设备,主要有空调机、去湿机、加湿器、温湿度测量及控制设备、报警器、灭火器、电脑、复印机、装订机等。

5. 消耗品

消耗品是指用于档案保管工作的易耗低值物品,如防霉防虫药品、吸湿剂、各种表格及管理性的办公用品等。

档案库房、装具、设备、包装材料和消耗材料在档案保管工作中构成一个保护链条,共同发挥着为档案创造良好环境、防护档案免受侵害、维护档案完整和安全的作用。因此,档案室(馆)在开展档案保管工作时,应根据档案保管的整体要求和自身的情况,本着合理、有效、实用、节约的原则对这些物质条件进行配置。

第二节 档案鉴定工作的制度和组织研究

一、档案鉴定工作的制度

为了保证档案鉴定工作的质量和防止有意破坏档案,使档案的鉴定和销毁工作有组织、有监督地进行,必须建立和健全档案鉴定工作制度。通常而言,档案鉴定工作制度应包括以下几方面的内容。

(一)制定档案鉴定工作的标准

档案鉴定工作必须以一定的标准为依据。通常而言,档案鉴定工作要由党和国家及其档案行政管理机关制定统一的鉴定标准,各地区、各系统、各机关据以制定具体的鉴定标准。

比如,21世纪国家档案局发布的《机关文件材料归档范围和文书档案保管期限规定》(以下简称《规定》)所规定的文书档案保管期限划分标准就属于统一的标准,各机关应根据该《规定》,结合本机关职能和各部门工作实际,编制本机关的文件材料归档范围和文书档案保管期限表,经同级档案行政管理部门审查同意后执行。

(二)建立档案鉴定工作的组织

在明确了档案鉴定工作的标准之后,就需要进一步有组织、有领导、有计划地开展档案鉴定工作。档案室和档案馆的档案鉴定工作,必须有组织、有领导地进行。按照《机关档案工作条例》和《档案馆工作通则》等文件规定,机关的档案鉴定工作,必须在机关办公厅(室)主任的主持下,由档案部门和有关业务部门组成鉴定小组共同进行,鉴定工作结束后,应提出工作报告。档案馆对无须继续保存的档案进行鉴定和处理须征求有关部门的意见,并经领导机关批准。

(三)制定销毁档案的批准制度和监销制度

《机关档案工作条例》和《档案馆工作通则》等文件规定,机关应定期对已超过保管期限的档案进行鉴定,鉴定工作结束以后,应提出工作报告,对确无保存价值的档案进行登记造册,经机关领导人批准后销毁。档案馆经过鉴定需要销毁的档案,必须报请主管领导机关的批准。销毁建国以前的档案,同时还需报国家档案局。未经鉴定和批准,不得销毁任何档案。机关销毁档案,应指定两人负责监销,防止档案遗失和泄密,同时监销人要在销毁清册上签字。

在制定销毁档案的批准制度和监销制度时,还需要制定完整的档案销毁制度,具体包括以下几方面的内容。

1.编制档案销毁清册

档案销毁清册是登记经鉴定需要销毁档案的内容、成分、数量的表册;其作用是提供给有关领导或有关领导机关对需要销毁的档案进行审查和批准,以及日后作为查考档案销毁情况的依据。

档案销毁清册封面的项目有全宗号、全宗名称、编制档案销毁清册单位名称、编制时间等。档案销毁清册主表的项目有序号、年度、档号、案卷或文件题名、文件数量、原保管期限、销毁原因、鉴定时间、备注等。上述登记项目可以酌情增减。

2.编制立档单位和全宗简要说明

为了便于本单位领导或主管领导机关了解待销毁档案的情况,作出正确的决定,档案馆(室)还需要编制立档单位和全宗简要说明。立档单位和全宗简要说明的内容包括:立档单位和全宗历史概况、档案所属年代及其保管期限、销毁档案的数量及其内容、档案鉴定的概况和销毁档案的主要理由等。销毁档案的数量及其内容部分可以粗略地分类进行介绍。档案馆(室)应将立档单位和全宗简要说明与档案销毁清册一并向本单位领导或主管领导机关送审。

3.明确销毁档案的方法

准备销毁的档案在未获批准之前应单独保管,以便审批时对其进行检查,或不批准销毁时恢复保存。准备予以销毁的档案经批准后,一般可将其送往造纸工厂作纸张原料。若档案馆(室)远离造纸厂或待销毁档案特别机密,则可采取自行焚毁的方式。

为保守党和国家的机密,严禁将需要销毁的档案作其他用途,更不允许作为废旧纸张、书刊出卖。

销毁档案无论采取何种方式,均需指派两人以上执行监销任务。档案监销人员在销毁现场监督,直到确认档案已经销毁完毕,然后在销毁清册上注明销毁方式、"已销毁"字样和销毁日期,并签字,以示负责。

对于已经获批准确定销毁的档案,为慎重起见,不必立即执行销毁,可以"暂缓执行",搁置一段时间,经审查没有发现问题后再实施销毁。

二、档案鉴定工作的组织

就当前来说,档案鉴定工作的组织主要有两类,即档案鉴定小组和档案鉴定委员会。

(一)档案鉴定小组

档案鉴定小组是现行单位的档案鉴定工作组织,现行单位一般由机关档案室会同文书处理部门、有关业务部门人员和部门领导或分管领导共同组成"档案鉴定小组"负责档案的鉴定工作。其具体职责有以下几个。

第一,讨论和制订档案鉴定计划和具体的档案鉴定标准,如本单位的《档案保管期限表》。

第二,实施组织和具体操作本单位的档案鉴定工作,并就档案鉴定工作中遇到的疑难问题作出决断。

第三,评议档案鉴定结果并提出评估意见,同时为单位领导最后审批鉴定报告提供依据。

(二)档案鉴定委员会

档案鉴定委员会是档案馆的档案鉴定工作组织,一般由档案馆馆长、馆内有关业务人员、同级档案行政管理机构相关人员共同组成,在具体鉴定某一部分档案时,还应邀请有关单位的人员参加。由于档案馆保存的档案大多都是经过鉴定的,因此,档案馆的鉴定工作一般主要表现为对需要永久保存的档案加以复审,对保管期限已满的档案进行销毁鉴定,具体审查销毁清册,并对档案的存毁作出决定。但是,档案馆内往往也保存有一些以前没有经过鉴定的文件,对这些文件的鉴定往往需要档案鉴定委员会领导和监督有关鉴定事项的正常进行。

第三节 档案保管期限表

为了保证档案鉴定工作的质量、提高档案鉴定工作的效率、保证档案鉴定工作的顺利进行,必须编制档案管理的指导性文件,档案保管期限表便是其中一种形式。

一、档案保管期限表的含义

所谓档案保管期限表,就是借助于表册的形式对档案的相关内容(如档案的内容、档案的保存期限等)进行呈现的文件。各档案馆(室)在对档案的价值及其保存期限进行确定时,都需要依据档案保管期限表。

二、档案保管期限表的作用

档案保管期限表的作用,具体来说有以下几个。

第一,借助于档案保管期限表,档案鉴定工作者能够更好地开展工作。在档案保管期限表的指导下,档案鉴定工作者对于档案鉴定工作的依据与标准能够形成统一认知,这对于保证档案价值鉴定的准确性具有重要的作用,同时也能够有效避免档案鉴定工作人员因观点不同而出现争执现象,继而有效提高档案鉴定工作的效率。

第二,档案保管期限表能够帮助单位档案部门对档案的保管期限进行确定。

第三,档案保管期限表上具体规定何种档案必须保存,何种档案应该销毁。在这一规定的指导下,能够有效避免档案被错误销毁,继而确保档案的完整和安全。

三、档案保管期限表的类型

就当前而言,我国主要存在以下几种类型的档案保管期限表。

(一)通用档案保管期限表

通用档案保管期限表是由国家档案行政管理机关编制的,供全国各类单位鉴定档案时通用的保管期限表。21世纪国家档案局发布的《文书档案保管期限表》就属于这种类型。通用档案保管期限表相比其他的档案保管期限表来说,有以下两个鲜明的特点。

1. 通用性

通用档案保管期限表对全国各机关所共有的文件种类的保管期限进行了明确规定,是全国各机关确定共有文件的保管期限的重要依据与标准。

2. 依据性

各类单位和系统在对适合自身的档案保管期限表进行制定时,必须依据通用档案保管期限表。通常而言,各类单位和系统所制定的档案保管期限表的保管期限可比通用档案保管期限表的保管期限略长。

(二)专门档案保管期限表

这类档案保管期限表是各类单位和系统在对专门档案的价值进行鉴定并明确其保管期

限时的一种指导性文件,通常由国家档案行政管理机关会同有关主管部门进行编制。

(三)同系统机关档案保管期限表

这类档案保管期限表是类属于同一系统的各个机关在对档案的价值进行鉴定时的依据,通常由各个系统的主管领导机关进行编制。此外,这类档案保管期限表在制定后需报送国家档案局备案,并要抄送各省(自治区、直辖市)档案局。煤炭部制定的《煤炭部行政、企业系统档案保管期限暂行标准》便属于这种类型。

(四)同类型机关档案保管期限表

这类档案保管期限表是归属于统一类型的各个单位对档案价值进行鉴定的依据,通常由档案行政管理部门或主管领导机关进行编制。

(五)机关档案保管期限表

这类档案保管期限表的编制者是各个机关,而且其只是本机关对档案价值进行鉴定的依据。

四、档案保管期限表的结构

档案保管期限表通常由顺序号、条款、保管期限、附注以及总的"说明"等部分组成,其中最为基本的项目是条款和保管期限。条款较多的保管期限表,还须把条款加以分类。此外,档案保管期限表可以采用表格(表2-1)的方式,也可以采用文字说明的方式。

表2-1 档案保管期限表

顺序号	条款	保管期限	附注

(一)顺序号

顺序号是档案保管期限表的各条款经系统排列后在各条款前统一编定的自然数顺序号。这一号码对于固定条款位置具有重要的作用。此外,档案鉴定工作人员在借助档案保管期限表对档案进行鉴定时,可以将顺序号作为引用条款的代码。

(二)条款

条款是一组类型相同的文件的名称或标题,如"本单位召开会议的文件材料""本单位召开的工作会议和重要的专业会议文件材料"等。在档案保管期限表中,条款是一项不可或缺的内容。

1. 条款的拟定

在对条款进行拟定时,通常要求能够将文件的重要内容都反映出来,包括文件的来源、文件的形式以及文件的内容等。此外,拟定条款的文字必须简洁、明确,没有语法逻辑错误。不过,条款在结构上并不绝对要求文件的来源、内容、形式三者齐全,应视档案保管期限表的适用范围、各种文件的特点及其价值作适当调整。

2. 条款的排列

档案保管期限表的条款排列形式主要有两种,具体如下。

(1)条款分类排列

条款分类排列就是按照一定的方法对条款进行分类,以便于档案鉴定人员进行查找与使用。通常而言,对档案条款进行分类的依据有内容、来源、形式等。比如,《财政总预算、行政单位、事业单位和税收会计档案保管期限表》中将档案分为会计凭证类、会计账簿类、财务报告类、其他类四个类别,十分便于查找。

(2)条款不分类排列

条款不分类排列就是因条款的内容少或是条块的内容不容易进行划分而不对条款进行分类,但需要按照一定的逻辑顺序对条款进行排列。比如,国家档案局发布的《文书档案保管期限表》中的条款没有分类,而是按照"会议文件""上级机关文件""本级机关文件""同级机关文件""下级机关文件"的顺序排列的。

(三)保管期限

保管期限即某一档案需要保存的时间,其通常需要依据档案的价值进行确定。就当前而言,档案的保管期限主要分为两种,即永久保管和定期保管。其中,定期中又分为长期和短期两种。在表述习惯上,往往不采取这种逐层划分方法,而平列地直称永久、长期和短期三种。

1. 永久保管

凡是反映本机关主要职能活动和基本历史面貌的,对本机关、国家建设和历史研究有长远利用价值的档案,列为永久保管。通常来说,永久保管的文件主要包括以下几类。

第一,本机关制定的属于法规政策性的文件。

第二,本机关召开重要会议、举办重大活动等形成的主要文件材料。

第三,本机关职能活动中形成的重要业务文件材料。

第四,本机关关于重要问题的请示与上级机关的批复、批示,重要的报告、总结、综合统计报表等。

第五,本机关机构演变、人事任免等文件材料。

第六,本机关房屋买卖、土地征用等重要的合同协议、资产登记等凭证性文件材料。

第七,上级机关制发的属于本机关主管业务的重要文件材料。

第八,同级机关、下级机关关于重要业务问题的来函、请示与本机关的复函、批复等文件材料。

2. 定期保管

凡是反映本机关一般工作活动,在较长时间内对本机关工作有查考利用价值的文件材料,列为定期保管。通常来说,定期保管的文件主要包括以下几类。

第一,本机关职能活动中形成的一般性业务文件材料。

第二,本机关召开会议、举办活动等形成的一般性文件材料。

第三,本机关人事管理工作形成的一般性文件材料。

第四,本机关一般性事务管理文件材料。

第五,本机关关于一般性问题的请示与上级机关的批复、批示,一般性工作报告、总结、统计报表等。

第六,上级机关制发的属于本机关主管业务的一般性文件材料。

第七,上级机关和同级机关制发的非本机关主管业务但要贯彻执行的文件材料。

第八,同级机关、下级机关关于一般性业务问题的来函、请示与本机关的复函、批复等文件材料。

第九,下级机关报送的年度或年度以上计划、总结、统计、重要专题报告等文件材料。

此外,根据《关于机关文件材料归档范围和文书档案保管期限的规定》,机关形成的人事、基建、会计及其他专门文件材料的归档范围和档案保管期限,按国家有关规定执行。

(四)附注

附注是在条款之下对条款及其保管期限所做的必要的注解或说明。比如,对条款中"重要的"和"一般的"可以注解为:"重要的,是指方针政策性或重大问题的、具有科学历史价值的文件材料。""一般的,是指一般业务和事务性问题、科学历史价值不大的文件材料。"又如,一些合同、协议书、借据的保管期限,往往需要从有效期满后算起,可在保管期限后注明"失效后"的字样。

(五)说明

在档案保管期限表的说明中,通常应包括以下几方面的内容。

第一,档案保管期限表的制定依据。

第二,档案保管期限表的适用范围。

第三,档案保管期限表的结构。

第四,档案保管期限表中保管期限的计算方法。

第五,其他需要说明的问题。

以上只是档案保管期限表一般的结构,可以根据各种档案保管期限表的特点,增加或减少某些项目。

五、档案保管期限表的编制

在对档案保管期限表进行编制时,需要做好以下几方面的工作。

(一)准备工作

在编制档案保管期限表之前,必须对机关的具体情况(如机关的地位、职能、任务等)以及机关之前所制定文件的相关状况(如文件的种类、数量、利用情况等)进行详细考察。在对机关之前所制定文件的相关状况进行考察时,往往可以借助于立卷类目、案卷目录等材料。

在对通用的、专门的、同系统机关和同类型机关的档案保管期限表进行制定时,不能仅仅对个别机关及其文件制定情况进行考察,而是需要对若干具有代表性的机关及其文件制定情况进行综合考量,总结出带有共性、规律性的认识。

(二)起草工作

在对机关的自身情况及其文件制定情况进行了充分了解与研究后,便可以起草档案保管期限表了。在这一过程中,需要对档案保管期限表的结构体系、格式以及内容进行明确。如果档案保管期限表的条款较多,为了将条款加以分类,在拟写条款之前还应考虑和拟出条款的分类方案,使所拟条款符合分类的体系。

(三)征求意见和修正草案

档案保管期限表的草案编成后,应分送各单位征求意见,经修正的草案,须送领导审查批准。一些比较小型的机关,由于产生文件较少,文书工作与档案工作往往集中由一个单位或一人来进行,也可把机关档案保管期限表与机关文件立卷用的立卷类目合编,在立卷类目的每一条款下指明其保管期限。

第四节 档案的库房管理

档案库房管理工作是档案保管工作的主要内容,做好经常性的、具体的库房管理工作,是做好档案保管工作的基础,是整个档案工作顺利进行的必要条件。具体而言,档案的库房管理需要做好以下几方面的工作。

一、确保库房建筑符合档案长期安全保管的要求

档案库房是长期保管档案的重要基地。库房建筑是否符合档案长期安全保管的要求,将直接影响到档案的保护环境的优劣,影响到档案寿命的长短。一个建筑布局合理的库房,不仅可以延长档案的寿命,同时也能大大降低档案保管的费用。因此,库房的建筑对于档案的保护是有重要影响的。为此,在选择库房建筑的地址、形式等时,都需要符合一定的要求。

(一)库房建筑的地址

档案库房建筑地址的选择是一个既重要又复杂的问题,通常来说应符合以下几方面的要求。

第一,库址应选在地势较高、场地干燥、排水通畅的地段,不应选在江、河、湖泊或地势低洼的地方,也不应选在地下水位高的地方。

第二,库址应选在空气清洁和空气流通的地段,不应选在工矿企业区,也不应在其下风处,以避免有害气体及灰尘对档案产生不利影响。

第三,库房在档案馆中应集中布置、自成一区,与其他建筑应有一定的距离,不应选在邻街位置,也不应选在易爆物附近,以确保档案的安全与防火要求。

第四,库房周围应适当留有用地,以满足不断扩建的需要。

在实际选择库房地址的工作中,各种要求往往难以同时满足,有些要求甚至还会相互矛盾,因而选择库址应从实际出发,权衡利弊,慎重考虑,最后作出正确的选择。

(二)库房建筑的形式

档案库房是一种特殊建筑,它既不同于民用建筑,也不同于一般的仓库。由于档案本身

的价值,要求档案库房不仅能存放档案,而且能将档案长期或永久地保管下去,这就必然要对档案库房建筑在防热、防潮、防光、防有害气体等方面提出一些更为严格的要求。

第一,库房屋顶直接承受太阳的辐射热和雨水的冲淋,对库房的温湿度影响较大,因此库房屋顶的建筑要有利于防热防水。隔热的措施主要有:①采用实体材料隔热,即在屋顶中铺设一层导热系数小的隔热材料来提高屋顶的隔热效果,建筑上常用泡沫混凝土、膨胀珍珠岩、稻草板、矿棉、泡沫塑料等做隔热材料。使用隔热材料时,应注意采取必要的防水措施,加做防水层来防止隔热材料渗水。②采用空气间层隔热,即利用空气导热系数小的特点,把空气作为隔热材料来使用,利用封闭空气间层来做隔热屋顶,变实体结构为空心结构。另外,我国南方地区气候炎热多雨,人们为了隔热防水,创造了双层瓦通风屋面和大阶砖通风屋面。屋顶的防水措施通常有卷材防水、刚性防水和构件自防水三种。卷材防水是使用沥青和油毡重叠组合在一起,覆盖在全部屋面上,做到严密无缝,形成一个以堵住雨水渗漏的不透水的防水层。一般的做法是二毡二油。油毡最大的缺点是年久老化,有时甚至起鼓、腐烂、不耐久。刚性防水是利用水泥及其制品(水泥砂浆、混凝土、钢筋混凝土)的密实性做成屋面防水层来防水。其缺点是自重大,施工工序多,操作不够方便,而且由于热胀冷缩及材料本身干缩开裂而导致渗漏或结构变形撕裂而漏水。所以,为了提高刚性防水层的防水效能,可在刚性材料中掺入一些防水剂和加气剂。构件自防水是靠屋顶构件自身的密实性达到防水效果,较多使用的是槽瓦、小青瓦、平瓦等。这种屋面重量较轻,施工方便,维修也比较容易。

第二,库房墙体受外界的气温变化、风吹雨淋、日晒等大气侵蚀的影响较大,因此,库房墙体也要采取一定的防热防潮措施。通常的做法是加厚墙体。墙体越厚,传热量越小,外界气温对库房温度影响越小。

第三,根据档案库房的隔热防潮要求,门窗应少而小,能满足通风要求即可。为了减少阳光直接射进库房的面积和时间,窗子应尽量开得窄一些,库房每间开窗洞面积与外墙面积之比,应不大于1:10。东西墙不开窗,因为太阳辐射热对西墙影响最大,东墙次之,南墙较小,北墙最小,所以开窗以南北窗为宜。对于天然采光的库房,应采用防紫外线玻璃,也可安装毛玻璃、花纹玻璃、彩色玻璃来防光。也可在窗子上采用不同形式的遮阳措施,以减少太阳辐射热的影响。此外,库房门应做成双门,在两门之间形成一个过渡间,以减少库外空气对库内的影响。门以木制厚门为好,因为木材导热系数小,有利于隔热。

第四,走廊本身是一道较厚的空气层,有保温隔热的作用。利用走廊的空间铺设管道和安装空调等设备,可省去对库房空间的挤占,并可利用走廊空间做一些可行性管理工作。由于西墙是隔热重点,因而内走廊应首先考虑设在西向,其次是东向。不设内走廊的库房,也可在西侧设楼梯,同样也能起到隔热作用。

(三)库房建筑的其他要求

第一,库房建筑的承重量要符合负载要求,应做到既不浪费又符合安全需要。

第二,库房开间面积应根据存储档案的类别、数量等情况酌情考虑,宜采用大小开间混合设计。一般来说,大开间面积为 $201\sim300m^2$,中开间面积为 $101\sim200m^2$,小开间面积在

100m² 以下。库房的高度一般以 2.5~2.8m 为宜,库房过高,不仅会造成空间的浪费,而且也不利于对库房温湿度的控制。

第三,库房灯光的设置,应在相邻两个架(柜)的中间、灯与架(柜)顶端的垂直距离应不少于 40cm,灯的瓦数以能看清架(柜)最底层的档案卷号为准。

第四,库房的供电导线应使用铜心线,配电盘不应装在库房内,配电线路宜装保护管暗敷在非燃烧体结构内。电源箱内要安装两相和三相各种插座,以备去湿机、空调器或吸尘器等电器的使用。

二、建立良好的库房管理秩序

良好的库房管理秩序对于库房管理工作的顺利开展具有重要的作用,具体而言可通过以下几个途径建立良好的库房管理秩序。

(一)对档案库房进行编号

为了有序地管理档案库房,也为了方便档案库房的管理工作,应对拥有多间或多幢档案库房的档案馆(室)的库房进行统一编号。

档案库房编号有两种方法:一种是为所有的库房编统一的顺序号,这种方法适用于库房较少的档案馆(室);另一种是根据库房的所在方位及库房建筑的特征进行编号,如"东一楼""红三楼"等。楼房内的库房自下而上分层编号,每层的房间从楼梯入口处自左至右顺序编号;平房应先分院或排,然后从左至右统一按顺序编号。

(二)对档案装具进行合理排列与编号

1. 档案装具的排列

库房中档案装具应排列有序,不同规格、不同式样的档案架、柜、箱应该分开排列,做到整齐划一。如果是有窗库房,档案装具应与窗户呈垂直走向排列,以避免强烈光线直射;对于无窗库房,档案装具的排列也要注意有利于库房的通风。

此外,档案装具的排放应注意最大限度地利用库房的空间,同时,也要宽度适宜,以便于档案的取放和搬运。一般情况下,档案装具之间的通道宽度应便于档案管理人员的工作与小型档案搬运工具的通行。在排放档案装具时应注意其不要紧贴墙壁。

2. 档案装具的编号

为了便于对库房内档案的管理,所有档案装具应统一编号。一般的编号方法是自库房门口起,从左至右、自上而下依次编档案装具的排号、柜架号、格层号(箱号),其号码采用阿拉伯数字。

(三)按照全宗排列的方式存放档案

在库房,档案的存放要按全宗排列。全宗排列方法,主要有按全宗顺序号流水排列法和全宗分类排列法两种。前者对库房空间和全宗实体的安排比较方便,后者对全宗的系统管理和全宗的信息控制比较有利。此外,档案按照全宗进行排列并不是说在任何情况下各种不同类型的档案都必须存放在一起,一些特殊类型的档案,如照片、影片、录音、录像档案以及会计档案、科技档案等,应该分别保管。为了保持文件之间的历史联系,应该在案卷目录、全宗指南等检索工具中说明属于同一全宗、因类型不同而分别保存的档案的保管情况,并在全宗末尾放置全宗保管位置参见卡(表2—2),指明存放地点。

表2—2　全宗保管位置参见卡

全宗号	载体形态	存址	备注
1号全宗	纸质档案	1号库房	2010—2022年
	纸质档案	2号库房	
	科技档案	5号库房	
	声像档案	6号库房	
	会计档案	9号库房	

在对库房的档案进行全宗排列时,还应特别注意以下几个方面。

第一,应按一个全宗接一个全宗的顺序依次集中排列,不得打乱全宗混合排列。

第二,各全宗应按分类顺序排列,不得打乱类别顺序混合排列,排定后应编制库房号、柜架号、栏格号,以便存取。

第三,案卷应竖放,特殊档案(如宽幅面图纸)可平放,但要注意存取方便和防止因重压受损。

第四,声像档案应按载体材料的特殊要求排放。

(四)对档案架进行合理排放与编号

库房中档案架的排放,应特别注意以下几个方面。

第一,应排列一致,横竖成行,大小式样不同的架子可分类,尽可能做到整齐一致。

第二,有窗库房的架子排列,应与窗户垂直,以避免强烈光线的直射;无窗库房架子的排列,纵横均可,但应注意不要有碍通风。

第三,应注意最大限度地利用库房的地面与空间,但是也要便于档案的搬运和取放,不宜太松或太紧。

(五)编制档案存放地点索引

档案存放位置索引是以表册或卡片的形式,记录档案在库房及装具中存放位置的一种引导性管理工具;其作用是指引档案管理人员准确无误地调取、归还案卷,以及进行其他项目的管理工作。由于档案存放位置索引能够清晰地反映各个全宗、案卷的存址,因此,它在档案馆(室)档案的迁移中具有更为突出的引导和控制作用。

档案存放位置索引的体例,主要有以下两种。

第一,指明档案存放处所的存放位置索引,这种索引是以全宗及各类档案为单位编制的,指明它们存放于哪些库房及装具中,格式见表2—3。

表2-3　指明档案存放位置的索引

全宗名称：								
全宗号：								
案卷目录号	案卷目录名称	起止卷号	存放位置					
			楼	楼层	房间	列	柜架	层(格、箱)

第二，指明各档案库房保存档案情况的存放位置索引，这种索引是以档案库房和档案架为单位，指出它们保存了些什么档案，格式见表2-4。

表2-4　指明库房保管档案情况的存放位置索引

楼：	层：	房间：				
柜架(列)	柜架	层(格、箱)	存放档案			
			全宗号	全宗名称	案卷目录号	案卷目录名称	起止卷号

此外，档案存放位置索引还可以制作成大型图表，张贴于办公室或库房入口的醒目之处，以方便管理人员使用。

(六)设置档案装具所存档案标识牌

装具所存档案标识牌是在每一列、每一件、每一层(格、箱)装具表面醒目处设置的标牌，以标明每一个档案架、柜、箱中所存放档案的起止档号，以便检查和调还档案。

(七)编制档案代理卡

由于提供利用或档案馆(室)内部工作需要，经常将库房中已经上架的档案暂时移出库外。为了便于库房管理人员掌握档案的流动情况和安全检查，对于调处时间较长的案卷，可以填制一种卡片放在档案原来存放的位置上，这就是通常所说的"代理卡"或"代理卷"(表2-5)。

表2-5　档案代理卡

全宗号	目录号	卷号	调出时间	调出原因	调卷人	归还时间	还卷人

档案代理卡的使用方法是事先准备好印有固定栏目的卡片备用；每当从库房中调出一个或一组卷号相连的案卷，就填写一张代理卡，然后放置于所调出案卷的位置上；案卷归还时再将其取下。

档案代理卡是一种行之有效的微观管理手段，库房管理人员如果能够在调卷时认真填写、正确使用，还卷时仔细核对，则可以有效地防止档案放错位置的现象。尤其是在档案利用频繁、档案出入库数量大的情况下，其效用更为明显。将使用过的档案代理卡积累起来，还可以作为统计、分析档案利用情况和规律的数据。

(八)建立全宗卷

全宗卷是档案馆(室)在管理某一全宗的过程中形成的,记录和说明该全宗历史情况的专门案卷;它是一个全宗在形成和管理活动中形成的"档案"。在开始档案的库房管理工作时,应在每一个全宗的管理中建立全宗卷,以记载立档单位和全宗历史演变情况。

通常而言,全宗卷需要包括以下几方面的内容。

第一,在收集环节所产生的材料,如档案交接凭证、征集历史档案的记录等。

第二,在整理环节所产生的材料,如整理工作方案、档案分类方案、全宗内档案数量及状况记录。

第三,在档案鉴定环节所产生的材料,如档案保管期限表、档案销毁清册、档案鉴定记录、立档单位与全宗历史考证等。

第四,在保管环节所产生的材料,如安全检查记录和对破损档案采取的补救措施等。

第五,在统计登记和提供利用过程中所产生的材料,如登记统计记录、全宗指南、机关大事记、组织沿革等。

全宗卷的建立是一个由少到多、不断积累的过程。全宗卷在管理上不宜装订,而适宜使用活页夹或档案袋(盒)进行保存,以便于材料的积累和整理。全宗卷内的材料积累到一定程度,应该进行清理。如果全宗卷内的文件数量较多,也可以分为若干卷。

全宗卷是围绕全宗的管理活动而形成的,并以一个全宗为单位组合成的案卷。因此,全宗卷不属于全宗内的一个案卷,在管理上不能与全宗内的档案混合在一起,而应单独存放。其存放方式是每个全宗的全宗卷,可以按照全宗号进行排列并专柜保管,也可以置于每个全宗排列的卷首。

三、进行档案的安全检查

对档案进行安全检查也是库房管理工作中的一项重要工作,通过开展这项工作不仅能发现工作中的缺点,及时纠正,而且能有效维护档案的安全和完整。

档案的安全检查可以分为两种形式,即定期检查和不定期检查。其中,定期检查期限不宜过长,一般以半年为宜,最长不超过一年,以便及时发现问题和妥善解决。不定期检查应在下列情况下进行:一是档案库房发生水灾或火灾之后;二是发现档案有遗失、被盗情况或其他可疑现象时;三是发现档案有虫蛀、鼠咬、霉烂、水湿等现象;四是档案保管人员调换工作时。

在检查中发现的问题,如不能自己解决的,要及时报告上级主管部门或者有关领导,请求予以解决。

四、做好库房卫生工作

档案库房卫生工作是库房管理中一项经常性工作。库房卫生搞得好,不仅可以为档案的保存提供一个整洁的环境,同时也可以防止有害生物的产生。

（一）库房卫生工作的要求

库房卫生工作的要求，具体来说有以下几个。

第一，四壁、天花板、地面清洁无尘、光洁明亮。

第二，档案装具无土无尘。

第三，库内器具物品放置有序。

第四，库房内不得堆放与库房管理无关的杂物。

（二）库房卫生工作的开展途径

为保证库房卫生，应做到以下几点。

第一，经常打扫库房卫生，擦去墙壁、地面、天花板等处的浮土浮尘。

第二，对档案装具及全库进行定期消毒，以免害虫滋生。

第三，对于新增添的装具、将入库的档案，入库前必须进行擦洗、除尘和消毒。

第四，管理人员入库应穿工作服、换鞋。非库房管理人员禁止入库，尽量少接待和不接待库房参观。

第五，库房周围不应有污水沟、污物堆放处，否则会影响库内卫生。

五、做好库房的保卫保密工作

档案是党和国家的文化财富，其中许多是有机密性的，因此，做好库房保卫保密工作是极其重要的。在开展这项工作时，可具体从以下几方面着手。

第一，库房管理人员首先应做好防盗工作，必须堵塞一切可能失窃的漏洞。库房管理人员和值班人员必须恪尽职守，严防任何盗窃和破坏事件的发生。

第二，非库房管理人员未经批准，不得随便入库。进入机密库房时，应严格执行出入库房制度。

第三，珍贵的绝密档案应放入保险柜，在专门的地点保存。

第四，出入库房的档案，应进行仔细的清点和登记。

第五，要杜绝一切失密的可能，管理人员非因工作不得谈论档案内容。

六、营造良好的库房外部环境

营造良好的库房外部环境，最为关键的是有效控制库房的温湿度。

（一）控制库房温湿度的重要性

库房空气温湿度是影响档案寿命的诸因素中最重要的因素之一，因此必须加强对档案库房温湿度的控制。不适宜的温湿度，不仅直接影响档案材料的耐久性，而且还会加速其他一切不利因素对档案材料的破坏作用。如果库房温度过高，会使纸张纤维素发生水解反应，使纸张干燥发脆，强度降低，高温还会使耐热性较差的字迹记录材料（如复写、圆珠笔记录等）发生油渗扩散现象，使字迹模糊不清，无法阅读。同时，高温也有利于害虫、霉菌的生长繁殖。温度过低，则会使纸张中的水分结冰，影响纸张的耐久性。

库房潮湿，纸张中的纤维从空气中吸收水分，使档案纸张变潮，在其他因素的作用下，就会使纤维素水解过程加快,从而影响纸张的强度。同时,库房潮湿会使耐久性较差的纯蓝墨水、红墨水等字迹材料逐渐发生扩散甚至褪色现象,潮湿还有利于档案有害生物的生长与繁殖,会促进空气中有害气体、灰尘、光线等不利因素对档案材料的破坏作用。库房湿度过低,会使纸张中的纤维变干、变硬、变脆,纸张强度下降。

如果库房温度忽高忽低,湿度忽大忽小,同样会使纸张纤维热胀冷缩变化太快、吸潮放湿太频繁而导致纸张强度受损。可见,库房温度过高过低或忽高忽低,湿度过大过小或忽大忽小,都会对档案材料的耐久性产生影响。因此,将档案库房温湿度控制在一定范围内,对于改善档案的保管条件,延长档案的寿命是十分重要的。

(二)控制库房温湿度的方法

当档案库房的温湿度指标超出规定的范围时,就应采取一定的措施,改变库房的温湿度,将库房的温湿度控制在适宜的范围内,常用的方法有以下两个。

1. 密闭

密闭就是将库房或特定的空间范围尽可能地封闭起来,以防止库外不适宜的温湿度对库内产生影响,以达到延长档案寿命的目的。密闭是一种比较简单的控制库内温湿度的方法。具体方法有门窗密闭和档案装具密闭两种。

2. 通风

通风即根据空气流动的规律,有计划地使库内外的空气进行交换,以达到调节库内空气温湿度的目的。

通风的方式有自然通风和机械通风两种。其中,自然通风是利用库房内外空气的温度差和气压差进行通风换气。库房内外温度差和气压差越大,通风效果越好。但风力过大,空气中含尘量增加,此时通风,不利于档案库房的防尘。因此,通风时库外风力以不超过半级为好。自然通风不需要动力投资,也不存在噪声问题。所以,自然通风是一种经济有效的通风方法,但受气象条件限制,故有一定的局限性。

机械通风是指借助机械力量,使库房内外空气进行交换,以达到较高、较快的通风要求。机械通风种类很多,最简单的一种是在库房通风口上安装通风机,条件允许的单位,可安装空气调节设备进行通风。机械通风不受气象条件限制,通风速度快、效果好,但需要一定的动力,投资较高。

不论采用何种方式通风,都应注意以下两点:一是通风时,要不断注意库内外温湿度的变化,测得准确数值,作为判断能否通风的依据。如果通风已达到目的,应停止通风并密闭库房,以保持通风效果能稳定较长时间。二是如果利用自然条件通风,还要注意库房外的风力和风向。若库房内外温差太大、风力太大或风中吹来有害气体,则不宜进行通风。

七、做好档案的各类预防工作

(一)防火

档案的制成材料是易燃物品,一旦发生火灾,造成的损失将是难以估量的。因此,在开展档案的库房管理工作时,档案工作部门必须建立防火制度,做好档案的防火工作。具体而言,档案工作部门可从以下几方面着手来开展档案的防火工作。

第一,实行防火责任制,加强消防安全检查,消除一切发生火灾的可能性。

第二,建立健全管理制度,库房内严禁吸烟,严禁明火取暖,库房周围严禁堆放易燃物品。

第三,配备充足的灭火设备,做好灭火的准备。

第四,要提前拟定档案抢救方案与措施。

(二)防盗

档案是党和国家的文化财富,一旦失窃,不但档案受损失,甚至机密泄露,将会给国家造成重大危害。因此,做好档案的防盗工作,是一项十分重要的工作。从某种意义上说,它比防治档案的自然损毁更重要。档案工作部门应采取一定的防盗措施,防止档案失窃。常用的防盗措施有以下几个。

第一,加强档案工作人员的防盗教育,增强他们的防盗意识。

第二,底层库房门窗安装防盗门、防盗窗(网)。

第三,尽量安装防盗报警装置,对借阅档案的人员进行监督检查。

第四,非库房管理人员未经批准,不得随便进入库房,同时对这类人员进出库房要严格登记检查。

第五,珍贵的、绝密的档案应放入保险柜,在专门地点保存。

第六,档案出入库房,应进行仔细的清点和登记,防止抽掉档案和篡改档案内容。

(三)防光

光(包括太阳光和人造光)对档案文件的破坏作用很大,其中破坏作用最大的是太阳光,尤其是太阳光中的紫外线。太阳光能破坏档案纸张,使档案纸张断裂、发脆,同时会加速纸张的氧化反应,使纸张变脆,失去耐久性;还会加速墨水、复写纸、圆珠笔迹、油墨等有机染料字迹褪色。因此,做好库房的防光工作,是延长档案寿命的重要工作之一。

在库房管理中,常用的防光措施有以下几个。

第一,在库房窗子上,采用遮阳板等遮挡阳光,以减少太阳光对档案的破坏。同时,可在窗户内侧挂窗帘、安装百叶窗、在玻璃上涂刷紫外线吸收剂,以减少紫外光的进入。

第二,档案应放在柜子里、卷盒里,不要放在靠窗的阳光处。

第三,禁止在阳光下阅读文件,特别是珍贵文件。

第四,陈列文件用复制件,不用原件。

第五,当大量文件受潮而又无其他办法救急,必须放在室外吹凉时,切忌放在阳光下曝晒。

第六,库房内使用人造光源时,应使用白炽灯(普遍钙丝灯泡),不使用日光灯。因为日光灯紫外线含量比白炽灯高,并且日光灯装有整流器也对安全不利。

(四)防尘

灰尘也会对档案造成一定的损害,因而档案工作部门必须做好档案的防尘工作。为此,库房及装具必须有良好的密封性;可配备吸尘器,加密封门或过渡门,安装空气过滤器,防止灰尘和有害气体进库;搞好库房及装具卫生;加强库房周边的绿化,及时排除污染源等。

(五)防虫

害虫对档案的危害非常大。轻者蛀蚀成洞,重者使档案成为碎片,失去利用价值。因此,应采取有效措施,防治档案害虫。常用的防虫措施有以下几个。

第一,档案入库时要对其进行灭菌消毒,并要在库房内放置防虫药品。

第二,破坏档案害虫的生态环境,防止档案害虫的生长繁殖。比如,控制库房的温湿度,做好库房的清洁卫生工作,定期对档案库房进行消毒,定期对档案进行翻阅检查,在档案架(柜)的适当位置放置驱虫剂等。

第三,一旦发现档案中有害虫时,若档案中只有少量害虫,可以把档案竖起来,用手轻轻拍动,使害虫掉下,消灭即可;若档案中有大量害虫,可用磷化铝片剂对库房进行熏蒸来杀虫,也可采用低温冷冻法进行杀虫。

第三章 图书馆信息资源配置

第一节 图书馆信息资源配置的机制

信息资源配置不仅有各项原则的规定,同时还受到各种机制的制约和规范。在图书馆信息资源配置过程中,我们还必须重视和熟悉各种机制的规律和制约作用,每一种机制都有一套自己的游戏规则,作为图书馆配置人员,必须熟悉这些规则,并善于运用这些规则,才能做好信息资源配置工作。

制约信息资源配置的机制主要有市场调节机制、政府宏观把控机制和产权配置机制。

一、信息资源配置的市场调节机制

信息资源是可以被用来交换并且能够带来价值的一种特殊的商品,可以像其他商品一样被标出价格,也可以在市场上像其他商品一样流通,所以势必就要遵循市场经济规律,也同样受到市场的影响和制约,因而市场调节机制在信息资源配置过程中起着重要的协调作用。市场机制的调节作用是通过价格和价值规律合理地配置资源来实现的,图书馆信息资源的市场配置也不例外。图书馆在采购信息资源的过程中必须遵循市场规律,尊重市场规律,才能做好信息资源配置工作。

(1)首先要用市场化的概念和思想去统摄信息资源配置工作。信息资源既然是一种特殊商品,就可以按照商品的规律,通过市场定价,参与到信息商品生产、交换、分配、流通和消费的全过程,通过市场价格变动和供需情况实现调控,根据市场需求和价格浮动关系,合理调节信息资源配置。市场需求旺盛的信息资源,信息商品生产者就会在技术、资金和人员研发方面加大投入,实现市场的优势地位,以攫取更大的商业利益,客观上也给信息资源配置的采购者——图书馆以更多的选择。市场调节机制还能把信息生产要素优化组合,从而实现信息资源的合理优化配置。利用市场手段调控信息资源配置,有利于优胜劣汰的市场调节机制,提高信息资源的配置质量和效率,有利于实现信息商品的供求均衡和合理优化。

但是我们不能把信息资源简单地作为一般商品看待,信息产品是一种特殊的商品,是因为它既有一般商品的共性,又有其特殊性。作为商品的共性它具有商品的价值和使用价值,但由于信息资源的特殊性,它又区别于一般的商品属性。它的特殊性表现在以下几个方面:

首先,信息资源所具有价值的不确定性。其不确定性包括两个方面:一方面是商品价值的不确定性,一般商品的价值是由产品的成本和投入的劳动时间决定的,而信息产品的价值是由其成本和采购者使用者数量的多少决定的,大多数信息商品是体验型商品,在使用之前,其价值大小是无法确定的。另一方面信息产品不像其他商品出售的是产品的所有权和使用权,而信息不仅可以共享还可以多次出售,因此信息商品交易是在一定时间和空间范围内转移信息的使用权而非所有权,这就导致信息资源的定价和价值的不确定性。其次,信息商品的使用价值是通过使用者间接获得,图书馆采购信息资源供读者使用,需要一个过程,不可能立竿见影,其价值体现是一个长期潜移默化的过程。再次,信息商品与一般商品不同,一般商品卖出去得越多,商品生产者获利越大,其价值是正增长;而信息产品正相反,信息产品使用的人越多,其市场交换价值越小,最后变得无利可图,因此它具有价值的衰减性。最后,信息资源具有使用的非排他性和非竞争性。由于信息资源具有共享性和可重复利用性,信息资源的利用并不是表现为占有和消耗,不像物质资源和能源资源那样,你多一点,我就少一点。

(2)信息资源和信息商品的这些特殊性,导致了信息市场的特殊性,使得市场机制作用于信息资源配置也有一定的特殊性。图书馆的资源配置也应根据这一规律实时调整。

首先,信息资源的交换形式多种多样,信息市场形态的多样性和复杂性给信息市场的管理和协调控制带来一定的困难。信息商品的形式不仅包括信息产品,还包括信息服务,由于信息资源和信息服务交换范围广,经营形式多种多样,供求关系复杂,导致对信息资源和信息服务的调控,不像一般商品那样容易,同时无论是信息资源还是信息服务,都是信息智能产品,是一种无形的智力商品,特别是互联网的普及和数字资源的丰富,导致信息产品都是以虚拟形式的面目出现,在很多情况下并不能像物质商品那样可直接在货架上出售,交易形式也不是简单的一手交钱一手交货的贸易形式,信息产品在开发时,就锁定了适用对象和适用范围,量身定做,在商品未生产出来时,就确定了交换关系;信息商品成交后,并不意味着买卖双方的买卖关系结束,还需要卖方继续提供后期服务,而买方在利用该信息商品创造收益的同时还须向卖方支付维护或升级费用。正是因为信息商品交易的复杂性和多样性,因此需要供求双方本着契约精神,依据法治环境下的市场原则和市场规律来约束双方的行为。

其次,由于信息商品的消费者和使用者具有特定的对象,在信息资源的开发和生产过程中,包含了大量的原创性的智力投资,因而生产出的信息产品,具有一定的差异性和市场区别度。知识产权保护信息生产者的合法权益和创造性,信息资源的生产者制定自己的销售价格,并且排除其他竞争对手,形成了垄断价格,由于信息资源产品的唯一性和垄断地位,使得他们能够独享信息商品的垄断性定价,并随时可以涨价,在这种情况下,市场的调控得到了扭曲和变形。居于垄断地位的信息资源生产者往往具有更高的定价权,图书馆采购者和使用者处于被动地位,在垄断价格面前,往往毫无还手之力。因此,完全依赖市场调节,就会形成对信息产品消费者不利的局面,在尊重市场经济规律的大前提下,还要应用其他调控手段和其他市场调节机制综合调控。

再次,信息资源的开发使用需要巨大的投入,但市场前景和销售还不确定,如果定位不准、销售不畅,就会导致血本无归,因而信息资源的市场风险很大,这导致了信息市场的高风险性和投机性。如何在一定程度上化解风险,信息资源可借助于互联网新技术手段,做一些新产品的研发、公测和体验使用,考察未来市场的可接受程度。随着社会发展,未来的信息来源更加广阔、数量更为巨大、交易更为频繁广泛,为了避免市场投入的盲目性,完全可以借助于互联网平台实现信息所有权、使用权的交易和转让。建设互联网统一的、开放的、全方位的信息市场,不仅能满足消费所需求的独立的信息商品交换,还能满足生产所需求的无形的市场要素。

最后,通过市场机制对信息资源配置的调节,能有效引导信息商品的生产,避免盲目投资,可以发挥巨大的经济效益和社会效益。市场机制通过价格杠杆自动组织信息商品的生产和消费。如果不是按照市场机制来运行,而是靠政府传统上计划指导生产和消费,作为上级主管部门并不了解市场的动向和信息产品的需求情况,研发的产品是不是市场最需求的、是否具有新颖性和原创性不得而知,就会导致研发生产和销售都带有很大的盲目性和不确定性,因而生产出的信息产品不能满足市场需求,经济效益低下,市场机制不灵活,产品销售不畅,造成经济上盲目投资和巨大经济损失。引入市场机制就能及时洞察消费者的需求和选择,了解消费者需求的变化,消费者的需求和选择是通过市场价格反映出来的,只有尊重市场机制,一切按照市场的需求,调整市场计划,才能开发出适销对路的信息资源产品,市场机制可将信息经济资源进行分配和再分配,从而最大限度地满足人们对信息的需求。

(3)市场机制能够激发信息资源提供者生产的积极性和创造性,增强市场活力,做大市场规模,从而达到信息资源配置数量和结构的最优化配置。

信息产品的研发与生产是一种具有较高风险和不确定性的经济活动,号称"三高",即高投入、高收益、高风险,高风险往往伴随着高收益,风险越大,收益越高。正是这种风险与收益比翼齐飞的机制,促使信息资源生产者一掷千金,高收益的诱惑使得信息商品生产者甘冒风险,客观上刺激信息资源产品的生产者对信息市场主体要进行合理的决策、对价格信号做出迅速及时的反应,开发出适合市场需求并能为消费者带来独特体验的新产品,信息产品的稀缺性和垄断性,能为生产者带来丰厚的利润和较高的市场回报,客观上也保证了信息资源达到数量和结构最优化配置,做到信息资源的质量和效益配置的完美统一。应该看到风险与利益共存,如果处理不好市场机制的问题,信息产品的研发与制造失败,生产出的产品不被市场接受,失败的结果就是前期的投入可能血本无归,使自己在激烈的市场竞争中处于不利地位。计划体制导致市场反应迟钝,计划体制下的信息资源生产者没有压力和动力,生产不出市场需求的产品,也就不能提高信息资源配置的效率和质量,不利于提高创新水平和社会的信息配置水平。

(4)市场机制能够促进信息资源的合理分配,合理改善和优化信息资源配置结构。各种信息资源在不同的国家、地区、单位、个人的分布和拥有是零散的,是碎片化的信息,各种信息要素如设备、人力、技术和营销也是无序且杂乱的,个体之间和群体之间所拥有的信息资源,无论是种类、数量,还是质量都是千差万别,参差不齐。正是市场机制这只看不见的手,调节各种市场信息要素,实现信息、知识在个体、组织、社会、地区以及国家之间的合理流动。正是依靠市场机制掌控信息资源所有者和使用者之间的信息交易,促进了信息资源的合理分配和信息资源配置结构的合理调节。

市场机制不仅提高了经济效益,还扩大了社会效益。正是市场的价格波动和市场竞争机制,影响了信息垄断的产生,实现了信息资源配置在时间、空间、数量等方面的合理布局,信息垄断是造成不正当竞争和产生社会不公的直接原因,导致假冒伪劣充斥市场,市场失去活力,只有通过市场机制和市场调节,打破垄断地位,充分竞争,才能提高信息流通的效率并推进社会信息化进程,才能实现社会效益最大化。只有做好市场机制的信息资源配置工作,才能使信息市场公开、公正和公平地运作,才能更好地促进社会公平正义,为更多的人提供服务,消弭信息鸿沟,促进社会和谐进步。

(5)市场机制在提高资源配置效率的过程中,发挥着不可替代的作用。作为资源配置的基础性机制,主要包括价格机制、供求机制、竞争机制,另外还有激励机制、风险机制,通过应用综合机制,可以建立社会生产和社会需求之间的一种动态平衡的目标,使市场运行中各种构成要素之间相互制约、相互作用,建立起社会供需动态平衡的自我协调,市场机制的制约和调节作用是一个循环往复循环传递的过程,并在运行过程中,指导和规范信息资源生产者的生产行为,生产什么、如何生产和为谁生产的问题统统交由市场来调节。

信息资源配置的市场调节机制起核心作用的主要是价格机制、供求机制和竞争机制。

①价格机制

信息一方面由社会必要劳动时间决定其商品价值,是无差别的人类劳动的凝结,受价值规律的支配;另一方面,信息商品的价值还体现其使用效果及由此衍生出的其他价值,信息商品价格制定是通过信息商品在实际应用中取得的经济效益大小来确定,由于缺乏统一规范的标准,导致目前信息资源市场的价格体系混乱不堪,信息商品的价格形成比较复杂多变。由于信息商品具有双重性和特殊性,成交价格可在较大范围内选择回旋,图书馆应该及时掌握不同商家的信息产品价格和信息资源内容,货比三家,多方询价,在充分调研的基础上,制定出合理规范的采购计划,采用不同的价格策略以应对。

②供求机制

信息作为商品投入市场,必然会出现供求矛盾,供大于求就会降价,反之就会上涨。供求机制可以为信息资源的生产者提供参考,减少生产的盲目性。图书馆每年的采购任务和采购策略不同,因而投入资金的方向就不同,信息资源的生产者如何获悉图书馆的需求,满足图书馆用户的资源需求,是头等大事,如果不做市场调查,一味按照自己的计划和兴趣去生产,就会造成供大于求,一方面不能保证信息资源生产者的经济效益,另一方面也不能满足图书馆真正的资源需求,供求关系难以达到相对和谐和统一。正是市场的供需变化,引导和驱使信息资源朝着最能发挥效益的地方流动,从而避免了信息资源的浪费和低效益,提高了信息资源配置的质量。应该说供求关系能够改变信息资源的生产消费格局,消除图书馆和信息产品供应商的需求使用壁垒。

③竞争机制

没有竞争,就没有优胜劣汰,如果没有竞争,好的信息产品就没有市场,就会出现劣币驱除良币的现象;如果没有竞争,就没有产品的退出机制,落后的信息产品无法淘汰,市场就失去了发展的动力。竞争机制促使信息资源生产者争先恐后生产优质信息产品,推出高效优质的服务,最大限度地满足图书馆对信息资源的需求和服务,作为图书馆也可以做到用最少的成本获得最好的服务和资源。过去没有引入市场机制,图书馆没有选择的余地,只能是被动接受劣质资源,市场经济的竞争机制可以帮助图书馆利用市场的经济杠杆,为自己找到最好的资源和服务,找到信息资源配置的最佳方案。信息资源的生产者在利益的驱使下,纷纷推出自己的特色商品,供图书馆挑选使用。比如数据库商可以让图书馆试用数据库,等图书馆认为使用满意了,就可以下单采购。依靠市场的经济规律发展,独立核算、自负盈亏的运营方式,也使得信息资源生产者具有较强的竞争实力,敢于在激烈的市场环境中大浪淘沙,适者生存。

二、信息资源配置的产权配置机制

(一)产权的含义与特征

信息资源配置除了受市场机制和政府机制的影响之外,它还受产权机制的影响。产权是指对财产的各种权利,这些权利包括拥有、处置、享用其利的权利。使用权、转让权和收益权三者合一才构成一个完整的产权。每种权利还可以进一步细分,产权就是上述各种权利的有机结合。

我们不能把产权与所有权画等号,产权和所有权在性质和层次上都是不尽相同的。产权比所有权拥有更加广泛的内涵,所有权只是它所包含的内容之一,它还包括使用权、转让权、收益权等,结合财产权利来理解,可以认为所有权是财产权利最基本、最一般的形式,由于产权反映了人与人之间的关系,因而具有社会性。产权的社会性能界定人们的行为关系,反映了交易主体之间的权、责、利关系。通过产权划分和界定了人们可以做哪些、不可以做哪些,如果谁违反产权的规定,就应该给对方进行补偿。产权的这些行为都与财产紧密相联,以获取利润为最终目的。

产权具有可交易性。由于产权客体是主体的劳动或劳动创造的结果,具有价值和使用价值,因而具有交易和转让的可能。

(二)信息资源产权的含义

信息资源不仅是一种财产,还是可以供市场交易和消费的商品,信息资源产权包括所有权、使用权、支配权、让渡权、收益权、管理权、法权等一系列经济权利和法律权利。由于信息资源区别于一般经济资源,具有其他商品所没有的许多特征,是一种无形的经济资源,所以信息资源产权也不等同于一般的产权,有其特殊的地方。在信息资源配置的过程中,明晰的产权界定就显得尤其重要。

尽管信息资源共享是信息资源配置的理想状态和终极目标,但是信息资源产权的排他性在现实中是居于统治地位的,两个或多个主体不可能同时拥有控制同一信息资源的某种相同的权利。特别是在市场经济环境下,对信息资源产权的控制更加严格,"资源共享"不可能像以前那样随意为之,产生了许多有关信息资源产权保护的法律,如专利法、知识产权保护法等,非专利所有者"共享"技术发明等专利信息资源需要付出一定的专利使用费,而共享资源的前提是必须缴纳一定的费用。

信息资源的开发、配置和利用都是一种社会活动,信息资源产权就是赋予这些活动主体相应的权利,规定他们可以做什么、不可以做什么以及在什么样的规则下做,体现的是这些行为主体之间的责、权、利的关系。信息资源产权是一种关于信息资源的社会活动,具有社会性。

信息资源产权是一个权利集合,是可以分解的。既可以横向地分解为使用权、占有权、让渡权、收益权等,还可以按信息资源的属性分解为公有产权和私有产权,因而信息资源产权是可以细化分解的。

(三)产权的资源配置功能

产权的资源配置功能是指通过产权的确权,明确各有关利益主体对信息资源的产权支配,因而在资源配置方面做出产权安排,或通过产权结构形成资源配置状况,调节改变资源配置状态的功能。由于产权本身就是一种对资源或是生产要素权利的确立和调整,显而易见,产权应该具有资源配置的功能,其功能主要体现在以下四个方面。

第一,对无产权或产权不明的信息资源进行梳理确权。由于产权的界定可以减少不确定性,对无产权或产权不明晰的情况进行梳理,并进一步明晰产权就是信息资源配置的行为,这样做能够更好地管理现有的信息资源,通过资源利用率,整合更多的资源为我所用。比如图书馆接受一些其他部门不好管理的资源和无产权的闲散资源就是对信息资源配置的优化组合。信息资源效率的提高,优化了产权结构,从而也优化了产权的配置功能。

第二,已有的产权格局或结构,是一种资源配置的客观存在,是界定了其在不同主体之间的配置的体现。在产权主体不变的情况下,不论怎样使用所拥有的产权,怎样调整自身所有的生产要素,产权的权能、利益、损失等,都不会突破已有的格局。改变带来的信息资源配置运用上的调整,实际上是对资源的再使用、再投资、再消费的过程,也是产权对信息资源配置的约束调整的表现。

第三,产权的变动会带来资源配置状态的改变。一般情况下,只要产权有所变化,信息资源配置就必然随之改变。比如学校合并,分布在各个学校的图书馆的信息资源就要进行整合,就要改变原来产权主体下的信息资源配置状态,带来资源的流向和流量的改变,带来资源使用的分布状况的改变。如果产权改变,资源配置格局必然改变,但至于这种改变带来的效果是好是坏,资源配置效率的影响是提高还是降低,那就另当别论了。

第四,产权状况对于资源配置有着重要的甚至是决定性的影响。它可以影响甚至决定资源配置的调节机制。

以上四种功能,是产权在客观上所具有的资源配置功能,为人们通过调整产权优化资源配置功能提供了余地和可能。但要优化信息资源配置,提高资源配置效率,还需要产权主体的参与和投入,只有二者结合,才有可能把信息资源配置好。

第二节 现代图书馆资源配置的评价

传统的评价方法是信息资源配置的基础方法,是一切现代新方法的源头,是最根本的内容和最基本的要素。没有这些传统方法,现代新方法也难以实施。应该说过去传统评价方法还大都局限于纸质文献资源,还都是靠人工统计判断操作,现代方法区别于传统的方法就是引入了数学概念,更加注重定量分析。这些方法融入现代思维,某些方法又契合了计算机网络的算法,因而更适合数字资源和网络资源的评价,它们主要包括层次分析法、统计分析法、模糊数学法、第三方评价法和网络计量法。

一、层次分析法

层次分析法又称 AHP 法,是美国著名运筹学家萨蒂在他的著作《层次分析法》中首先正式确立的一种多准则决策方法。创建层次分析法的主要目的,是要将现代管理中许多模糊的复杂关系转化为定量分析,从定性与定量两方面着手,把一个复杂的问题表示为有序的递阶的层次结构,通过两两比较、判断和计算,得出决策方案,并对决策方案的优劣进行排序。

层次分析法主要是把复杂系统化繁为简,找出他们各自的从属关系,根据不同的层次,建立一个多层次的分析结构模型。然后进行各层次的两两比较,这种比较是按照相对重要程度的比较标度,建立判断矩阵,通过计算得出判断矩阵的最大特征值及其相应的特征向量,再根据此找出起关键作用的因素,从而为我们抓主要矛盾提供方便。

二、统计分析法

统计分析法是运用各种有关藏书的统计数据进行分析和评价的方法,它是定量研究的初级方法。最具代表性的有流通统计分析法、图书流通率与拒借率比较法两种。

(一)流通统计分析法

这种统计方法主要是把流通统计与藏书统计进行对比,判断藏书量是否能够满足读者需求。如果各主题藏书在全部流通量中的比率与该主题的流通量在全部流通量中的比率的比值大于1,说明藏书量不够;小于1,说明藏书量过剩;等于1,说明藏书量刚好合适。该方法对藏书数量做出了较准确的测定,但无法体现对藏书质量的评价,因而仍有一定的局限性。

(二)图书流通率与拒借率比较法

这种方法将藏书周转率(即图书流通率)和拒借率进行对比,评价藏书的规模和质量。其中藏书周转率是藏书流通量和藏书总量之比;藏书拒借率是指一定时间内,读者合理借阅要求中未借到文献占所要借文献总数的比率。将两项指标进行对比,得出四种藏书状态:

(1)如果藏书流通率指标最佳,而拒借率小于20%,则藏书数量和质量都是最佳状态。

(2)如果流通率非常高,拒借率大于20%,说明藏书的质量比较高,但数量不足,藏书完备性不足,应增加常用文献的复本量。

(3)当流通率较低,而拒借量不多,则表示藏书内容较好,但藏书过分完备,应降低某些图书的复本量以压缩藏书量。

(4)当流通率较低,而拒借率比较高,如果藏书已经达到一定规模,则表示内容不合适,应剔除无用藏书,努力改善藏书的成分;如果藏书量尚未达到某个基数,则要加强文献收集,同时改进馆内各项工作,有效地提高流通率。

这种方法通过两项指标对比,综合考查了藏书的数量和质量状况,评价比较客观和全面。

三、模糊数学方法

模糊数学是研究和处理模糊现象的数学分支。1965年,美国数学家查德提出了模糊集的概念,标志着这一新的数学分支的诞生。客观世界存在许多模糊现象和事实,如果用精确的数量去描述难以做到,把隶属函数引入并作为描述模糊现象及其差异的数学模型,可以很好地解决这些模糊判断和推理。人们在现实生活中经常使用模糊方法去思考和推理,用数学方法描述模糊事物不仅可能,而且可行,为我们解决模糊问题找到了一种新的科学手段。

图书馆信息资源配置评价也可以使用模糊数学的原理,模糊数学的应用,丰富了图书馆评价的方法和手段,使许多用其他评价方法不能处理的问题都可以靠它解决。

信息资源配置的评价是一个复杂的系统工程,它包含众多评价指标,并且这些指标又具有不同的类别和层次。其中既有明确的数量关系的指标,也有许多不能用数量关系描述的指标,简单地用一种评价方法难以奏效。使用模糊数学方法,可以对评价对象的模糊性和复杂性给予客观的描述,否则将最终影响评价的实际效果。因此,在研究和选择信息资源建设评价方法的过程中,如果考虑选择模糊数学方法来建立多层次模糊综合评判模型,将会使评价结果更为精确和真实。

模糊数学方法虽然解决了信息资源配置中一些模糊评价问题,但也有其不足,就是对评价对象的动态变化缺乏考察,只能判断评价对象的优劣程度,但实际上图书馆信息资源评价指标中还有类似"越来越""逐渐""日趋"等动态模糊现象,因此,有必要提出动态模糊评价法来更好地处理类似的问题。引入动态模糊集理论为图书馆评价的定量化和科学化,提供了一个完整而有效的方法。

把动态模糊集概念引入图书馆资源评价,就是为了解决图书馆评价中的动态模糊现象,它可以为我们提供刻画和描述动态模糊事物的数学模型,在模糊评价中引入动态变量,即对被评对象有关方面的质量优劣进行动态模糊识别、动态模糊价值判断,从而解决图书馆评价中的动态模糊问题。把资源配置由静态的评价变成动态的评价,把原来不好处理的一些评价指标,通过模糊处理,变成了可测量、可操作、可评价的方法。从理论、方法到实证研究,都做了可贵的探索。

从整体看,图书馆评价工作本身就具有动态模糊性,对某个指标的评价,根据目前的工作目标或重点给予一定的权重,根据工作计划的调整安排或内外环境的发展变化,这一指标的权重有可能被放大或缩小,而绝不是一个固定不变的定量。比如,随着互联网的普及,人们对数字资源的需求逐渐大过对纸本文献资源的需求,因此,数字资源的比重就会抬高,纸本资源的比重就会下降,反映在评价中的权重也会发生相应的变化。再如工作人员服务质量和服务水平的逐渐提高,服务态度的逐渐改善与用户对图书馆满意程度的提高,收藏信息资源数量的增多和用户利用率的提高,用户自身信息素养的增强与其利用信息资源能力的上升等,都会促使权重指标产生相应的变化。

目前的评价法本身已经违背了评价结果的动态模糊性规则,以及因素间关系的动态模糊性规则,权重的定额分配直接影响评价的结果。因素间关系权重分配的不合理、不科学,将直接使评价结果"失真"。为使评价能反映事物的本来面目,因素间关系的动态模糊性不容忽视。

　　动态模糊评价方法的优势显而易见,它既考虑了评价过程中的模糊性,也考虑了评价过程中的动态性,将评价过程中出现的"亦此亦彼"的动态模糊现象采用动态模糊思想予以描述,对评价对象的动态变化情况进行评估或预测。当然,动态模糊综合评价方法也存在一定的缺陷,主要表现在以下两个方面。

　　第一,评价结果具有多样性。在动态模糊综合评价中,影响结论产生的因素有很多,选择不同的评价模型,就会得出不同的评价结果,如果选择同一种评价模型,但由于指标权重系数的确定有变,或给定的评价等级赋予分值的高低有所不同,或评价指标的确定方法各有不同等因素,也会得出迥然不同的结果,甚至会出现相反的评价结果。这是动态模糊评价方法出现评价结果具有多样性的主要原因。

　　第二,评价结果具有主观性。在动态模糊综合评价中,权重的确立是最关键和最核心的问题,它直接影响和决定评价结果。但我们对权重的确立,没有一个科学客观的标准,权重大部分是依据评判人员主观确定,而权重的确定往往由评价人员对权重的理解和认识所限,对评价对象和评价指标的认识与理解不同,就给与不同的权重系数,因而具有明显的主观性。再加上评价对象不是具有很大的模糊性,做出非此即彼、非优即劣的评价判断,其实是一件非常困难的事情,对评价结论的描述,也难以做到客观合理。很多情况下是评价人员的主观性描述,像工作人员服务态度的评价、阅览环境好坏的评价,完全依靠评价者的主观体验和感受,对服务态度和服务环境的体验感受不同,所得出的结论大相径庭。因此,动态模糊综合评价的结果难免掺杂主观因素,还难以做到完全的客观公正。

四、第三方评价法

　　第三方评价法是被广泛应用于数字资源的评价,主要针对网络信息资源的所有者和网络信息资源使用者。第三方往往由独立于信息资源使用者和所有者之外的商业性的专业网络资源评价网站来承担评价任务。

　　这些商业网站由于受其能力的限制,一般只侧重于信息资源的使用情况和信息资源的形式。评价指标体系包括日访问量、网站设计的感官效果等;评价的范围多侧重于综合性的网络信息资源,不能有效评价专业性、学术性的信息资源。而图书馆信息资源配置进行的第三方评价可以针对网络环境下的学术信息资源教学全面评价,更多地侧重于信息资源内容的专业性和学术性,因而更具有权威性。

　　第三方评价法从旁观者的角度出发评价信息资源配置工作,相对比较客观,但它的缺点是评价标准和数据不一定真实可信,再加上评价不是实时跟进,带有一定的滞后性。特别是商业评价网站侧重于综合性网络资源,对专业学术性服务的数字信息资源的评价有待于进一步的挖掘和探讨。

五、网络计量法

网络计量法也是适用于数字和网络资源的评价方法,网络计量分析法是在互联网环境下运用文献计量学的理论对网络信息资源自身的规律进行定量评价的方法。网络计量法更注重于数量,但对互联网环境下的海量数字信息资源的质量却难以把控。目前互联网是一个开放的系统,任何人都可以上传和发布信息,从而使互联网上的信息良莠不齐,掩盖和淹没了有价值的信息,如链接与引用的关系问题。单纯运用定量评价都难以非常准确、客观和全面反映信息资源配置的实际情况,更何况实际评价中还有许多指标难以量化或获取,只有采用定性与定量评价相结合的办法,才能构成一个统一的指标体系对信息资源配置加以评价,才能获得既科学合理又比较有价值的结论。

第四章 图书馆文献资源建设与信息应用

第一节 信息应用下图书馆文献资源建设

21世纪是一个数据为王的时代。图书馆的资源建设和服务工作也处于模式创新和技术升级的转型阶段。运用互联网思维，开发数据管理平台，存储、管理图书馆用户大数据，通过大数据分析，借助移动互联等新技术，建立以用户为中心，以用户需求为驱动，以用户使用量为决策依据的文献资源建设新模式正在出现。

一、重构采购模式

图书采购是图书馆整体工作重要的组成部分之一。采购工作的好坏直接关系到图书馆藏书建设水平的高低，尤其在目前书刊经费紧张的情况下，图书馆片面追求数量的藏书观念既不现实也不合时宜，藏以致用的现代管理思想要求图书馆应根据本馆读者需要，精选图书、优化馆藏，在提高馆藏文献质量的基础上提高服务水平。采购部门如何合理地利用图书经费，购买价值高、内容新的图书，提高藏书质量，满足读者的需要是目前急需解决的一个问题。

随着互联网的不断发展，数字阅读、移动阅读已成为全民阅读的重要部分。对图书馆而言，既要结合本馆特色以及服务对象特性采购纸质文献，广泛收集文献以满足公众文献资源需求，同时还需进一步加大对数字资源的采购，例如可采取联合采购的模式，从出版机构直接获取电子文献资源，加强与出版发行行业合作，通过业务整合与主动对接，搭建平台，整合信息，健全服务，提升文献资源建设水平与服务质量。

同时，重构文献资源采集模式，明确资源采集目标、方法以及原则，调整传统文献资源采购方式，注重网络资源获取；围绕地方特色馆藏资源建设与服务目标，强化对重点学科领域与专题文献资源的征集，注重地方文献的采集、非正式出版物采集以及珍贵文献竞拍访购等；推动特色文献信息资源数据库的构建以及图书馆公益讲座、展览等服务性资源的数字化开发。

此外，可进一步创新PDA模式运作，始终坚持以读者需求为中心，利用大数据、云计算等技术推动线上线下融合服务，构建互联网文献借阅服务平台，充分发挥读者在文献资源建设中的积极作用。

二、推进数字出版

数字出版是用数字化技术从事出版经营的新兴业态，利用数字技术进行信息的记录、存储、呈现、检索、传输、复制和交易,通过网络实现远程检索、下载、即时互动,并能满足大规模订制的需要。数字出版形态体现为电子图书、网络报刊、网络文学、网络游戏、POD按需出版(印刷)、在线服务、移动服务、手机出版等。目前出版界的数字出版主要有三种形态:电子书、在线产品和数据库。

相对于传统出版,数字出版以数字内容为表现形式,以网络和智能终端为载体,具有多媒体复合、传播速率快、获取和应用更便捷、降低资源损耗以及容易搭建知识创作环境等先天优势,是对传统出版的重要补充。数字出版打破传统出版形态及信息组织方式,表现形式更灵活,信息重组更自由,信息深度挖掘更方便,是传统出版业的数字化和新兴数字媒体产业的互相渗透、相互融合的结果。数字出版具有生产、出版、传递、交易成本低,信息量大、交互性强、传播范围广,阅读载体、阅读途径和阅读方式多样,检索便捷、节约资源的优点,为图书馆的发展带来诸多实际影响。

近几年,随着阅读方式和阅读习惯的不断变化,人们对于数字出版形式逐渐认可,再加上政府部门的政策推动,传统出版向数字出版转型的步伐不断加快,数字出版发展速度超乎想象,数字出版方式影响力日渐增大,这必然对整个知识服务产业链产生作用,同时也会对图书馆资源建设与服务带来诸多影响。

数字出版的服务优势,必然引发知识服务领域竞争加剧。数字出版所蕴含的巨大经济及社会价值,不仅驱动传统出版企业快速转型,同时也吸引了众多资本和企业融入数字出版的大潮中,他们带来全新的技术和服务,拥有雄厚的资金和资源,不仅能够提供更广泛的知识内容,更主要的是能够伴随内容的精细化,更加有针对性地提升服务能力。他们不仅看重资源,很多企业更把经营战略定位在用户培养上,期待通过形成互联网的用户规模来获得资本市场更大的回报。这样的战略思维,必然对固有的数字图书馆免费资源服务能力带来巨大冲击,直接的结果是争夺图书馆的服务用户,撼动图书馆固有的优势,形成潜在的威胁和竞争。在此背景下,图书馆与数字出版必须有机协调,才能共同发挥知识服务价值,提高服务效能。

新形势下图书馆文献资源建设整体上应实施实体与虚拟馆藏并重的策略,针对有文化价值、学术价值的文献资源,应重视纸质文献的保护与收藏,同时也需及时融入数字出版,通过加入数字出版途径,获取现有发行途径中无法购买的资源。与数字出版的融合既是"互联网＋"环境变化的需求,也是技术统一的需要,更是数字版权保护的必然结果。

具体来讲,首先,图书馆需充分发挥自身馆藏优势,通过与数字出版业合作,获取数字化建设技术与运营支持,同时,充分利用 Web 云端化延伸数字平台建设,通过云端化技术可重复性与便利性的特征,有效整合图书馆分散的信息资源与设备,实现信息资源高效分析以及传输。其次,实现出版途径多元化,如利用网络平台自主出版书籍的自出版模式,绕开第三方出版商,形成"作者—数字资源—读者"的出版态势,为图书馆带来数字资源获取新渠道;再如应用众筹出版,通过互联网众筹平台筹集资金进行出版。作为一种新兴模式,众筹出版近年来得到大力推崇,在联合读者以及图书馆方面有着非常高的价值与效率,图书馆有必要积极参与众筹出版,促进文献资源的定制化生产,拓展数字资源获取渠道,同时也能够实现与市场用户的深度互动交流。此外,图书馆作为文献资源服务主体,在"互联网+"与数字化阅读的背景之下,应结合读者具体需求,积极参与数字化资源生产,对图书馆中的专题以及学科文献资源进行数字化整理与转换,构建起地方特色数据库,为读者提供优质资源。

三、革新管理技术

随着当代科技水平的日新月异,计算机技术、网络技术、数字化信息处理技术以及图书馆信息数据库智能化管理工具等现代技术在图书馆得到广泛应用,图书馆业务由传统的人工作业的管理方式向信息技术支撑的计算机管理方向发展,先进的图书馆的管理越来越依靠先进的管理技术手段去支撑。创新图书馆管理技术,不仅可以服务广大读者,而且能够缓解图书管理员的工作压力,使图书馆能够投入更多精力,充分发挥其公益性的主体优势。

网络技术设备成为图书馆重要的基础设施。在网络高度发达的今天,图书馆的对外服务越来越依靠网络这一平台和窗口,网络技术设备成为图书馆重要的基础设施组成部分。在图书馆正朝着数字图书馆发展的今天,网络技术设备的优良成为衡量图书馆先进与否的重要条件。先进的图书馆网络不仅需要质量优越的网络设备,还需要有能够充分利用网络技术,优化网络环境的网络管理员,设计出友好的网络界面和文献信息查询入口。

"互联网+"环境下,图书馆需充分利用互联网工具与技术,科学、严谨地推动文献资源建设。例如通过大数据分析,深入挖掘用户的文献资源使用行为、文献内容等方面的相关性,为图书馆决策提供科学建议;应用大数据以及云计算等技术,可结合用户阅读兴趣,实现服务内容精准推送。通过大数据等技术掌握读者文献资源使用数据,例如数据库访问、浏览、下载等各类信息,评估用户资源使用状况,进而为图书馆文献采集决策、数据库优化配置等提供科学依据。如使用大数据工具,实现对学术成果影响力的评价,为文献资源服务精准推动提供协助。

现行主流图书馆自动化管理系统大多没有充分注重用户数据采集,文献资源采集辅助决策功能缺乏,新形势下,图书馆可针对性地升级自动化管理系统,助力图书采访工作,在系统中加挂数据采集系统,协助馆员的图书采访决策。

树立网络化管理和服务的思想。利用先进的图书馆信息管理系统,着眼于网络化管理和服务,面向图书馆的各个业务管理环节,实现包括图书采访、编目、典藏、流通、阅览、连续出版物管理等多文种、多类型的实体文献著录处理及涉及馆藏资源数字化处理的书目数据库管理建设;实现文献数据检索、下载和上传,获取高质量的编目数据;提供 Web 方式下的公共目录检索;实现网上远程书目查询、读者信息查询和办理预约、续借等。

此外,面对大量数据信息及服务需求,图书馆需加强大数据馆员培养,组建起高素质馆员队伍,实现对数据的有效分析预测以及深入挖掘,充分利用可视化工具以及数据挖掘软件掌握学科发展前沿动态,进而向读者提供更具针对性的文献资源服务。

引进与利用数字化技术设备。应立足数字化图书馆建设的方向,搞好数字化技术设备引进与利用。数字图书馆系统应包括文献资源加工与存储、信息发布与检索、文献多媒体阅览与利用三个子系统。这就要求图书馆适应数字图书馆建设和多媒体服务的需要;引进对象服务器、视频服务器；建立文献扫描工作站，文献音频、视频数字化工作站等；安装性能优越的管理软件和数字图书馆客户端，发布数字信息；建设多媒体阅览室，通过内部网络和数字图书馆连接，实现多媒体文献检索与利用。

加强图书馆自身的技术开发。除先进的图书馆管理技术外，还必须加强图书馆自身的技术开发，进行馆藏资源的深化管理和信息整合。利用引进与开发相结合的方式形成性能优越的、符合图书馆自身需求的管理软件，实现随书光盘的信息管理、特色馆藏资源的数字化处理、古籍文物等珍贵文献的信息化管理、各种文件及管理数据的数字化处理和索引式索取等。

四、深化文献服务

所谓深化服务，是指图书馆在目前开展的文献信息服务的基础上，进一步深入开展文献信息服务的问题，诸如进一步了解读者需求，更紧密地与教学科研工作结合，服务方式多样化、服务手段现代化等。图书馆是通过为读者提供文献信息服务的方式实现其职能、体现其价值的。一个图书馆的藏书增加了，自动化程度提高了，当然也说明这个图书馆在发展。这种发展知识图书馆的物质（文献）基础雄厚了，服务工具先进了，如果不能充分利用这些条件深入开展文献信息服务，读者就难以深切地感受到图书馆的发展与进步，因此，深化服务是图书馆发展的重要体现。

新时期图书馆的读者服务工作呈现出多种形式的表征。首先，逐渐扩大的读者服务工作范围，随着信息化网络技术的发展，办理图书馆相关业务的服务对象不仅包括现实中的固定读者，还包括利用虚拟网络登录的外省或其他地市的信息查询群体，这种网络模式的应用突破了时空地域的限制，扩大了图书馆读者服务工作的范围；其次，多样化的文献信息服务，新时期图书馆的文献服务不仅具有传统图书文献的服务类型，还具有现代读者服务的特色，如新时期的文献服务既可以进行借阅、咨询、检索各种书籍、电子出版物及声像资料等方面的信息服务，又可以利用现代多媒体电子阅览室、文献信息资源下载与共享等服务，多样化的文献信息服务为新时期公共图书馆读者服务工作的深化提供了更多的途径；最后，现代化的读者服务手段，计算机与网络的应用是现代公共图书馆读者服务工作的物质基础，随着信息技术、网络技术及计算机信息的更新换代，新时期公共图书馆读者服务工作呈现出现代化服务手段的特点，采用先进的技术与设备，提高读者服务的工作质量，满足不同读者对于公共图书馆的多元化需求。

"互联网＋"时代，新媒体得到高速发展与渗透，图书馆也可充分利用新媒体平台，通过与电信、数据库平台以及出版网站的互动合作，促进图书馆服务功能渗透，向读者用户提供更丰富的文献检索以及获取路径。具体来讲，基于"互联网＋"环境，图书馆需通过构建统一检索平台，使用户能够通过移动智能终端以及 PC 端获取文献服务，开发图书馆 App，让读者更便捷地享受信息服务；基于图书馆官方微信公众平台、微博等新媒体服务基础，将服务入口前置，融合支付宝、微信等支付平台，使图书馆文献信息服务管理在公众社交场景中随处可见；积极推动图书馆衍生产品建设，促进技术与内容的结合，开发电子书、动漫、影视等产品,吸引公众关注,提升图书馆文献资源的整体利用率。

其次,加强与文献流通领域服务商、搜索引擎服务商等合作,推动资源、服务平台的跨界融合,构建起多方资源协作与共享体系,使图书馆文献资源更易被查找;加强与移动阅读平台的合作,丰富文献资源供给;促进与相关文献机构的信息整合,提升图书馆文化服务社会形象。此外,应建设适用于特殊群体的数字资源,关注不同群体的文献需求,为其提供更具针对性的资源。如针对老年读者,提供保健养生、疾病预防等信息;针对青少年群体,建设少年电子读物、动画等数字资源;针对农民群体提供养殖、种植等数字读物。

随着图书馆事业的不断发展,资源载体的多样化及图书馆的数字化,图书馆的全部工作已开始转向以读者工作为重心、全面围绕读者合理需求组织图书馆工作的发展阶段。图书馆应采取灵活多样的服务方式,变被动服务为主动服务,变一般化借阅为多样化、特色化服务,变粗浅的单层次服务为多层次全方位服务。传统图书馆在服务工作的时间内摸索了一整套服务方式,如馆内借阅、文献外借、参考咨询、文献复制、书刊展览、专题讲座等。在信息社会中,用户的信息需求发生了根本性变化,人们已经不再满足于图书馆提供一部书、一篇文章,而是要求提供某一特定信息,某一事物、某一主题的知识信息。

图书馆的服务由封闭型转为开放型,图书馆的服务工作开始走出图书馆,面向需求、面向用户,主动服务,建立辐射型的开放服务系统。目前许多图书馆开展文献传递、查收查引、科技查新、专题咨询、文献信息开发等专业参考咨询服务,就是为满足用户需求的多元化展开的。

在传统图书馆的服务中,图书馆员向读者提供服务以手工为主,工作人员从事文献的采集、编目、加工、书库管理、阅览服务、参考咨询,大部分是劳动密集型操作,重复性、体力性的工作比较多。多种载体信息资源的发展,改变了服务人员与用户之间的互动关系,用户不再局限于与服务人员面对面,图书馆服务工作的劳动逐步从劳动密集型向智力型转变。

第二节 信息应用实现读者决策采购策略

广义的"读者决策采购",也称"按需购买"、"需求驱动采购",是指将读者的阅读需求量化成一定指标,作为图书馆文献采购和馆藏建设的决策依据。PDA源于利用馆际互借服务,促进、补充纸本馆藏建设;在电子书时代,它特指图书馆基于读者的实际浏览与阅读情况,以是否达到一定的标准或参数触发对某一文献购买指令的资源建设新模式。PDA使读者与图书馆的联系更加紧密,真正体现了以人为本的服务理念,使图书馆馆藏资源建设实现以读者需求为中心,增加了文献的利用率,缩短了读者查阅的时间,提升了图书馆在读者心目中的形象,对图书馆与读者来说都是一种双赢的选择。

与传统模式下图书馆先买下所有文献、再开放给读者阅读不同,PDA则是先根据该馆的馆藏政策,参照传统的纲目购书或阅选计划,设定购书范围及每本书的预设文档,将书商目录导入图书馆的馆藏检索系统。这时图书馆只是将这些书目展示给读者,但尚未向书商支付费用。只有当读者真正开始通过点击链接直接阅读该书,并达到图书馆预设的次数、时间、人数等指标门槛后,才会自动触发图书馆向书商租用或购买的指令。

一、读者决策采购(PAD)的双重性

(一)读者决策采购的优势

读者决策采购先进的理念仍然代表了馆藏建设的发展趋势,对图书馆而言,重点是要如何趋弊就利加以妥善利用。PDA 的工作流程包括图书馆、供应商和读者三个方面,缺一不可。首先由图书馆制定图书采购标准,然后供应商提供符合标准的 MARC 记录、图书馆在经过馆员筛选后,将 MARC 记录导入到 OPAC 系统中为读者提供服务,读者查到书目记录后,或点击链接直接阅读,或要求提供印刷本,由图书馆统一付费购买;供应商在接收图书馆采购标准后,还要及时向图书馆反馈读者使用情况,反馈读者使用的各种数据,以便及时作出调整;读者在参与 PDA 的过程中会发生浏览书目信息、OPAC 检索机或者点击链接直接阅读电子书等行为,在以上这些过程中就会产生庞大的非结构化数据信息。图书馆应该加强对这些数据的采集,并对这些数据进行一定的专业化处理,为 PDA 提供准确的数据源,既要避免重复购买指令的发生,又要满足读者需求。

(1)文献采购的针对性更强,是传统图书采选方式的有效补充。出版业的迅速发展使得原有的资源建设方式受到极大挑战。世界上存在大量的图书,多数图书馆只能选择其中最重要的一部分,学科馆员对用户需求的精准判断变得越来越不现实,传统的图书采选方式的执行难度愈来愈大。而读者决策采购则以用户的即时需求以及图书的实际利用情况为依据,是有针对性的资源建设方式。另外,当今科学技术的创新点往往来自于交叉学科、新兴学科,这部分文献需求很可能在学科馆员的视线之外,而读者决策采购更有利于实现图书馆对此类科学研究的文献保障作用。

(2)提高了馆藏资源的利用率,保证了资金投入的效益。近年来,馆藏利用率低下的现状困扰着国外学术图书馆的发展。图书利用率过低使得图书馆资源建设的质量受到质疑。而读者决策采购则能改善这一状况,可以保证较高的借阅率。而电子图书的购买则更是直接以读者的实际使用情况为基础,购买之前已经有点击与阅读的历史,从而保证了资金投入产出的效益。

(3)弥补馆际互借的缺陷,有效补充馆藏资源。近年来,由于国外图书馆将主要经费用于支付电子文献费用,纸本书的采购数量降至历史最低点,缺藏存在于所有图书馆,馆际互借的业务量剧增。但馆际互借的文献一次只满足一个读者的需求,而这类文献反复流通的概率更高,从而对同一种文献产生多次互借请求,以至于其成本甚至高于购买,而且馆际互借对长期馆藏建设毫无意义。另外,大部分馆际互借请求对象都是正在发行的、适合图书馆收藏并且价格不算太高的图书,可以非常容易地通过购买来满足其需要。因此从馆际互借中派生出最初的读者决策采购,既满足了读者当时的需求,也是馆藏资源建设的重要组成部分。

(二)读者决策采购存在的争议

PDA 早在十几年前就已经提出,但在近两年才在业界被广泛提及并应用,主要原因是

许多人认为这种采购模式还有待于进一步商榷。它在实施过程中有许多局限。

(1)关于读者与图书馆员选书能力的争议。传统采购模式首先要有采购计划,还与采选人员的学科背景、采购经验等外在条件有关,学科馆员的选书能力是基于良好的专业知识、对专业领域的深入了解及长期的实践经验而形成的,从某种程度上说应该是不可取代的。读者决策采购将这一权限赋予从未受过相关训练的读者,图书的选择在很大程度上依赖于读者的判断,是否会将大量通俗的、不符合采访政策的图书纳入馆藏体系中?事实证明,这一担心基本上是多余的。因为导入各种系统的目录是按照学科馆员所制定的严格标准筛选过的,大部分PDA只允许读者在特定的目录范围内遨游,并不是彻底地自由选择任何图书。当然,极少数图书馆员质疑读者的选书能力很可能是出于对自己职业前途的担忧。

(2)关于馆藏建设目的的争议。图书馆的主要价值到底是建设高质量的完整的馆藏,还是满足读者的一时之需?有的学者认为,读者进入图书馆目录系统,主要有两种可能:一种是带着明确目的;另外一种可能只是随意看看,没有目的性的浏览,在这种情况下,读者点击的内容并不一定跟研究相关,提交的需求可能不是急需的图书。传统的选书方法是预备性的,是为了满足当前或者将来的用户的可能性需求,但更为重要的是这些图书本身具有保存价值,通过持续的购买逐渐形成了各具特色的馆藏体系。而读者决策采购是即时性的,以满足特定读者的当前需求为主要目的。如果将这种没有经过仔细斟酌和深思熟虑的随机行为作为采购依据,那么它的合理性就有待进一步确认。有很多人认为,读者的个人需求只是一种即时性、个性化的行为,一次需求满足后,该文献是否有长久保存价值还有待进一步考究。有的图书馆员对此表示担忧,认为由读者从备选目录中选择图书改变了图书馆的基本属性。图书馆不是供读者选购商品以满足其即时需求的商店,而是特定范围内用户可以共享的图书资源的集合,可以满足大家无法预料的不时之需。实际上,不同的图书馆有着不同的馆藏建设目的,要因馆而易采用不同的资源建设方式。

(3)关于满足读者阅读需求的争议。读者决策采购最显著的特点就是所购资源满足了特定用户的需求,是对以用户为中心理念的贯彻与执行,从这一角度理解它,的确更好地满足了读者的阅读需求。但也有人从另外的角度考虑问题,他们认为图书馆存在的意义是帮助读者发现他从未想过要借阅却有实际需求的资源,当初开架借阅得以实现就是为了让读者可以在书架前尽情浏览以找到最适合自己的图书。而读者决策采购的前提则是读者已经有了明确的需求。虽然电子图书也有浏览的功能,但与书架前的翻阅不同,更何况还要受显示屏大小及书商的各种限制,从某种程度上讲是限制了部分潜在的阅读需求。

(4)关于PDA对学术出版环境的影响的争议。尽管图书馆与学术出版社的性质、目的、运作方式截然不同,但却共同支撑着学术成果的继承与传播。既然图书馆的馆藏至少一半都从未流通过,而读者决策采购将读者是否需要作为购买的依据,那将意味着今后图书馆的采购量会锐减,这对出版社的利润会造成严重影响,特别是学术性出版社,因为学术著作的出版发行主要靠图书馆的持续购买得以维持。但是,保持学术出版的正常发展这一责任在很大程度上应由图书馆来承担,这一点值得商讨。更何况,PDA对学术出版的影响也不见得完全是负面的、消极的,比如它扩大了师生员工能够接触到的图书的范围,也有可能会促进部分图书的销售。

二、利用好读者决策采购的方法

在我国,要想大规模地推行基于PDA的馆藏建设,需要着力解决一些基础性的问题。

第一,培养可靠的遵守协议的高水平书商,能够提供高质量的书目记录,其系统平台能够与图书馆信息系统实现无缝对接,并且在接到订单后,3至7天内将书送到图书馆或读者手中,实现图书采购的电子化。

第二,制订科学、严格、明确的购买标准,包括出版商、出版日期、价格、学科范围的限定等。

第三,重视流通数据分析,即在完成PDA采购后,对一定时间段内图书的利用情况进行跟踪,以便评估和调整PDA采购策略,进一步满足读者需求。

第四,强化图书馆有关业务部门的协调配合,PDA有赖于馆际互借和采访、编目等部门的紧密配合,对图书馆传统业务流程和管理提出了挑战,需要进行相应的调整与整合。

第五,建立现代化的图书馆集成管理系统,馆际互借、采访、编目、流通等模块的有效整合是保证PDA实现的技术条件。

总之,读者决策采购是以读者为中心的图书馆理念的体现,读者是决定图书馆未来生存与发展的关键。读者决策采购克服了传统读者荐书的局限性,使文献资源建设避免受限于少数几个学科联系人的研究领域和个人观点,所有读者都可提出文献采购要求,真正实现了信息获取的人人平等。

PDA以其图书的高使用率、投入的高性价比以及对永久馆藏的有效补充,正成为一种蓬勃发展的新型馆藏建设模式,从大学图书馆向专业图书馆、公共图书馆普及。

(一)注重从图书馆发展视角开展读者决策采购研究

信息技术和网络技术的发展使图书馆所处的社会环境发生巨大变化,推动图书馆服务模式、组织方式以及工作理念发生变革。一方面,从信息服务、知识服务到创新服务,图书馆服务在实践价值上的指向性越来越明确,读者权利、信息公平、开放共享等理念的普及对图书馆组织结构和管理方式产生影响;另一方面,随着新技术对图书馆工作影响的加剧,图书馆各项工作更具整体性。图书馆的发展打破传统的职能型组织结构,围绕读者服务这一核心目标或工作主旨,新的组织形式和服务方式正在逐渐形成,馆藏资源建设作为图书馆开展服务的基础,其发展受到图书馆整体发展的影响,其改变也必将对图书馆其他工作的开展产生影响。所以,读者决策采购作用和价值的探讨需要置于图书馆整体发展考虑中,加强与新技术、新理念以及图书馆组织变革相关性研究。

(二)探索读者决策采购与图书馆其他服务创新的整合

读者决策采购的产生基于图书馆工作实践,其作用的体现和后续发展也依赖于图书馆工作实践。从整体上看,我国读者决策采购研究过于强调其在图书馆资源建设上的价值,而较少与图书馆其他服务创新活动结合起来进行考虑,如图书馆在读者信息素养培养、信息共享空间建设和学科服务等方面工作的开展与读者决策采购具有较强的关联性,资源建设与图书馆其他服务活动的结合可以产生更好的服务效果,读者决策采购研究局限于资源建设视角会影响本领域研究的发展。同时,随着数字图书馆、移动图书馆的发展,开放存取、资源共建共享(包括图书馆与读者之间的共建共享)、机构知识库建设等新型资源组织方式的推进,以及读者权利、信息公平等理念的加强,读者决策采购的实施受到更多因素的影响,对这些因素的讨论是推动读者决策采购发挥更好效果的基本条件。

(三)以具体项目实施为依托,积累本土化经验

目前读者决策研究过于依赖国外经验,单一地依靠国外高校图书馆 PDA 项目进行分析,不仅造成研究内容同质化,而且使研究成果对我国相关实践活动的指导意义受到影响。由于对国外读者决策采购最新实践情况介绍较少,在信息技术快速发展、图书馆服务理念不断变革的当下,研究成果对读者决策采购未来的发展缺少预测性。因此,未来研究应该着力探索读者决策采购本土经验,通过具体项目的实施,探索符合我国实践的 PDA 项目模式。同时,应该注意引入多元化的研究方法,形成定性与定量相结合的方法体系,对我国读者决策采购进行实证研究,为 PDA 项目的实施提供理论依据和数据支持。

(四)多种采访方式有机结合,不断优化采访方案

在招标采购和协议供货采购的采访制度下,书目订购、采访人员现采、读者现场选购、读者网上荐购、文献资源专家荐购、学科馆员参采、读者决策采购等多种采访方式有机结合,还可以根据资源的特点和馆藏需要不断优化采访方案。根据纸本文献和电子文献在服务对象上的差别采取不同的采购模式;根据纸本文献和电子文献的优势选择采购。如纸本文献出版周期长,知识内容成熟,为师生读者提供了解本学科已经得到共识的知识,因此,对于图书、文艺娱乐类期刊、小说类期刊等文献,一般采取采购纸本文献为主;对于最新科研成果的相关知识信息,使之能以最快的速度传递到读者手中,一般采取相应的电子文献,因此,对于科技类期刊,一般采购电子文献为主。此外,应根据实际需要,加强对不同途径文献资源荐购信息的分析,进行合理取舍。

第三节 馆藏文献信息资源共建共享实现

文献资源共享是公益性的文献资源共享。在信息时代,它还包括网络的信息资源共享,但不包括企业核心技术与商业秘密这类特殊的信息资源。文献资源共享的实质是:通过一定的调控手段和传输体系,协调文献资源在时空、部门、数量上的分布关系,并以计算机、网络等为终端,以高科技为核心,对文献资源进行存储、加工、检索、传递,使之服务于客户,实现一个地区、一个城市、一个国家乃至全世界的各个图书馆、情报中心之间和全社会组织与成员对文献信息资料、书目数据、图书馆资源服务方式等的相互补充、借鉴或共同使用之目的,从而使有限的资源产生最大效益。

文献资源共建就是走合作馆藏建设的道路,建立资源共享的协作体系。共享是共建的目的,共建是共享的前提。现阶段,文献信息资源的共建与共享已成为国内文献信息网络建设理论与实践研究的核心。

一、文献资源建设与共享的关系

图书馆的文献资源建设不是为某个人、某个单位或某个团体组织单独服务的，是为全社会服务的。因此，它的资源建设具有社会性、共享性，它是公益性的社会教育机构，服务于社会的公益事业。基于它的这种特殊性质，其文献资源建设必须与社会成员共享连在一起。

文献资源建设是文献资源共享的必要条件。文献资源拥有的体系是构成资源共享的基础和必要条件。信息时代，保持和拥有数量与种类丰富的文献资源，不仅包括纸质文献，还包括数字式文献，这样才能提供多样化、质量化和个性化的资源服务。没有丰富的文献资源，共享就成了无源之水，只是一纸空谈。资源共享的效果优劣取决于资源建设的优劣。通过社会调查，开展对馆藏纸质文献与虚拟文献的评价，可以了解购入与加工的文献是否符合馆藏特点，是否有长远观点，是否有利于可持续发展，是否具有资源保障能力，是否达到服务质量要求。文献资源建设决定了文献资源共享的效果和效益，为文献资源共享提供了必要的基础条件和前瞻性的发展意识与发展空间。

文献资源共享是文献资源建设的发展动力，同时也是是图书馆发展的必然结果。信息时代，资源共享已经不能局限于本地区的范围内了，全球文献信息的相互依赖和共享将是今后发展的必然趋势。图书馆通过相互间的资源共享，才能用有限的经费最大限度地为本国、本地区、国际的用户服务，为全社会服务，从而形成相对完备和丰富的文献资源保障基础，很好地满足社会组织与成员的需求。文献资源共享能够使文献资源进行合理配置，共同构建比较完整的藏书体系，避免文献资源的重复建设；能够生产出高质量的文献信息产品，最大限度地满足各方面读者的不同需求，提高整体文献信息资料的利用率及服务率，节省人力、物力、财力；能够通过网络把全球的图书馆紧密连接起来，扩展图书馆服务的功能和空间，实现全球共享。文献资源共享是检验文献资源建设是否具有服务能力和资源保障能力的标准，它为文献资源建设在规划、目标、服务和布局方面，在文献保障率、读者满足率、文献覆盖率、馆藏文献使用效果和虚拟馆藏以及网上信息组织能力等方面提供了资源体系整体服务的依据和标准，指明了资源建设的发展方向，促进了文献资源保障体系进一步完备、文献资源建设不断完善和资源服务水平的不断提高。

二、文献资源建设与共享的实现措施

在文献资源建设与共享方面，传统图书馆只限于纸质印刷文献或以其为主的馆际互借、合作采购、联合编目及书刊目录的交换等方面。但在网络环境下，电子出版物、联机数据库、网上信息资源的出现对传统的文献资源建设与共享提出了前所未有的挑战，打破了多年来纸质型文献在馆藏建设中一统天下的格局，而适应读者需求的虚拟馆藏方式与实体馆藏方式并举的服务模式也随之出现。图书馆通过网络对资源进行重组、存贮、检索和传递，快速地为用户提供世界各地的信息资源，成为真正意义上的文献信息资源共享。网络环境下的文献信息资源共享扩展了传统文献资源共享的时空范围，提高了文献信息资源共享以及文献资源建设的广度和深度，使原有的文献资源建设与共享方式、手段发生了变化。为了使文献资源建设与共建共享更好施行,我们应做好以下几点。

第一,树立全局观念,增强文献资源建设与共享的意识。文献资源建设与共享工作充分利用了现代高新技术手段,能够将中华民族几千年来积淀的各种类型的文化信息资源精华以及贴近大众生活的现代社会文化信息资源进行数字化加工处理与整合,通过覆盖全国各地的文献信息资源网络传输系统,实现优秀文化信息资源在全国范围内的共建共享,从而推动文化事业的更快发展,逐步形成以文化信息的网上服务为基础的新的知识经济增长点;它能够迅速扭转网上中文信息匮乏的状况,形成整体优势,弘扬博大精深的优秀中华文化,并促进其发展和创新;它能够把群众喜闻乐见的优秀文化通过互联网方便快捷地传送到广大人民群众身边,填补基层文化需求的空白,以先进的文化占领基层思想文化阵地,丰富、活跃基层群众的文化生活,占领基层文化阵地;它能够通过网络广泛传播中华文化的精髓,提高人民群众的思想道德素质和科学文化素质,通过现代通信技术和网络技术,彻底消除不同地区在获取文化信息资源上的不平等,使文献信息资源能够快速地传送到各地,在一定程度上改变了我国文化建设的现状,满足基层群众的文化需求和享受基本文化权益的权利,促进我国经济和社会快速发展,创建和谐社会。因此,图书馆在文献资源建设上要有全局观念,要根除把文献资源共享看作是解决经费困难、缓解文献资源不足的权宜之计的观念,根除唯我独有、各自为政的意识,防止资源重复建设、缺乏特色。要通过各种社会力量,由图书文献工作者和资源享用者共同在相互支援协作过程中共建共享。

同时,树立现代图书馆文献共享观,树立一馆的信息资源为全社会共同拥有的观念。网络环境下,图书馆的文献载体、资源基础都发生了变化,图书馆应告别封闭,放眼全局,共同实现文献信息资源的共建与共享。以往图书馆文献收藏片面强调"大而全"、"小而全",自给自足的小农意识浓重。各馆各机构之间缺少协作,这种观念和态度已经严重影响了信息事业的发展,使得信息资源在条块分割的多重阻碍中无法更快更好地运行,造成了文献建设的重复和共性空白现象以及用户需要的低满足。图书馆界、情报界应该树立分工协作观念,把自己视为文献情报资源网的一个环节,把馆藏视为社会整体财富,在文献建设中形成一种有特色有重点的合理布局,本馆需要和区域共享并重。

第二,建立和完善相关的政策法规,为文献资源建设与共享提供法律上的保障。文献资源建设与共享活动要求所涉及的各图书馆之间精诚合作。当然,要真正搞好文献资源建设实现资源共享,政府的政策引导和强制性的作用是不可或缺的。因此,必须加强对知识产权和主权的保护。图书馆立法是解决图书馆在文献资源服务过程中所涉及的知识产权问题的重要途径,应结合我国国情,参照其他国家和地区的经验,制定相应的政策和法规,尽快立法,确保文献资源建设与共享顺利进行。在宏观上,要着眼于长远的科学、经济、社会发展,着眼于百年大计,保证文献资源建设与共享和国民经济同步发展;在微观上,为了更好地开展资源共建共享活动,协调机构应制定出更加完备、严密,更加便于操作的各种政策、规则和标准。具体包括文献信息资源共建共享政策、章程和规则的制定;有关监督参与履行图书馆应尽义务及保障参与图书馆权益的政策;文献信息资源共建共享保护知识产权的政策;文献信息资源共享中充分揭示各馆馆藏的有关规定;馆际互借公约,包括馆际互借中共同遵守的优先优惠条款,馆际互借的手续及收费标准等;合作编目中数据交换与下载规定;文献数字化过程中应共同遵守的标准和规范等。制定这样一些有约束力、操作性强的规则、规程以保证文献资源共建共享的正常运行。

第三,加强国内外图书馆间的交流,开展项目合作,提高馆藏资源建设水平和共享效益。通过国内外图书馆间的工作往来,联合建立各类电子数据库,联合采购、统一编目、统一标准;或互赠和交流图书、杂志等实体馆藏和虚拟馆藏资源,交换广大读者感兴趣的、利用率高的、有学术价值的书刊资料和有价值的国内外信息资源,以达到资源建设和共享的目的。

第四,加强人员的业务交流,提高图书馆整体服务质量。受地区经济条件或其他条件的制衡,图书馆间的发展存在差异,长此下去必将影响文献资源建设与共享的发展。要加强彼此间的人员交流和业务交流,建立一支业务素质过硬,知识结构合理,能适应网络化发展的专门人才队伍。可通过人员交换、业务培训、单项业务合作或专题研究等方式促进了解,取长补短,提高自身的业务水平和网络环境下共享文献资源所需的网络与通信的计算机技术,改进和开发图书馆信息技术及应用方法,保证实体与虚拟馆藏文献信息资源的含金量,提高网络连接下的图书馆间的整体服务质量,共同推进各国家和各地区间的图书馆文献资源建设与共享。

第五,加快自动化、网络化建设,建立联合目录。文献信息资源共享的前提是共知,即协作网成员馆彼此掌握对方的馆藏书目信息,能够用最短的时间向文献拥有馆发出借阅申请,通过联机联合目录或网上公开的联机公共目录可以检索成员馆的书目信息,从而大大提高文献的查全率,缩短馆际互借周期。因此,可在已建立的文献信息资源共建共享协调中心的协调下,建立统一的书目情报工作体系,强化书目情报系统对文献资源的控制功能,运用计算机编制联合目录,统一为成员馆购买数据库和图书馆自动化管理系统。这样做的好处是避免了异构系统间信息交换和管理上的麻烦,系统的互操作性很高,资源共享程度也很高。

第六,共享网络资源特色化建设,加强具有学科专业特色的数据库资源建设。现代化技术下的文献资源共享,必须形成自己的馆藏特色,也只有具备特色馆藏才能形成自己优势。花费大量资金重复建设收集其他馆已经拥有的贵重资料,不仅意义不大,并且造成本馆经费紧张。在这方面我们应该借鉴国外的经验,在文献建录数据库的基础上,加强具有学科特色的文章。在文献建设中彻底改变"大而全""小而全"的馆藏模式。加入文献资源共享网络的图书馆应按学科、文献类型、出版国别及文献语种实行分工购藏,并要求各馆将所承担的学科领域的各类文献尽量收集齐全。特别是在信息资源开发上,应从网络共享出发,全面规划,进行文献资源的合理配置,形成特色。

馆藏文献资源建设在很大程度上受社会政治、经济、文化、学科和教育发展趋势,以及本地区本系统科研整体发展战略变化、本地区文献资源整体布局状况、本单位已形成的藏书格局、文献经费的多少等客观条件的影响。图书馆馆藏建设应根据上述条件的变化作相应的调整,使其适应本地区、本系统科学技术和经济建设发展战略需要,规划本馆收藏文献的学科范围,制定一个规范统一、详细得当、学科齐全的学科框架,然后根据文献内容的水平及读者的不同需求层次,对各学科范围的文献划分相应地若干层的收藏级别,并规定各级所要达到的收藏目标,文献收集方面,要加强收集与科研相关的学科专业文献,并逐步形成学科特色。

针对我国条块分割、各自为政的文献状况,应尽快建成全国和地区的网络资源和控制中心,并以组织建设为基础成立跨行业、跨系统的权威性管理机构,做好共享网络和资源建设的规划设计,为共享创造良好的环境条件。同时要加强数据库资源建设,集约化系统已开始步入实用化的阶段,数据库共享迫在眉睫。但目前我国数据库信息总量占比甚微,大型数据库量小,小型数据库普遍存在不规范、不统一的问题,因此要加强书目资源数据库的建设。必须强调坚持数据标准和数据共享原则,在结构化、模块化基础上充分考虑集约性、通用性和社会性,改变目前力量分散、低水平重复的建库局面。各文献情报单位,在建设馆藏目录数据库的基础上,加强具有学科专业特色的文献数据库建设,把馆藏研究级的特色藏书优先建库,形成特色,全部上网。

第七,经费配置合理化。在网络环境下,图书馆的馆藏范围超出了印刷资料、缩微资料、视听资料等传统范围,延伸到各种电子出版物、电子信息资源。而网上信息资源则成为高校图书馆的主要馆藏,传统的馆藏将逐步降低,成为图书馆的部分馆藏。

在网络环境下,图书馆的文献建设经费应当由购买书刊资料、缩微资料、视听资料、电子出版物、购买网络资源的使用权等几个部分组成。因此在充分利用文献信息网络资源和资源共享的过程中,要合理配置用于文献订购、网络租用、异地检索、购买服务、馆际互借和复制等各种方式获取信息的经费比例,逐步增加磁光介质、电子出版物等馆藏建设的投入,对纸质文献的收藏应体现"特色"二字,着力建设纸质特色馆藏数据库,考虑到资源共享的需要,在印刷版和电子版同时存在的情况下,原则上应优先购买电子版书刊。虚拟馆藏主要是弥补现实馆藏的不足以及世界范围内高精尖技术查新、跟踪的需要。

所以在网络环境下,图书馆资源建设经费的比例配置要合理化,既要满足一般读者文献信息的需要,又要适应网络化的发展,考虑文献资源共享的需要,只有全面考虑,合理配置,才能利用有限的经费满足读者的最大信息需求。

第五章　图书馆数字信息资源建设

第一节　数字图书馆及数字信息资源的建设

数字化信息资源是伴随着数字贮存传输技术和网络技术逐渐发展起来的。数字信息与多媒体网页、数据库和计算机软件等不同,它从一开始就是以二进制编码形式存在。

图书馆数字化信息资源的建设包括两方面的内容:首先是把图书馆的馆藏资源数字化;其次就是对现在迅猛发展的数字化信息资源的收集。可以说,数字时代的数字化信息资源在数量、结构、分布与传播范围、媒体形态、控制机制、传递手段等方面都与传统的信息资源有着极大的差异,因此,只有组织和管理好数字化信息资源,才能使信息环境高度有序化,以此满足日益增长的各层次、各种类信息需求,提高数字化信息资源的利用率。

一、数字图书馆

(一)数字图书馆的概念及特征

1. 数字图书馆的概念

数字图书馆是相对于传统图书馆而言的。传统图书馆是一个人们看得见、摸得着、拥有一定数量馆藏和管理人员的一个物理建筑,也是主要的社会文化教育机构。在传统图书馆中,工作人员以手工操作为主,利用馆内的各种文献信息,为一定范围的读者提供各种服务,如外借服务、阅览服务、参考咨询、文献检索等。

随着信息技术的发展,图书馆所收集信息的载体发生了很大的变化,由单一的印刷型发展成缩微型、机读型、声像型等几种形式并存,因此有人称其为电子图书馆。而网络技术的发展突破了地域和时间的限制,使得人们可以在任何时间、任何地点访问图书馆的信息,因而人们称其为没有围墙的图书馆。

由于上述图书馆是通过网络访问的,并不是现实当中存在的真实物理建筑实体,因此又可称之为虚拟图书馆。同时,由于虚拟图书馆中的信息都是以计算机能识别的二进制形式存储的,因此又可称为数字图书馆。

2. 数字图书馆的特征

数字图书馆的本质特征包括技术、资源、服务三方面。准确把握数字图书馆的特征,有助于更全面地理解数字图书馆的定义,进而掌握图书馆的本质内容,从而更好地利用数字图书馆。

(1)特色技术

数字图书馆是在计算机技术和网络技术的基础上建立起来的,除了采用通用的计算机技术和网络技术以外,还有自己区别于其他技术领域的特征。现有特色技术包括分布式资源与运行管理技术、海量信息存储与组织技术、多媒体信息标引与检索技术等。

建立数字图书馆特色技术的相关标准是数字图书馆研究和建设的重要内容之一。国内外关于数字图书馆特色技术标准的研究和制定工作发展迅速并形成了一系列相关的技术标准,这些标准对于推动数字图书馆的发展起着十分重要的作用。

(2)数字资源

在数字图书馆中,数字资源指的是图书馆中所有数字形式的信息资源,包括原先有用纸张形式存储的信息转换电子计算机中的数字化信息和本来就是以数字形式出版的信息。作为数字图书馆的"物质"基础,这些数字资源也是其区别于传统图书馆的主要特征之一。

数字资源具有压缩存储空间,改进信息的组织方式的优势,这对于提高检索速度,方便用户远程检索等具有极大地吸引力。

(3)网络服务

数字图书馆建立和发展主要是为用户提供丰富优质的网络信息服务。数字图书馆的网络服务模式可以分为被动服务和主动服务两类。被动服务作为数字图书馆网络服务的基础方式,它并不会对用户的个别要求进行考虑,而是以一种无交互 Web 网站模式作为具体的实现形式。主动服务是数字图书馆网络服务的高级方式,其特点是考虑用户的个别要求。比较典型的服务形式有数字参考服务、学科导航服务、个性化信息服务等。

(二)数字图书馆与传统图书馆的关系

数字图书馆是在传统图书馆的基础上发展起来的,因此,它与传统图书馆之间有许多相似之处,随着网络技术的发展,网络化的数字图书馆为传统图书馆的进一步发展提供了机遇,未来的图书馆将是一个数字图书馆与传统图书馆相互依存、互为补充的复合型图书馆。

1.数字图书馆与传统图书馆的比较分析

尽管数字图书馆与传统图书馆的业务具有相似之处,但是由于操作环境特征的变化,使得完成这些业务的方式完全不同。相对于传统图书馆的各项服务功能,数字图书馆可以看作是其服务功能上的补充和延伸,具有实质性差距。

数字图书馆与传统图书馆相比,在内容和形式方面都有很大的不同,数字图书馆中不仅收藏、流通纸型文献,而且也收藏非纸质文献。光盘、录音带、缩微胶卷、激光视盘、机读书目数据等电子出版物的入藏使得载体内容丰富、实用、生动、形象。文献存储向数字化的发展,使更多的文献信息以电子形式存取,大大拓展了图书馆的内涵和外延,使现代图书馆的藏书体系不再是封闭的自足体系。

此外,在传统的场地服务外,计算机所提供的多途径检索,也为读者提供了极大的方便。同时,随着网络建设的进一步发展,从根本上改变了文献信息传递、获取的速度和方式,通过互联网读者就可访问图书馆的信息资源。

总而言之,数字图书馆相对于传统图书馆,在文献载体、藏书目的、管理方式、服务观念与手段以及竞争能力等方面都有了长足的进步与发展。

2. 数字图书馆与传统图书馆之间的联系

图书馆是历史发展中形成的一个广域的文化概念。在人类文明发展史上，藏书使得悠远的历史连成线索。在我国，图书馆最直观地体现了我们民族绵延了五千年的传统文化，人们更多地将图书馆理解为传统文化的一部分。

尽管数字图书馆与传统图书馆和现代图书馆存在诸多差异，且在很多地方优于传统图书馆，但是传统图书馆并不会退出历史舞台，它将继续存在于现实中。传统图书馆中经几千年积淀下来的藏书就是现代图书馆的物质基础，在现代仍然发挥着巨大的作用。此外，传统图书馆的业务工作流程、规范、标准在一定意义上仍然影响着数字图书馆的发展方式和进程，其整体观念和群体意识在现代数字图书馆建设中仍然占有十分重要的地位。

（三）数字图书馆的体系结构

数字图书馆的体系结构影响着数字图书馆的运行。和数字图书馆的发展变化一样，数字图书馆系统也是不断发展变化的。从20世纪90年代数字图书馆诞生以来，经过近十年的精心研究，研究人员已设计出了不少优秀的数字图书馆体系结构。下面主要从信息和技术方面对数字图书馆的系统结构进行介绍。

1. 数字图书馆的信息体系结构

数字图书馆的基本目标就是向用户提供一个良好的信息环境，便于对分布式存储的信息的知识化组织、智能化访问和服务。传统图书馆不仅拥有大量的传统文本信息，还包括迅速发展的非文本信息（如照片、图片、艺术作品等）、视频音频资料（如音乐带、电视电影片、动画游戏资料等）、多维图像和数据（如全息图像）、数字流信息（如卫星信息、宇宙数据等）。而数字图书馆的信息则是将上述信息进行数字化技术处理，形成数字元素，包括数字对象、元数据、调度码。

元数据，是结构化的关于数据的数据，包含一些识别对象的条件、条款和调度码，能够管理网络环境下的数字对象，如数字对象的存储、复制和传递管理。数字资料，是文本经扫描转换后的数字化表示，即二进制数字。数字对象中的数字资料是数字图书馆的原型资料。调度码，用于标识检索信息，并用于对象之间的相互联系。

除此之外，数字图书馆的信息体系结构还应包含三个简单概念，即数据类型、结构元数据和元对象。数据类型指的是用以描述数据的技术性质，如格式、处理方法等。结构元数据描述资料的类型、标题、著者、版本、相关关系和数字资料的其他特性的元数据，是一种不可再分的元数据，如MARC就是一种结构元数据。元对象是提供对数字对象集的引用。最简单的元对象是一个指向其他数字对象的调度码的列表，如列出某物理项的所有数字对象等。

2. 数字图书馆的技术体系结构

技术体系结构是建设数字图书馆系统的基础，它包含计算机软硬件技术、网络通信技术、数字化技术、超大规模数据库技术、多媒体信息处理技术、信息压缩与传送技术、分布式处理技术、安全保密技术、可靠性技术、数据仓库与联机分析处理技术、信息抽取技术、数据挖掘技术、基于内容的检索技术、自然语言理解技术等众多高新网络和计算机技术。可以说，数字图书馆的技术体系结构是未来信息社会处理存储和应用数字化信息的基本构架。

实施数字图书馆网络基础设施建设时,需要综合考虑网络应用模式、网络操作系统、网络组建方案、网络管理系统、网络技术选择、网络安全等多方面的问题。网络应用模式分为 C/S 模式和 B/S 模式。其中,C/S 应用模式是一种计算模式,对硬件没有什么要求和规定,能适合不同的网络系统。数字图书馆的网络应用模式支持基于 C/S 的方式,提供应用服务,支持建立一个大型分布式资源信息系统形成一个模块化、可扩展、无缝互联的集成信息平台,从而为数字图书馆的智能管理和服务提供坚实的基础。在网络操作系统平台组建方案选择中,数字图书馆较适合选取 UNIX 操作系统作为网络平台,选用性价比较优的商用数据库 Sybase 或 Oracle 作为建立存储全部文献资料的后台数据库,用大型磁盘阵列服务器作为数据库服务器,具有处理海量数据的能力,允许多用户访问该数字图书馆。在数字图书馆网络硬件连接的基础上,开发一套网络管理系统,保证网络在使用期能正常地使用网络服务。在网络技术的选择上,ATM 网络有宽带高速、提供高质量服务品质等优点,能够在一个高容量的网络结构下将传输字符、图像、音视频的各种局域网、广域网和公众电信网连接在一起,可加以考虑。此外,数字图书馆的网络安全措施涉及社会的政治、经济、文化等外部软环境,在技术实现上应该尽量采取诸如防火墙技术、网络防毒、信息加密、身份认证、授权等措施;在审计和管理方面,则应该提供诸如实时监控网络安全状态、实时改变安全策略以及在现有安全系统实施漏洞检查等手段。也就是说,为保证数字图书馆的网络安全,需要在计算机网络各个层面都建立不同的安全机制和技术,形成有效的网络安全防范体系,保障网络、主机系统、数据和应用系统的安全。

二、数字信息资源建设概述

数字化信息资源就是可以依靠数字存储、传输技术在网络上传输的数字信息。这些数字信息有别于多媒体网页、数据库和计算机软件等,它们是由其他数字式信息转化而来的,从产生之时起就以二进制编码形式存在。

(一)数字信息资源的概念与特点

1. 数字信息资源的概念

数字信息资源是近年来随着信息技术的发展而出现的一种新的信息资源形式。数字信息资源是指所有以数字形式把文字、图像、声音、动画等多种形式的信息存储在光、磁等非纸介质的载体中,通过网络通信、计算机或终端再现出来的资源。数字信息资源就是借助计算机编码完成的可供直接获取和远端使用的多种形式的资源。

公共数字信息资源涉及国家创新、政府行政、国家机密和安全以及数字消费,主要包括作为创新基础设施的学术数字信息资源、作为文化保护的数字文化遗产、作为流通决策的政务数字信息和作为大众消费的数字内容产品四大类。其中,学术数字信息资源以科学数据、阅读文本、数字导航内容为主,兼顾数字出版、资源集散、产权管理的数字信息资源利用体系;数字文化遗产保护是扩大化的档案资源保护,保护的范畴不仅包括纯文本(包括文物实物、标本、多媒体档案),而且还包括所有的文化载体的巨大工程,与一般学术数字信息资源的开发利用不同,数字文化遗产保护是以存为主,兼顾利用;政务数字信息资源面向公共服务的政务信息资源分类体系结构为"四横四纵",横向设计为公共服务内容、服务提供方式、服务支持与监督、政府资源管理四个方面,纵向从政府实现公共服务的职能、业务、事项和信息的角度逐次地分解成若干个层级,并归类形成类目,在此基础上形成面向公共服务的政务信息资源分类体系;数字内容产品主要是作为非学术的(娱乐、新闻、文化交流等)非商业数字信息产品。

2. 数字信息资源的特点

一般而言,数字信息具有共享性、层次性、关联性、选择性、可靠性等特点。

(1)共享性

信息资源与其他资源最大的差异就在于它的共享性。信息资源可以以极低的成本进行克隆,也就是无差别复制。这不仅意味着共享信息资源的代价很小,易于实行,而且信息复制品不存在质量和功能上的缺陷,完全和信息源具有同样的功用。

需要注意的是,数字信息资源的共享需要有良好的网络环境作为支撑。

(2)层次性

数字信息资源整合的层次性有两方面含义:

①数字信息资源本身和用户需求的层次性,要求按多种类型、多种层次、多种方式进行多维整合。

②资源整合阶段的层次性。

第一,应用统一的硬件及软件平台对分布式数据的整合。

第二,数字信息资源的逻辑整合,形成统一的目录系统。

第三,基于用户需求的整合,表现为将多个机构的资源通过整合形成一个性能更好、效率更高的有机的整体,突破了旧的环境、方法,达到了新的层次。

(3)关联性

整合后的数据资源对象间具有统一和有机的关联性。这里的关联性反映了学科间的内在联系,结构和功能上的统一关联性便于数据的更新与扩充。

(4)选择性

选择性是就选择各类资源建设的归属问题而言的,着重选择整合的资源是否是本单位所分工负责的学科领域,而无须考虑是否"有价值"或"有需要"的问题。

(5)可靠性

数字信息资源可以方便地更新自身内容,尤其对于磁盘,只要用户有相应的编辑软件,任何资料都可加以编辑,这使得相应内容更新较快,当然这也是它区别于其他类型文献的一个特点。

(二)数字信息资源建设的影响因素分析

1. 政策、法规因素

数字信息资源是伴随着互联网的出现而发展起来的,互联网是信息产业的重要组成部分之一,需要国家的扶植和支持。数字信息资源的开发利用、结构分布与互联网的发展息息相关,同样也需要国家的支持,其中涉及的任何有关互联网发展的政策、法规都可能会引起数字信息资源建设的连锁反应。

2. 经济、文化因素

数字技术的出现改变了人们的生活方式和思维习惯。当前利用数字信息资源的高费用及文化素质差异也会间接阻碍人们对于数字信息资源建设的积极性，这主要表现在如下几个方面：

(1)数字信息资源的建设在发展初期需要雄厚的资金投入，商家投入大量的资金希望有回报，希望能有大量的用户充分利用数字信息资源。

(2)需要广大用户有一定的利用数字信息资源的经济基础，并具有一定的文化素养及利用数字信息资源的愿望。

只有数字信息资源能吸引人们利用，人们具有利用数字信息资源的经济实力和知识水平，商家有发展的后劲，数字信息资源建设才能步入良性循环，数字信息资源的结构和分布才会逐步优化和合理。

3. 信息技术因素

数字信息资源的建设和利用需要有一定的信息技术作保证，信息技术的发展直接影响着数字信息资源的结构和分布，主要表现在如下几个方面：

(1)数字信息资源的建设需要信息处理技术的支撑。

(2)经过数字化的信息资源需要信息技术支持利用，信息技术还要有良好的易用性和兼容性。

(3)信息资源数字化是一个宏大的工程，信息技术的发展程度直接影响着数字信息资源的建设。

4. 信息基础设施因素

信息基础设施是数字信息资源存在和传播的基础，只有拥有了一定的信息基础设施，才能建设相应的、有本地特色的数字信息资源，而地域信息基础设施的不均衡则会造成数字信息资源结构和分布的差异。

(三)数字信息资源建设的模式与途径

1. 数字信息资源建设的模式

(1)存储模式

①存储设备

目前，常用的存储设备有磁盘阵列、磁带机、磁带库和光盘库等。

磁盘阵列是数字图书馆最为广泛采用的一种存储方式，由于它具有可在线扩容、超大容量、可靠性高的特点，因而得到了普遍地关注。磁盘阵列读写时要求在尽可能提高磁盘数据读写速度的前提下，确保在一张或多张磁盘失效时，阵列能够有效地防止数据丢失。磁盘阵列具有数据存取速度特别快的特点，并且可提高网络数据的可用性及存储容量，将数据有选择性地分布在多个磁盘上，从而提高系统的数据吞吐率。

此外，磁盘阵列还能够有效避免单块硬盘故障所带来的灾难性后果，通过把多个较小容量的硬盘连在智能控制器上，增加存储容量，是一种高效、快速、易用的网络存储备份设备。

②存储技术

随着各种网络应用在互联网上大规模地展开,数字图书馆在检索方面,不仅对网络服务器本身,也对服务器存储技术提出了更为严格的要求。可以说,新的存储体系结构和解决方案的应用势在必行。

③存储管理

数据存储管理是对网络系统数据存储各项操作进行的统一管理,是计算机系统管理的重要组成部分。一个完备的数字图书馆,其数据存储是必不可少的,主要包括技术上的保障机制和制度上的管理规范两个层面的内容。

(2)整合模式

数字信息整合是一种分布式模式,与传统图书馆的信息组织不同,其信息对象可能并不存储在同一个地方,而是在不同的数据服务器上。

数字图书馆信息组织基于图书馆馆藏资源的数字化,即把原来用纸张或其他载体形态存储的信息转换为用电子计算机的电磁信号存储的信息;统一的数字化信息为数字化图书馆统一地组织各种载体信息奠定了基础。

信息的数字化过程是一项投入巨大的、长期性的工作,任何一个单位都不可能单独承担这项工作,同时随着信息处理和传播技术的迅速发展,信息量的增长速度也是十分惊人。

任何一个单位也不可能有同样的信息。因此,数字化图书馆只能是一种分布式的信息组织模式,将信息资源以数字化方式存储、以网络化方式相互联结,提供即时利用,实现资源共享。

(3)组织模式

①收藏数字化的信息资源

信息资源数字化是数字图书馆的基础,也是数字图书馆区别于传统图书馆的最大特点之一。数字图书馆不仅包括本地存储的不同格式、不同类型的数字资源,还包括通过网络获得的异地信息资源。

②以信息资源的标准化为基础进行信息组织

信息资源的标准化、规范化,是数字图书馆共建共享信息资源的前提条件。为适应网络电子资源整序的标准化、规范化要求,元数据技术应运而生。

③以网络化的信息资源模式进行信息组织

数字图书馆是一种建立在网络上的图书馆,它通过互联网和万维网的高速、大容量的计算机网络系统将世界各国的图书馆和无数的计算机联为一体,进行资源采集、数据的存取、服务的开展。可以说,信息网络是数字图书馆的基础。

(4)安全模式

在现代信息网络中,信息源并不是高度集中、绝对封闭的,它在合理布局的基础上,形成了分散、众多的信息源体系。数字图书馆信息资源安全问题就是要从现有的网络安全技术出发,针对数字图书馆的实际情况对这些技术进行二次开发,从技术层面构建其系统安全平台,并进一步建设基于该平台的数字图书馆安全管理机制和模型,对用户和图书馆系统管理人员的权限进行规范,最后落实数字图书馆安全管理的有关安全法规和政策。

2.数字信息资源建设的途径

丰富而有特色的数字资源是图书馆开展信息服务的基础与前提。作为现代图书馆必须加强与重视数字资源建设,加大投资力度,有组织、有计划、有步骤地进行数字信息资源建设与积累。高校数字信息资源体系建设的途径主要体现在以下几个方面。

(1)馆藏文献数字化

馆藏文献数字化是以计算机为工具,运用电子扫描、键盘录入、手写识别、语音识别等技术,将馆藏的书刊、报纸等印刷型、缩微型、音像型文献转化成计算机可以识别、处理的数字信息,再经过整理、组织后存贮在计算机硬盘或磁盘阵列等存储设备中,并提供网上检索、下载等服务的过程。

馆藏文献数字化的具体过程可以概括为五个方面。

①扫描

首先通过数字化设备,如扫描仪等将印刷型信息转换成数字信息。需要注意的是,报纸等版面比较大的印刷品并不适合用扫描仪,此时可以通过过渡介质,如缩微照相机或分辨率高的数码相机实现对它的转化。

②加工扫描

扫描技术不同,且被转换的信息类型多种多样,如文本、图像等,使得转换结果也各不相同。为了实现更好的管理与利用,就需要对其进行加工处理,如统一格式、调整文件显示大小、对扫描生成的文件加以标引等,以便以后检索使用。

③压缩处理

未经压缩的文件往往比较大,为了便于网上发布,并缩小占用的大量存储空间,就必须对其进行压缩处理。

④建立数据库

将经过上述处理后的每个文件存入数据库中,方便管理和利用,同时也可以进行网上发布,使数字资源有序化。

⑤发布

将建立好的数据库发布到网上,供更多的人使用。发布系统可按照各种设置将数据库中的各种数据自动生成 XML 文件,然后自动加载到 Web 服务器,并可按设定的时间自动完成。

(2)自建和研发数字资源

包括自有馆藏文献资源的数字化、书目数据库和特色数据库的建立。进行馆藏文献资源数字化前,我们应当确定要数字化的馆藏文献的范围,当然,受到人力、财力、物力的局限,要对所有的纸质文献数字化是不可能实现的,因此,我们可以首选那些内容较新颖、价值较大、使用频率较高的纸质文献。

(3)试用和购买商业数据库

在购买商业数据库之前通过免费试用,可以检验此类数据库的质量和利用率,同时也给数字图书馆的决策者提供了一个在购买前鉴别与选择数据库的机会。

购买商业数据库不仅扩展了图书馆的资源空间，提高了信息资源的针对性，同时也使得信息资源的时效性得到了提高。

(4) 开发和利用网络信息资源

互联网上的信息资源种类各异、组织杂乱无序、质量参差不齐。在进行信息资源建设时，就要求数字图书馆管理者能够利用科学的、系统的、辩证的和历史的观点与方法去搜集、鉴别、选择和下载有使用价值的、相对稳定的、具有权威性的、引用率和链接度高的网络信息资源，经过分析、加工、整理、存储、再生等一系列工作，形成原始文献、书目索引、文摘、综述、述评等种类齐全、层次分明的信息资源，用以建设数字图书馆的虚拟馆藏。

(5) 信息门户建设

信息门户是在有效的网络环境下，将图书馆的信息资源和服务集成为整体，实现虚拟和实体馆藏资源的无缝链接，并能根据用户需求和使用特点提供个性化的、方便的、跨库统一检索的一种平台和服务。

信息门户不仅实现了信息安全和信息整合，使用户只需进行一次检索就能查找到图书馆所有的资源，而且还能跟踪用户使用情况、保存检索历史，定制用户需求，提供从界面到内容的完全个性化服务，并提供交互平台，使图书馆和用户、用户和用户之间实时交流。

第二节　数字信息资源的选择、采集与组织

数字信息资源的选择对图书馆数字信息资源的结构和数字信息服务的内容有直接的影响。面对种类繁多、数量巨大的数字信息资源，作为图书馆应如何根据本馆的实际鉴别和择取最适合的资源，最大限度地满足用户的需求是当前数字信息资源选择研究的重点。

一、数字信息资源的选择

(一) 数字信息资源选择的基本原则

数字信息资源选择的基本原则是确定数字信息资源选择标准的依据。数字信息资源选择原则需要根据图书馆的目标和功能来界定，如一个研究型的图书馆，主要服务群体是服务科研人员，具有较强的情报功能，需要提供给用户高质量的资源获取途径，图书馆主观推荐的成分较大；而对于大众型的图书馆来说，提供信息的主要目的是为了传播科学文化知识和社区信息服务，图书馆更注重提供一些时尚的条目以吸引更多新用户使用资源。

考虑图书馆的职能目标和服务的用户特征，数字信息资源选择的原则可总结如下：

(1) 数字信息资源选择需要以数字信息资源建设规划和政策为依据；

(2) 符合图书馆实际并且最大限度地满足用户的现实需求和潜在需求；

(3) 知识的螺旋式增长有赖于在已有知识的基础上进行交流和创新，数字信息资源要能激发用户的知识交流和创新。

(二)数字信息资源选择的标准

数字信息资源选择的标准可以分为价格、功能、许可和存储四大指标。

1. 价格

图书馆等信息机构的经费是极其有限的,如何利用有限的经费最大限度地满足用户需要的数字信息资源就成为数字信息资源建设的首要问题。可以说,在数字信息资源选择中,价格是其中重要的影响因素。

作为数字信息资源选择标准的价格因素主要考虑以下几个方面。

(1)重复计价

数字信息资源与印刷型文献的内容存在交叉重复现象,而且数字信息资源提供商出于自身利益的考虑,常常会将若干内容"打包",图书馆若想要获取其中某些特定信息内容还必须同时购买整个数字信息资源,从而增加了对所需信息资源的支出。

此外,数字信息资源的虚拟性特点也决定了需要购买的是数字资源的使用权而非所有权。在实际的数字信息资源营销中,数字信息资源提供商还可能将数字信息资源与相同内容的印刷型文献捆绑式销售作为营销策略,实际图书馆支付的是这两种形式资源的费用。

(2)利用情况

数字信息资源的利用情况与其价格密切相关。用户的使用人次决定着成本的高低,使用次数越多,成本费用就越低。由于购买数字信息资源的支付是在使用之前的,因此在做出购买决策之前,还必须对数字信息资源进行试用。

图书馆要针对用户试用数字信息资源的情况进行调查统计,并诚恳接受用户的意见和建议,根据其试用的情况估算选择该数字信息资源的使用情况。需要注意的是,在选择数字信息资源时,还必须要对潜在用户有一个界定和估计,以评估数字信息资源的费用。

(3)付费方式

数字信息资源的付费方式多种多样,Stuart D. Lee 和 Frances Boyle 将数字信息资源付费模式归纳为:按机构规模付费;按限量用户数付费;按潜在用户数量付费;按登录或利用次数付费,并列出了每种付费方式的优缺点。图书馆要根据其本身对数字信息资源利用的实际情况选择最方便和最节省的付费方式。

(4)定价的稳定性

数字信息资源的数量、质量和内容均处在动态的变化之中,而预先支付的方式又加重了数字信息资源的数量、质量和定价的不稳定性。这就需要通过协商和签订合同方式,将数字信息资源涨价或内容变更带来的变相涨价的风险降低到最小。

2. 功能

功能性是数字信息资源能否被充分利用的基础。在数字信息资源选择中,功能具有关键性的作用,当数字信息资源在功能上存在较大缺陷时,势必会给用户使用数字信息资源造成极大的障碍,损耗巨大的人力与财力。

数字信息资源选择在功能方面的要求可以概括为三个方面。

(1)资源的可达性

资源的可达性标准主要考察数字信息资源的具体内容是否方便用户浏览、检索、获取和处理。其主要包括门户设计、帮助文件、链接、多媒体等。

(2)服务的层次性

用户对数字信息资源的需求有很大的差别,这就需要数字信息资源的服务也应该具有层次性,即数字信息资源不仅需要提供获取信息资源简单和直接的途径,还需要提供全方位跟踪、关联用户信息需求的一系列服务。

总而言之,这种服务的层次性主要体现在两个方面:检索,既提供满足用户简单检索所需信息资源的跨库检索和快速检索通道,同时也提供了专业搜索和高级检索的界面,还能对检索的结果提供深层次的知识挖掘,建立关键词链接等;培训,能提供针对不同信息素养水平的用户由易到难的数字信息利用培训。

(3)系统的效率

系统的效率是衡量数字信息资源功能的关键。对用户而言,响应时间越短,说明系统的效率越高,损耗越低。

3.许可

在数字信息资源选择中,需要对许可使用方面的标准进行考虑,以确定数字信息资源被选择后图书馆和数字信息资源提供者的权利和义务。通过具有法律效力的条款和协议对图书馆提供的数字信息资源和服务进行限定是数字信息资源可供用户利用的必要条件。

考虑许可因素主要是为了确定以下四方面的问题。

(1)内容

内容主要指获得和存取的资源范围与程度。数字信息资源内容选择中的许可要特别注意两个方面:一是回溯型数字信息资源,一般只收取名义上的费用,且一次支付后,出版者就不可能再从这些过刊出版物内容上获得其他费用了;二是组合型数字信息资源,即一家数字信息资源提供商将不同出版商的不同出版物组合在同一数字信息资源内,以同一机制和许可进行更新与运作,这就从某种程度上增加了数字资源内容本身和资源管理的复杂性。

(2)用户

用户是指那些有权使用数字信息资源的人群。经过授权的用户群都具有了合法存取和利用数字信息资源的权利。对于图书馆而言,在定义用户群的问题上还有两个特别要注意的情况,首先是很多图书馆都有自己的联盟成员馆、合作伙伴或大客户,其性质有些是科研教学等非营利机构,有些是营利性的企业实体,这类单位与图书馆的关系是很模糊的,需要在定义用户群时特别注意,以免发生纠纷;其次就是信息机构的随入用户是否具有数字信息资源使用权的问题,由于可能带来的潜在损失,提供者应尽力在商谈中否决这些随入用户的存取权。

(3)利用

利用是指对数字信息资源的合理使用,它是界定数字信息资源使用行为的合法范畴,也是数字信息资源许可的重要内容。一些数字信息资源的出版者和提供者认为数字信息资源的易传输等特征使得其很容易被滥用,因此意图禁止任何形式的馆际互借。

(4)统计

统计是制定许可的向导。数字信息资源选择中的许可指标大多是依照图书馆对数字信息资源的使用统计情况制定的。每种数字信息资源的使用次数或各种数字信息资源服务项目的使用情况的统计报告,对于图书馆制定最为经济合理的预算具有重要的指导作用。

4. 存储

保存信息资源是图书馆的重要职能之一。尽管数字信息资源名义上归属于信息机构,用户可以通过图书馆获得这些数字信息资源,但在信息技术的不断更替和物理保存的局限影响下,使得数字信息资源的长期保存依然存在问题。数字信息资源选择需要考察数字信息资源存储的解决途径。

(三)数字信息资源选择的程序

数字信息资源选择是图书馆信息资源建设中一项具有极强专业性、技术性和经验性的活动,且参与的人员来自不同的职能部门。因此,确定数字信息资源选择的程序是必要的。数字信息资源选择大致可分为四个步骤。

1. 确定数字信息资源选择目标

数字信息资源选择首先需要确定数字信息资源选择的目标,包括确定目标用户、资源、服务以及存取条件。

(1)目标用户

在数字信息资源选择前对目标用户群有一个清晰的了解,即明确用户需要什么层次的服务和资源,用户对新技术与培训的接受能力和适应能力的情况,在图书馆提供的数字信息资源环境中,能否不借助帮助就能使用数字信息资源。这些关于目标用户的信息能在为用户收集资源时帮助获得重要信息并做出关键的决策。因此,在数字信息资源选择前首先需要明确的就是图书馆目标用户的定位。

(2)资源

确定数字信息资源选择的资源一般从两个方面进行:一是明确数字信息资源优于相同内容的传统文献信息资源;二是从具有相同内容的数字信息资源中选择具有最佳形式和最经济的数字信息资源类型。对目标资源进行筛选和过滤,与目标用户的定位相匹配,选择的过程要避免大而全的思想。

(3)服务

在所开展的诸多数字信息资源服务中,确定适宜用户的形式;确定用户对数字信息资源提供服务的时间、交互方式等的要求。

(4)存取条件

数字信息资源的物理存取方式有三种:第一种是可在因特网范围利用,即任何人在任何地方连接因特网和登录 Web 浏览器就可以存取资源;第二种是仅可在当地网络或局域网范围利用；第三种仅提供在工作站单机利用。不同的存取方式适合不同的目标用户群体。此外，还需要对目标用户获取和利用数字信息资源是否需要技术和相关知识的支持，以及是否对用户的技术设施和网络条件进行考虑。

2. 制订数字信息资源选择计划

选择和构建数字信息资源体系时，为了保证各项支出的合理性并兼顾数字信息资源的效率，还需要制订相应的"以用户为中心"的数字信息资源选择计划。

(1)调研和借鉴其他图书馆数字信息资源选择实践的经验。

(2)建立数字信息资源选择的"工具库"，包括参照国内外的相关研究报告，进行适合本机构的数字信息资源选择的实践探索。

一般而言，收集数字信息资源时，并不需要从网上抓取成千上万的资源，目前许多已有的数字图书馆、网站导航等都可以提供有利的帮助。

3. 组织试用，收集用户反馈意见

在尚未将优选的数字信息资源纳入数字馆藏资源体系中时，可以先将其放置到数字信息资源服务平台上，组织目标用户进行试用，向用户推送该数字信息资源的内容和服务信息，统计用户使用情况，发放用户调查问卷，收集用户对使用该数字信息资源的感受和满意状况。

除了对用户的意见进行收集外，在试用期间，还需要同时考察数字信息资源的稳定性、响应时间等状况，收集相关事实，以便为数字信息资源采集方式的选择提供依据。

4. 更新数字信息资源体系

根据数字信息资源选择标准，对比待选数字信息资源和已有的同类数字信息资源，以明确该数字信息资源在内容和功能等方面的优势与不足，方便对该数字信息资源的体系状况进行改善。

二、数字信息资源的采集方法

数字信息资源可以分为有偿数字信息资源和免费数字信息资源。数字信息资源的性质不同，决定了数字信息资源采集的方法也是不同的。这里主要就数字信息资源常用的采集方法进行论述。

(一)选择性采集

根据 Web 资源的历史价值、文化价值、研究价值和经济价值，有选择地对 Web 内容进行甄别、采集的方法称为选择性采集。

采用选择性采集方法时需要耗费较大的人力和物力。但是由于它对所保存的每一项主题都经过认真地价值评估，并确定了哪些资源应该优先采集，因而其保存质量较高。

(1)在选择归档主题时具有较强的主观性。

(2)选择性归档的内容极其有限，因此不可避免地要遗漏许多对未来有重要价值的资源。

(3)割裂了原网络资源之间的相互联系,且不采集外部链接资源,导致一些对某些资源和研究有价值的前后背景信息丢失。

(4)耗费大量的人力和资金,随着 Web 资源的急剧增多,这种方法还可能遭遇人员、资金两大瓶颈。

(二)全采集

利用自动采集技术把对象网站上的所有信息全部保存下来的方法称为全采集,也可以称其为自动获取。

全采集方法能够定期自动获取相关信息,且采集效率较高。但是,它也存在以下一些问题:

(1)对捕获时机要求较高,一般每 6 个月自动获取一次,但是,可能会漏掉在这段时间内产生和消失的 Web 信息。

(2)由于涉及的 Web 资源数量巨大,因此质量监控只限于小规模的样本抽查。

(3)全采集需要的人力投入要比选择性采集小一些,但在数据下载和存储上是极为昂贵的。

(4)对于那些需要密码或受其他因素控制以限制访问的网站,自动采集机是无法访问的,也无法获取深层网络信息。

(三)组合方法

随着存储载体容量的日益增大,存储成本的不断下降,人们开始将选择性采集和全采集方法结合起来使用。首先采用自动爬行的方式,迅速地收集到网上数量巨大的资源;对于那些不能自动获取的深层网络的重要文献,则采取自动获取与人工选择相结合的方法。然后,专家对这些网址的文献进行内容鉴定,使用人工选择采集的方法将有价值的信息保存起来。

(四)自动定制

公共获取运动提供了大量有价值的供免费获取和使用的学术信息资源,并利用网络这个平台,以电子期刊、个人博客和 Wiki 等形式对外发布。同时,相应的平台也会提供相关的检索和定制服务。图书馆可以通过 RSS 定制等服务,定制经过选择的信息资源,随时接受推送的相关信息资源。

采用自动定制能够保证采集信息资源的时效性,并及时更新定制的数字信息资源,且对图书馆的人力物力投入要求不高。但是,这种方法对站点服务的稳定性要求较高,定制服务将图书馆采集的信息资源限定在某些特定的主题和类型中,必然会造成部分有用的数字信息资源遗漏。

(五)基于呈缴制度的协商方法

一些出版商出于经济利益的考虑,会将纸本期刊和电子期刊捆绑销售,图书馆在订阅了一定数额的纸本期刊后,就能免费或者低价获得这些期刊对应的电子版。其实质是,由图书馆与网络出版机构进行协商,将呈缴制度扩展到网络文献领域,出版社根据协议定期将被选择的网络文献通过物理媒体移交或通过网络传递给图书馆,或者是图书馆根据协议从出版社网站上进行镜像复制或直接使用软件获取。

三、数据信息资源的采集流程

(一)选择

1. 选择原则

除传统的针对性、权威性、系统性、连续性、协调性、层次性、特色化等原则外,数字信息资源选择还应遵循以下几个原则。

(1)互补性原则

选择数字文献与纸质文献时,应尽量使各种类型的文献在内容和功能上形成互补,避免重复和浪费。当然,对于利用率特别高,或是对于那些不能用数字文献来替代的纸质文献,可考虑同时拥有纸质和电子文献。

(2)时效性原则

信息的时效性是其基本的属性。在数字文献出版发行速度及更新速度加快的同时,强调信息资源建设中信息的动态更新对发挥信息的时效价值具有十分重要的意义。这就要求图书管理工作者在选择时,应保持数字文献的新颖性,使读者能够得到最新的情报信息。

(3)合法性原则

目前,数字文献尚处于发展的初级阶段,与其对应的电子版权保护体制并不完善,而用户维护数字文献知识产权的意识也较为薄弱,致使侵犯版权的问题时有发生。因此,选择数字文献要注意合法性原则,在购置数字文献时,应考虑数字文献出售方或代理方是否有正规、完整的版权,其出售行为是否超越其代理权,甚至是否存在无权、非法出售的行为,不得与有限制使用权的单位私下协商、超权限链接使用他人购买的联机数据库。

(4)知识性原则

知识性原则可分别从以下三方面把握:知识性,即选择的数字文献应含有丰富的知识,具有严谨的学术性、积极的教育性;实用性,数字文献,特别是网络文献,其内容雷同者众多,需要进行筛选,以得到内容简明凝练,有较高实用性的资源;健康性,网上信息可能存在不健康甚至反动性质,对于这些信息要有针对性进行筛选,保证其健康性。

(5)易检性原则

易检性是图书馆购买数字文献非常重要的选择标准。通过友好的用户界面、兼容的格式等,可以方便用户快捷的检索信息,提高对信息的利用率。

2. 选择的主要依据

(1)内容因素

内容是选择与评价的核心和重点,数字文献内容的选择范围,一般专题数据库涉及的比较多。因此,应当紧紧围绕本学科及相关学科选择文献内容。

选择时应注意两个方面:一是文献内容的时间范围,由于每个学科都有自己学科的特点,且都有发生、发展的历史,这就要求我们在选择文献内容收录时间范围时,要充分考虑其时限;二是文献内容的内涵和外延,内涵要求主题的专指度要深,而外延则要求包含相关学科的主题。

(2)利用率

数字文献的利用率也是选择过程中应当重点考虑的一个重要的参考因素。对于数字文献来说,为了使采访的数字信息资源有较大的实用性,一般都会有一个试用阶段。这个阶段中,一方面可以帮助了解数字文献的质量与性能,另一方面要观察读者对它的利用情况,统计用户的点击率,然后根据试用期的情况决定是否购买。

(3)数字文献的类型

数据文献的类型很多,有事实型数据库、数值型数据库、检索型数据库、文摘型数据库、光盘数据库、网络全文数据库等。随着计算机网络环境的改善及计算机操作能力和文献信息检索能力的提高,网络全文数据库成为当前最受用户欢迎的类型。

(4)数字文献的出版机构

出版机构也是选购数字文献时应当考虑的因素。一般而言,我们应从国际上比较有名的出版社或信息出版机构购买数字文献。因为这些出版机构推出的数据库一般质量都比较高,具有权威性。

(二)试用、分析、评价

1.试用

试用是图书采购的重要环节,在试用阶段必须做好数据库试用的宣传和统计工作。通过宣传工作可以让更多的用户获得数据库的试用消息,进而获取能够客观反映用户对数据库的欢迎程度;试用统计则是定量反映数据库受欢迎程度和应用范围的手段,能够为是否购买某数据库决策提供参考依据。

2.分析、评价

确定购买数据库时,要建立在对数据库全面考察、本单位用户状况及用户使用反馈的基础上,即要对数据库进行分析、评价。

评价一般应从如下几个方面考虑。

(1)收录内容

包括学科范围,了解数据库覆盖的学科范围,如果是专业性数据库,要确定是否属于服务用户的学科范围,如果是综合性数据库,要了解学科的分布情况,看其是否与服务用户存在偏差;数据库规模,主要是指收录数据的多少,是否提供全文,提供年限,收录年限的时间也是一个重要指标,在进行评价时要予以充分考虑;与现有资源的重复状况,在购买新资源时,要对原有资源有清楚的了解,尤其是全文数据库,必须将试用库的全文期刊收录情况与已购买的全文期刊进行比较,避免重复过多浪费资源。

(2)检索功能

一个质量好的数据库除了资源的内容丰富外,还应该具备完善的检索功能。对于那些数据量大的数字资源,除应具备基本检索功能外,还应提供高级检索及多种结果处理方式,如保存、打印、Email 等功能，以供用户选择使用。

(3)连接方式

是否设有专线或本地镜像，比较好的连接方式是提供商设立专线和提供本地镜像，这样不必连接国外服务器就能够解决流量和服务器控制问题。此外，是否有连接数的限制也是必须重点考虑的。在连接人数有限制的情况下，并发用户过少也会影响使用。

(4)试用情况

根据用户连接和检索的次数可以了解试用库的利用情况和接受程度。而各种形式的用户反馈也能体现出试用效果。

(5)学科权衡

在购买数据库资源量较少的情况下，则要考虑该数据库是否能满足本单位重点学科研究人员的需求。此外，对于用户广泛的学科，则应考虑购买适用范围广的数据库。

(三)订购、验收

经过选择、试用、分析、评价，确定某数据库是本单位需要购买的数据库后，就需要针对价格、服务要求等方面和数据商进行谈判，签订合同、汇款，到财务报销。最后，由技术部负责安装，供用户使用。

四、数字信息资源的组织

(一)数字信息资源组织的内涵

数字信息资源组织作为信息资源开发的关键环节，就是采用一定的方式，将 Internet 中某一方面大量的、分散的、杂乱的信息，进行整序、优化，形成一个便于有效利用的系统过程。其中，"整序"属于狭义整序的范畴，而"优化"属于广义整序的范畴，即从网络信息的内容特征入手对信息进行内部整序。

信息的内容特征是相对于外部特征而言的。这里的信息外部特征就是指信息的物质载体所直接反映的特征，构成信息载体外在的、形式的特征，而信息的内容特征则是指信息所包含和承载的具体内容，即通过信息载体传递和交流的具体内容。

通过上述内容，我们不难看出，数字信息资源组织实质上就是一个序化过程，这个过程通常可分为序化和优化两个阶段。数字信息资源的序化是按照一定的方法将无序的信息组织成为有序信息的过程，它又包含两层意义：第一，为了利用和管理上的方便，对没有必然内在联系的信息进行组织；第二，把本质上具有必然内在联系的信息，按照其自身的客观逻辑结构加以组织。第一层意义里面，我们融入了更多的主观因素，而在第二层意义中，我们则依据了更多的客观因素。可以说，数字信息的优化就是在序化的基础上，针对某种目的，依照结构功能优化原理对信息进行再序化，使信息得以继续和升华。当然，在实际的操作过程中，信息的序化和优化是没有明确界限的，它们可以认为是一个辩证统一的整体。

(二)数字信息资源组织的方式

数字信息资源的组织是人们利用现有技术，通过对其信息资源外在特征和内容特征的表征与序化,实现无序信息流向有序信息流的转换,从而保证用户对信息的有效获取和利用。随着互联网的深入发展,信息网络化已经成为现实。在网络环境下,用于组织数字信息资源常用的方式有以下几种。

1. 文件方式

用文件方式管理和组织网络信息资源简单方便,可以降低信息组织的难度和成本。如FTP文件传输协议可以帮助利用那些以文件形式保存组织的信息资源,这些信息资源可以是程序、图形、图像、音频、视频等非结构化信息。

随着网络信息量的不断增长和用户对网络信息资源利用的普及,以文件为单位对信息资源进行共享和传输的方式使得网络负载越来越大,而且当信息结构较为复杂时,文件系统难以实现有效的控制和管理。因此,文件方式只能是网络信息资源组织的辅助形式,或者作为信息单位成为其他信息组织的管理对象。

2. 超媒体方式

超媒体方式将超文本与多媒体技术相结合(一种非线性的多媒体信息网络结构和信息管理技术),它将文本信息存储在无数节点上,一个节点就是一个独立的"信息块",节点之间用链接将文字、图表、声音、图像、视频等多媒体信息以超文本方式组织起来,人们通过浏览的方式搜寻所需信息,避免了检索语言的复杂性,使人们可通过高度链接的网络在各种信息库中遨游。

使用超媒体方式组织数据信息,可以将网上所获得的各种多媒体资源采用超媒体技术将其有机的以网状结构编织在一起,这样用户就可以从任意节点出发,从不同角度查找信息。这种组织方式不仅符合人们思维联想和跳跃的习惯,而且还能避免检索语言的复杂性,方便描述和建立各种媒体信息之间的语义关系。但是,由于其采用浏览的方式进行信息搜寻,使得网络过于庞大,用户很难准确而迅速地定位于真正需要的信息节点上。同时,用户在浏览的过程中很难保存自己浏览过的所有历史记录,从而形成一定的"迷航"现象。

3. 搜索引擎方式

搜索引擎是一种利用网络自动搜索的技术,也是目前网上二次信息组织最常用的一种方式。

搜索引擎方式并不真正搜索互联网,它搜索的实际上是预先整理好的网页索引数据库。被称为"网络机器人"或"网络蜘蛛"的实际上都是一种自动跟踪、浏览网页并进行标引的智能软件,这类软件一般由采集系统、建库系统、索引查询系统、备份复制系统、目标缓存系统和目标管理系统组成。利用搜索引擎,用户只需要在给定的检索框内输入关键词及其组配,或者按照分层类目结构依次逐层选择,就可以得到适合需求的大量网站链接,通过点击超级链接,用户能够访问这些网站,在一定程度上避免了用户浏览网络的盲目性,给用户的信息搜索带来方便。然而,搜索引擎在扩充自己的待建数据库时,往往将大量的商业、文化、娱乐等非学术性站点也囊括其中,这一方面保证了查全率,另一方面却极大地降低了查准率。

4. 主题树方式

主题树组织方式是一种基于树型浏览网络信息的方式,它将信息资源按照某种事先确定好的概念体系结构,分门别类地逐层加以组织,使用户通过浏览的方式逐层加以选择,层层过滤,直至找到所需要的信息线索,并通过信息线索直接找到相应的网络信息资源。主题树组织方式的界面简单易用,且具有严密的系统性和良好的可扩充性,但是要求体系结构不能过于复杂,每一类目下的索引条目不宜过多,因而它不适宜建立大型的、综合性的网络资源系统。

目前,主题树方式广泛应用于专业性或示范性的网络数字信息资源组织,一些著名的网络检索工具,如 Yahoo!、Gopher 等都采用主题目录方式组织网上的数字信息资源。

5. 数据库方式

数据库方式就是将搜索引擎的巡视软件采集和标引的网络信息资源以固定的记录格式存储,用户通过关键词及其组配查询,就可以找到所需要的信息线索,并通过信息线索直接链接相应的网络信息资源。

数据库技术是一种比较成熟的数字信息资源组织形式,它可以有效地处理大量结构化的数据,极大地提高信息的有序性、完整性、可理解性和安全性。因此,运用数据库方式,不仅使信息组织的效率得到明显的提高,而且还能大大降低网络的负载,并为网络信息系统的构建提供现成的数据和经验模式。但是,由于数据库方式处理的对象通常是结构型的、以数值形式为主的数值类型信息,对非结构化信息的组织与处理难度较大,并且不能提供数据之间的知识关联,这就无法有效处理结构日益复杂的信息单元,缺乏直观性,从而影响人机交互。另外,在决策支持系统中,对于事实型数据、离散型数据,当前的数据库技术也无法达到令人满意的效果。

6. 学科信息门户方式

学科信息门户是将特定学科领域的信息资源、工具和服务集成为一个整体,为用户提供一个方便的信息检索和服务入口。它是提供经过图书情报机构工作人员对信息进行选择和筛选后,按学科组织的、可检索和可浏览的因特网资源和资源目录的联机服务系统,其最具特色的部分是详细的元数据(或目录)记录数据库,这些记录对网上资源进行描述并提供指向资源的链接,指引用户获取所需信息。从所具有的功能来看,可以将学科信息门户视为对网络指南、资源导航、指示数据库的进一步发展。

学科信息门户的特点主要有:①学科性,针对特定学科或主题领域,按照一定的资源选择和评价标准,根据用户的信息需求,对具有一定学术价值的网络资源进行搜集、选择、描述和组织;②集成性,将专业领域各种有价值的网络信息资源集中到一个知识体系中,既收录机构网站、数据库等,还收录一些特有的网络信息资源类型;③规范化,学科信息门户建设应有严格明确的规范。

目前国内外建立的学科信息门户,大致可分为两大类,即综合类(多科类)和单科类,其中单一学科信息门户的比例略高(目前国内仍以单学科信息门户为主)。

7. 指引库方式

从物理上讲,指引库并不存储各种实际的信息资源,但对其访问却可以检索到有关数据库的实际资源,即指引用户到特定的地址获取所需的信息。它将信息资源的索引按照主题分级加以组织,使因特网上与某一或某些主题相关的节点集中到一处,按照方便用户检索的原则,利用用户熟悉的语言组织起来,向用户提供这些资源的分布情况,指引用户查找。

指引库方式中的每条记录都经过严格的选择,极大地提高了信息的可靠性,对用户的针对性也更强。但是,由于这种方式需要对信息进行分类标引,并设计主题树结构等,因此工作量大。

(三)数字信息资源组织的方法

数字信息组织方式是一种模式,其所讨论的是数字信息资源组织的一种标准形式或是在人们组织数字信息资源时可以照着做的一种标准样式。数字信息资源组织的方式是研究信息资源组织途径,研究如何揭示信息资源,是建立信息检索的基础。

1. 分类法

分类是人类认识事物、区分事物的基本方法。在传统图书馆中,分类法是揭示、组织文献信息内容的一种有效方法。当文献信息数字化、网络化后,分类法的优势就在于通过建立一种共有的概念性的上、下文关系,能够超越不同的信息存储形成一种凝聚力,提供按等级体系的浏览检索方式。首先,它以学科分类限定检索范围,可以提高检准率;其次,等级结构可以提供检索词的上下文,方便用户进行网络查询,当检索目的不明确或检索词不确定时,分类浏览方式更有效率;再次,以知识分类为基础,以符号为标识,可作为不同语言之间的转换中介;最后,非文本信息在网络信息资源中所占比例日渐增加,其内容特征难以用文字表达,分类组织法的聚类功能及号码标识为之提供了一条解决途径。

在实际应用中,为了适应网络环境需对传统分类法做以下调整:

(1)增加必要的新类目来尽量包容所有网络信息资源

(2)修订类名,增强其表达性和通用性

(3)分解和标记类号的组成因素,使其能够准确表达特定主题或主题面

(4)不断增加新的术语作为索引词

(5)扩展分类法与其他受控词汇的联系

(6)控制使用类目的深度

2. 主题法

作为另一种传统文献信息组织方法,主题组织法是以自然语言的语词作为检索标识,以字顺为主要检索途径,通过参照系统揭示语词之间关系的一种情报检索语言。

主题法弥补了分类组织法在检索特定事物、特定主题方面的不足。网络环境下,主题法利用词汇关系揭示相关知识的最大优势得以充分显示,在网络信息资源组织中发挥了十分显著的作用。

主题组织法的使用主要有两种类型。

(1)利用现有词表(叙词表、标题表)组织网络信息资源

现有词表通常都是控制词表,其基本功能就是通过同义词控制和词语之间的关系促进更好的检索结果反馈和通过同形异义词控制达到更高的精确度,这种类型的检索系统并不多。

(2)关键词法

关键词法在所有搜索引擎中均得到了广泛应用。网站、网页的题名、地址、摘要及正文中的自然语词都可被选作关键词来建立索引数据库,用户通过检索系统的关键词检索功能获取指向相关网络信息的超链接。其优点在于用户选择检索词时灵活方便,不受词表控制;缺点是命中过多,检准率较低。

3. 分类主题一体化法

分类主题一体化法是信息资源检索系统提高检索效率的语言保证,是一种综合化的、有效的数字信息资源组织方法。使用该方法对数字信息资源进行有效组织时,需要提供著作者、题名、关键词等,从而加强了分类浏览与主题浏览之间的联系及二者相互的切换能力,便于从分类或主题的角度充分利用整体化的检索系统,为用户提供多种信息查询途径。

分类主题一体化是分类与主题系统实现完全兼容的结果,它不仅能充分发挥各自的特有功能,同时也能够互相配合,发挥最佳的整体性能。现有的检索工具都依赖于搜索引擎,辅以分类目录,使强大的检索功能与学科分类体系相结合。但如何在传统的信息资源组织的基础上,使二者扬长避短,发挥更大的优势互补,进行有机结合,这已成为网络环境下信息资源组织在理论和实践上的又一项重要课题。

4. 元数据组织法

元数据就是描述数据的数据,是对特定网络资源的总体管理和记录。元数据组织法是选用一定数量的通用数据单元来描述网络信息的检索特征。它是与对象有关的数据,使网络信息资源的管理维护者及使用者可以通过元数据了解并辨别资源,促进网络环境中信息对象的发现、组织和检索利用。

元数据组织法能够将各种分散的信息资源统一汇总、加工、排序并形成统一的定位、选择和检索系统。它从总体上对网上信息类型的基本特征进行记录和管理,其结果相当于图书馆的总目录,使用户快速准确地查到分布在各地的信息资源,大幅度减少网上文档传输的次数,提高信息检索效率。同时,它对于解决电子信息版本辨识困难、需求转换频繁、网络目录建设费用过高等问题也有所帮助。

5. 主题图法

主题图是一种新型的数字化信息组织方法,用于描述信息资源的知识结构的数据格式,它可以定位某一知识概念所在的资源位置,也可以表示知识概念间的相互关系。

实际上,主题图是利用了主题索引的概念及网站的特点,将主题、联系和范围三者紧密结合起来,用格式表单来控制信息的获取和浏览,并详细描述各种浏览层次,实现对复杂知识管理关系的模拟,以便帮助用户更有效地浏览数字信息资源。由于主题图吸收了各种知识组织方法的长处,并采纳了 Ontology 和语义网的部分思想,它能对数字环境下的信息资

源进行有效的组织与管理;主题图可通过提供一定基于主题属性的控制机制来解决同名异义、同义异名的语义问题,使其具有语义描述功能。

此外,主题图具有良好的信息检索功能,具体表现在:

(1)可支持现有的搜索引擎在资源域层面实现检索。

(2)主题图概念可看成一个图或树,支持可视化图形方式的人机交互式检索。

(3)主题图可看成本体(Ontology),它可以提供一定程度的概念间关系描述,利用概念间的关系,提供一定程度的智能化检索。

在信息管理领域,主题图运用十分广泛,如在叙词表的编制和应用、网络教学的教育、信息资源组织与导航、电子商务、门户网站、科研助理和知识交流共享等方面都有较好的应用价值。随着信息技术的不断发展,主题图方法将在数字化信息资源组织和知识表示方面发挥更大的作用。

第三节 馆藏数据库及网络信息资源的整合

一、馆藏数据库建设

馆藏数字信息资源具有收藏数字化、制作计算机化、传递网络化、信息资源存取自由化、信息资源共享化、结构连接化等特点。因此,馆藏数据库建设成为了当前图书馆数字化建设的基础工作,现代图书馆建设主要包括馆藏书目数据库建设和特色数据库建设两部分。

(一)书目数据库建设

1. 书目数据库概述

书目数据库是开发图书馆信息资源的基础数据库,也是图书馆全面实施网络化、自动化和资源共享的基础和关键。书目数据库一旦建立完成,便可以生成题名、作者、主题、分类、出版社等多种检索途径,提高用户信息检索的准确性。

一般而言,书目数据库具有以下特点:

(1)由于目前许多数据库仍然以书目数据为主,建立后基本不会对数据进行更改,且数据大多都是成批录入的,追加新数据的实践间隔比较长,这就使得其数据比较稳定,对实时数据的要求不高。

(2)书目数据具有比较成熟的元数据集,对书目信息的描述比较统一,有利于建立统一的数据视图。

(3)书目数据大都具有现成的分类系统,可以对书目数据进行多视角的组织。

(4)与全文数据相比,书目数据的长度比较短,需要的存储空间相对比较少。

2. 书目数据库建设应重视的问题

在图书馆建立书目数据库有利于实现数据资源的共享,并且可以对图书馆信息资源集中编目。目前我国大多数的图书馆都已经实现了网络环境下的书刊采访、联合编目、流通借阅管理和馆藏书刊目录,一些图书馆还开通了网上书刊征订、新书通报、网上预约图书、网上续借图书等服务。但是,由于单个图书馆都只是从自身系统出发,只满足于自建自用的要求,不仅有许多低水平的重复,而且因为没有统一的规范和标准,书目数据库之间难以兼容,为日后联网留下了隐患。归纳起来,书目数据库建设存在以下问题。

(1)质量控制

书目数据库是数字时代图书馆信息服务的基础,它的规模、质量、标准化程度对整个信息系统的效益有决定性的作用。为了加快读者对馆藏书目的检索效率,提高图书馆文献信息资源的利用率,必须重视保证它的质量。

①建立严格的工作程序

一个完整的书目数据库建立过程一般会包括书目数据的准备、数据录入、数据核校三个阶段,每个阶段都应建立严格的工作规范,提高数据的准确性。

②数据录入

数据录入的方式有两种:套录,即引进标准数据库参加联合编目团体,使别馆的数据成为自己的馆藏数据;原始编目,即按照标准和系统数据库格式把书目数据录入。

③人员的组织培训

这里的培训主要包括技能培训和责任心培训。人员的组织培训是保证数据库质量的关键。目前我国大部分图书馆都已经完成了书目数据库的建立,但其中还存在不少问题,如分类号不一致,使用的软件不统一等都可能对资源的共享造成影响。

(2)功能优化

图书馆数据库最大的功能在于检索,数据库的功能是否完善将直接影响到其检索效率的高低。因此,要不断完善检索系统功能,如提供多种检索方式,提供多个检索入口,提供网上数据库信息资源的整合导航。

由于图书馆自身的服务功能和特性,相对于出版商及数据库服务商而言,在集成各种数据信息资源方面具有一定的优势。作为图书馆应该在维护知识产权利益的前提下,通过各种层次的网络链接将各种系统构成交互相通的共享体系,提供更加学术性和专业化的资源导航。

(3)服务延伸

图书馆的馆藏建设结构,首先考虑的是体现本馆特色的学科专业文献。自建馆藏书目文献数据库是图书馆最基本的数据库建设,这是各图书馆均应该并且必须自己首要完成的基础性工作。同时,各图书馆应对文献的内容进行深层次揭示与组织开发,对全文数据库进行开发与应用,形成二次或三次文献信息数据库,以提供增值性服务。

(二)特色馆藏数据库

特色数据库建设是建立数字化图书馆的必然选择。特色馆藏数据库是图书馆特色资源的集中反映,是图书馆吸引用户、提高社会影响力的核心资源,它不仅充分展示了图书馆的个性,也成为图书馆提高信息服务竞争力的重要品牌。

特色馆藏数据库依托馆藏信息资源的优势,针对用户的信息需求,对某一学科或某一专题有利用价值的信息,通过现代数字手段标引、整序、加工、发布,并按照一定标准和规范将本馆特色资源数字化,以满足用户个性化需求。

与过去的纸质资料相比,它占用的空间很小,避免了一些原始的比较珍贵的特藏文献资料多次查阅后磨损的问题,改变了特色馆藏文献由于地理位置的限制只能为少数人服务的局面。现代图书馆只有针对自身的特色,在特色馆藏的基础上进行特色数据库、专题数据库、全文数据库的开发上网,才能增强图书馆在信息社会中的竞争地位。

二、网络信息资源建设

(一)网络信息资源建设概述

随着通信技术和网络技术的飞速发展,网络信息资源在图书馆信息资源中所占的比重越来越大,对社会的发展和进步所起的作用也越来越大。图书馆网络信息资源建设的重要性主要体现在以下几个方面:网络信息资源改变了传统图书馆的信息服务模式;网络信息资源使图书馆资源共享得以真正实现;网络信息资源能最大限度地满足用户的需求。

1. 图书馆信息资源的数字化建设

(1)实现馆藏的数字化

馆藏是图书馆生存和发展的基础。在网络环境下,图书馆应该把各自现实馆藏中的传统馆藏文献进行数字化的转换和上网,从而极大地丰富网上信息、最大限度地发挥馆藏文献的实际效用,为网络信息资源的共享打下基础。

(2)采购电子出版物

电子出版物是以数字形式将信息存储在某种介质上,通过网络和计算机终端进行阅读的出版物,包括电子期刊、电子报纸、光盘图书软件读物等。网络环境下,电子出版物已成为各图书馆优先采购的对象。

2. 网络信息资源的虚拟化建设

(1)购买网络版数据库

现成的数据库为网络资源输入了高品质、高水准的信息内容,具有数据质量可靠、信息资源分类和组织比较科学、查准率和查全率较高、检索方便便捷、数据更新周期较短等优点,能极大地满足用户的需求。

常见的网络版数据库包括中国科技期刊全文数据库、中国学术期刊数据库、外文科技期刊文摘数据库、SPRINGER外文期刊全文数据库、EBSCO外文期刊数据库、WORLDSCI-NET(WSN)数据库、中国优秀博硕学位论文全文数据库、万方数据资源系统、维普中文科技期刊数据库、人大复印报刊资料全文光盘网络版、书生之家数字图书馆、英国Maney出版公司和英国皇家学会网络版期刊和科学在线(Science Online)等。

(2)自建特色数据库

特色数据库建设的关键是突出本馆特色,网络环境为图书馆虚拟馆藏建设提供了强大的文献资源保障,而数据库的建立又为用户提供了极大的方便。

(3)建立网络导航系统

网络导航主要是为了反映各站点的类型、内容和特色,对网络信息资源进行科学组织和深层次揭示,并加以适当的评论推荐给用户。因此,建立网络导航系统的关键在于,对要链接的站点应进行访问和评估,精选出有学术价值的信息资源,建立可靠的链接,真正发挥网络导航的功能。

(4)组建专题化虚拟馆藏

虚拟馆藏的专题化和科学化,是图书馆网络信息资源建设的热点,它能够为网络环境下的用户提供广、快、精、准的信息服务。组建高质量的专题化虚拟馆藏,首先要根据用户需求有目的、有针对性地做好选题工作;其次,按照"数量适当、比例恰当、多方兼顾、重点突出"的原则,确定某一专题信息的收藏范围和标准;再次,对收集到的信息进行科学的组织与加工,并发布在网页上;最后,在保持相对稳定的前提下,及时更新网络信息资源,保证专题化虚拟馆藏的生命和活力。

3. 网络信息资源的特色化建设

网络环境下信息资源的特色化建设主要包括专业特色、地方特色、类型特色和文种特色四个方面。

(1)专业特色化

对某些学科、某些专业或专题的信息资源进行完整系统的收藏。高等院校、科研机构及工矿企业的图书馆,其网络信息资源要根据自己所承担的教学、科研、生产和产品营销来形成专业特色。

(2)地方特色化

各图书馆根据其所在地区的地理、历史、经济、文化等特点,将有关本地区的信息资源完整地采集收藏。图书馆的此类收藏对地方的经济建设和科学文化的发展起着至关重要的作用。

(3)类型特色化

根据图书馆的任务、历史特点和有关部门的统筹安排,对不同类型的信息进行采集和系统收藏。

(4)文种特色化

图书馆根据某种历史渊源和现实条件,对某些语种的信息进行系统采集和收藏,它是图书馆网络信息资源建设的发展方向。

4. 网络信息资源的共享化建设

图书馆网络信息资源的共享化,是指借助于计算机网络技术,打破地域和机构界限、超越时间和空间约束,在世界任何一个具备网络技术的地方,都能够访问全球图书馆的网上信息资源。网络信息资源建设的最终目的是实现资源的共建共享。共享是多向的(至少是双向)、交叉的和网状的。网络信息资源的数字化、虚拟化和特色化建设,为图书馆实现资源共享打下了坚实的基础。

(二)网络信息资源的选择

网络信息资源是以数字化形式记录的、以多媒体形式表达的、存储在网络计算机磁介质、光介质以及各类通信介质上的,通过计算机网络通信方式进行传递的信息内容的集合。与其他非网络资源相比,网络信息资源的数量巨大,增长速度迅猛;内容丰富,覆盖面广;形式复杂多样,分布广泛无序;信息发布自由,质量良莠不齐。

目前网络信息资源在数量、分布、传播范围、信息内涵、信息类型以及信息的传递速度等方面都已经超出了传统的信息资源管理方式和技术手段所覆盖的范围,这就为信息资源的利用制造了复杂的环境。因此,需要利用技术、经济、人文手段对网络信息资源进行科学的选择,实现信息资源效用的最大化。

1. 利用搜索引擎选择

搜索引擎是网络信息资源选择时最常用的工具。它通过网络自动索引软件或网站登录等方式,将互联网上大量网站的页面收集到本地,对这些信息进行分类、建立索引后,再将索引的内容建库,然后通过对用户提出的各种查询做出响应,来为用户提供所需的信息。

网上的搜索引擎很多,这些搜索引擎查询方法基本相同,可以输入关键字(词)进行主题查找,也可以从分类目录逐级查找。

(1)关键字(词)搜索

当用户输入关键字(词)后,每个搜索引擎都会以其特有的搜索方法在其数据库中找出相关的记录,并以相关性顺序排列,然后将这些包含该关键字(词)或符合检索条件的所有网址信息和指向这些网址的链接反馈给用户。

(2)分类目录搜索

分类目录搜索主要采用人工方式搜集和整理互联网的信息资源,根据所收集网页的内容,手工将其网址分配到所采用的分类主题目录的不同级别类目之中,用户查询时,无须输入任何文字,只要根据目录搜索引擎提供的主题分类目录,逐级浏览,就能够找到自己所需要的网络信息资源。

2. 利用网上信息指南

利用网上信息指南是选择相关学术信息的十分有效的方法。它能够将某一学科的网络学术资源通过建立分类目录式树形资源组织体系、动态链接、学科资源数据库等,使之由分散变为集中,由无序变为有序,十分方便专业领域用户对本学科网络信息资源进行选择。

3. 查询网上图书馆

大多数图书馆都提供馆藏资源的网上检索,如中国国家图书馆、中国科学院文献信息中心等。也可以访问网上图书馆或网上书店,如超星数字图书馆、中国数字图书馆等。

4. 相关学术领域的专家推荐

专家由于熟知其所在专业领域的研究成果,因此通过他们对网络信息资源进行评价,具有相当高的权威性。通常,学科专家都会发表评论来介绍本学科专业领域中优秀的网站。用户可以选择登录这些网站,从中获得一些高品质的信息资源。

(三)网络信息资源的组织方式

信息组织是指通过一定的手段,对某一方面大量的、分散的、杂乱的信息进行整序、优化,从而形成一个便于有效利用的系统的过程。随着网络技术的发展,网络信息资源的"量"与"质"都发生了巨大变化,信息组织的方式也随之发生了根本性的变化。组织方式从手工单一发展到网络群体,组织的结果从静态的文本格式发展到动态的多模式的链接。

1.网上一次信息资源的组织方式
(1)主页、页面方式

这种方式通过页面对某机构、个人或专题做全面介绍,用主页将这些信息集中组织到一起,相当于网上的档案全宗。

(2)文件方式

这种方式是用文件系统来管理和组织网络信息资源的,是存贮图形、图像、图表、音频、视频等非结构化信息的理想方式,但对于结构化信息则难以实现有效的控制和管理。

(3)自由文本方式

这种方式主要是对非结构化的文本信息进行组织和管理,它不是对文献特征的格式化描述,而是用自然语言深入揭示文献中的知识单元,主要用于全文数据库建造。

(4)超文本方式

这种方式将网络上相关文本的信息有机地编织在一起,以节点为基本单位,节点间以链路相连,将文本信息组织为网状结构,用户可以从任意节点开始根据网络中信息间的联系,多角度浏览和查询信息。

2.网上二次信息资源的组织方式

大量的一次信息入网后,为快速、高效地找到用户所需的信息,必须构建网上一次信息检索工具,将一次信息经过替代、重组、综合、浓缩后形成二次信息,那么这些二次信息又是如何组织的呢?从信息的查询方式来看主要有以下形式。

(1)搜索引擎方式

搜索引擎方式是目前因特网上对二次信息进行组织的主要方式之一。使用时,由用户输入自己的检索式,搜索引擎自动将其与存储在网上的一次信息特征进行比较匹配,将符合用户要求的一次信息的描述记录以超文本方式显示出来。

(2)目录指南方式

目录指南方式会按照事先确定的概念体系,对信息资源分门别类地逐层加以组织,用户先通过浏览的方式层层过滤,直到找到所需信息的线索,再通过信息线索链接到相应的网络信息资源。

目录指南方式的专指性较强,能较好地满足族性检索的要求。

(3)指示数据库方式

指示数据库是存储有关网上一次信息的网址以及相关信息的描述信息。通过这种方式进行检索时,首先从数据库中获得地址,再在浏览器的地址栏中输入地址进行查找。

采用这种方式的入库记录要经过严格选择,具有较强的针对性和可靠性,检索结果适用性强,常用来组织专题性的或专用的网上二次信息。

三、数字信息资源的整合

由于图书馆馆藏数字资源分布在不同的数据库中,使得数据的组织、管理形式以及在不同来源数据库或文件中的数据存储格式各不相同,加上这些数字资源库的构建方式和支持平台的不同,使得这些数字资源数据库间产生了异构性问题。针对这一问题,可以通过数字信息资源整合,将各个异构数据库资源整合起来集成在面向用户的统一检索平台上,实现电子资源的"一站式"查询,有效地利用互联网的优势为用户提供快捷、方便的数字资源检索服务,提高图书馆馆藏资源的利用率。

(一)数字信息资源整合的概念

数字信息资源整合是依据一定的需要,将各个相对独立的数字信息资源系统中的数据对象、功能结构及其互动关系进行融合类聚和重组,重新结合为一个新的有机整体。经过整合的数字信息资源系统应该是一种集多种服务于一体的跨平台、跨数据库、跨内容的新型数字资源体系,能为用户提供高效、个性化的知识服务。

数字信息资源整合是随着图书馆数字信息资源日益增多,为了解决"数字资源孤岛"和"数字资源超载"问题而提出的一种理念和方法。它能够为用户提供一种方便地利用这些数字资源的途径,提高了数字资源的利用效率。

(二)数字信息资源整合的内容

1. 门户整合

门户整合就是将众多独立应用的门户变为统一的门户。门户整合通常是基于 OPAC 资源系统的一种方式,它通过执行 Z39.50 协议,聚合不同平台上异构 OPAC 数据库,建立书目整合检索系统的原理来实现其基本整合目的。用户只要通过一个 OPAC 系统界面就可以检索到相关图书馆的 Optic。

门户整合通过一个统一的检索界面来了解其他馆藏的信息。但由于该整合方式是多个馆藏的简单相加,当用户需要进一步了解信息时,就必须逐一点击各馆藏记录,进行选择和查重处理。

2. 数据库整合

数据库整合就是将分散异构数据库通过无缝链接技术,使其在逻辑上形成了一个新的有机整体。数据库整合并不单单是"库集合""库相加",它还需要从中剔除多个相关数据库内的"重复"信息,以形成一种新的虚拟数字信息资源体系。

通过数据库整合提供给用户的不只是统一的查询界面,而且还有高质量的不重复信息。

3. 系统整合

系统整合是一种基于图书馆应用系统的资源整合方式。它通过对系统内应用系统和数字资源进行分解和重组,使其在组织结构和表达方式等方面趋于一致,从而构建一个统一的数字资源管理平台,实现系统间的数字资源整合和共享。

4. 协议标准整合

协议标准整合就是通过一定的中间技术手段或者完全对数据进行重组的手段,对采用不同的访问协议和不同数据标准(例如 JDBC、HTTP、ODBC、Z39.50、OPAC、OPENURL)的数据库在同一界面内实现集成检索或者整合检索,从而达到资源整合的目的。

5. 检索方式的整合

检索方式整合后的数字信息资源的统一检索服务平台,不仅支持布尔检索、相关度检索、全文检索,还支持多种检索运算符以及组合检索、位置检索、英文词根检索,这对于用户精确定位信息具有很大的帮助。

此外,对于专业性强的用户,平台还应该提供可扩展的词典和知识库,以便为其提供特别的检索服务。

(三)数字信息资源整合的模式

现代图书馆数字化资源整合较之前有了长足的进步,具体表现为:整合方式由导航整合拓展到基于 OPAC 系统的整合和统一检索平台的整合;整合的资源类型由电子期刊逐步拓宽为电子图书、学位论文、馆藏书目等多种类型;整合系统的功能也由导航向检索、统计等方向完善。

我国现代图书馆数字资源整合大体的模式有以下几种。

1. 链接整合

链接整合作为馆藏数字资源整合最简单的模式之一,它利用网络超文本链接特性,提供各类资源的动态链接,使用户得到额外的信息扩展服务。

2. 基于知识体系的资源整合

知识体系的资源整合方式是基于数字图书馆应用系统的一种资源整合方式,其主要功能是通过对某学科数字资源的分解(重组),按知识体系的关联性、主体性组织成网状相互联系的知识资源系统。读者进入系统后就可以获得满足科研教学所需的基本文献和资料。当前基于知识的研究热点很多,常见的有以下几个。

(1)知识采集技术

研究如何模拟人的感官的信息技术与人工智能的识别技术相结合,研究知识的分式存储体系结构,使得知识分布地存储在计算机网络中,形成既独立于每个知识,又能跨多个知识发现共享的有机整体。

(2)知识交换平台

使异构的知识能够互通有无,交换共享。

(3)知识挖掘

对于蕴含现有信息知识中的隐性知识的发现,包括经典的数据挖掘、文本数据挖掘、文档数据挖掘等。

(4)知识提炼

把作用于工作流程中的隐性知识变换成显性知识,把作用于工作流程中的隐性知识点提炼出来。

基于知识体系的资源整合是采用技术、经济、人文等手段,把知识对其他生产力要素的渗透、协调与激活,以及对知识作用于知识而创新知识的过程,进行科学的计划、指挥、组织、协调和控制,从而有效地保证组织目标顺利实现。

3. 电子资源导航整合

电子资源导航整合是将馆藏数字资源的检索入口整合在一起,建立资源导航库,提供按资源名称、学科分类、资源类型等获取资源的途径。电子资源导航整合模式的技术含量不高,实现起来相对容易,因此成为现代图书馆普遍采用的一种手段。

电子资源导航整合可分为整体导航和部分导航。其中,整体导航将各种馆藏数字资源作为导航对象,并提供统一的检索界面或链接;部分导航则只是针对某一种电子资源进行导航。

4. 异构数据资源整合

异构数据库资源整合是通过统一检索平台将所有资源有序组织起来,向用户提供"一站式"的跨库统一检索服务。学科文献资料大都包含在多种数据库中,尤其是一些交叉学科,读者要完成某个课题的检索,就需要对多个数据库进行多次检索,才能查找到与该课题有关的文献。

当然,在实际应用中,每个检索系统都有各自的检索界面和检索方式,以及检索规则、检索算符、检索段等,这给读者的资源检索造成了相当大的困难。此时,若在同一个检索平台下,实现多数据库同时检索,可极大地方便读者,对异构数据库进行资源整合与统一检索,从而极大地提高读者对信息资源获取的效率。

5. 学科导航整合

学科导航整合是一种基于知识分类体系的导航,即由各图书馆根据其建设的需要,对网上相关学科的电子资源(如研究机构专家学者、电子出版物、专业网站、最新动态等)进行收集、加工、整理,形成虚拟馆藏资源,提供检索、浏览和链接服务。

(四)数字信息资源整合的技术

在数字资源整合中,基于 OPAC 的资源整合、信息智能导航的整合和 Web 信息资源整合是目前图书馆数字资源整合的主要方式。

1. 基于 OPAC 的技术

OPAC 联机公共查询目录(Online Public Access Catalogue)是随着图书馆自动化系统的发展而兴起的,是图书馆系统面向读者的检索模块。目前,绝大部分 OPAC 系统已具备了基于 Web 的架构和基于 Z39.50 协议的跨平台检索功能。

基于 Web 的架构是图书馆自动化系统与互联网技术相结合的新一代构架的 OPAC 系统,不需要专用客户端软件的支持,以 HTML 网页作为服务器的前端,可以使世界上任意一台联上网并安装有浏览器的电脑即可查询到图书馆的书目。

Z39.50 协议是一个基于 C/S 结构的网络应用层协议,它通过对编码方式和内容语义的标准化来实现不同系统间的互操作,是一个数据库间的通讯协议,也是一个检索标准。Z39.50 协议数据单元通过 ASN.1 进行定义,并以基本编码方式(BER)对 ASN.1 序列化,从而屏蔽了数据库间的异构性,与软硬件平台、数据库接口及查询语言无关,是一个信息界广泛接受的标准协议。

2. 信息智能导航的整合

建立信息智能导航系统就是指在读者检索获取信息过程中,通过一个嵌入功能模块,自动地或在读者激励下进行各个阶段现场化智能化引导服务。信息智能导航系统的主要功能体现在以下几个方面。

(1)状态分析

通过规范化的状态来表示用户信息检索过程。

(2)知识分析

确定每个状态及其问题的解决所要求的知识;确定这些知识的结构和来源;确定每个状态所对应的知识的相互联系;确定每个知识模块和整个知识库的结构与调用方式;知识、知识模块和知识库能自动更新。

(3)状态和问题匹配

其具体的操作步骤为:将状态与检索过程的具体环节或步骤连接起来,分析确定出现的问题;针对问题进行分析或必要的交互式分析;对问题和知识进行精确匹配;将有关知识传递给读者;根据读者行为进行新的状态与问题匹配。

(4)知识传递

知识组织和传递方式强调实用性和友好性;动态知识传递就是指根据读者状态和问题动态组织需要传递的知识等。

3. Web 信息资源整合

数字信息资源整合最基本也是最重要的目的就是让用户能够高效、方便、快捷地获取高质量的信息。因此,建立一个完整的、真正意义上的数字资源检索平台就是一种理想的资源整合方式。

(1)Web Service 技术

Web Service 能使网络资源成为一个整体信息系统的有机组成部分,不是作为一个独立的信息孤岛存在,而是有着更大的灵活性和交互性。

Web Service 采用"XML",通过"URL"来发布接口和应用绑定的软件体系结构。发布的接口可以被其他软件系统发现,并通过基于"XML"和"IP"协议的信息交互机制集成到不同的应用系统中。在 Web 信息资源整合系统中,Web Service 作为首选的信息发布和访问技术,除了具有业务逻辑处理功能外,更有强大的编程和自动处理功能。

(2)目录服务技术

目录服务表述的是一种层次式的存储结构,适合描述同样具有层次结构的 Web 资源。由于目录服务还可以动态改变和更新,因此当网络中新增一个资源,就可以通过在目录中添加相应的数据对象以及与其他对象和读者的关系来更新。当网络资源位置移动或更新,还可以通过移动相应的目录项或更新操作来进行。

目录服务提供了一个有效管理网络资源的手段,它将网络的实际情况与目录一一对应,从而通过目录服务来实现对资源的管理。

目录服务也支持网络资源的分区域层次化管理,目录服务在数据的分析处理方面具备很高的数据检索性能,特别适合大规模的资源快速检索要求。此外,借助于目录服务在读者管理和安全管理方面的优势,也可以将其应用于资源整合系统的读者管理和安全管理中。

除上述技术外,常用的数字资源整合技术还有参考链接技术、异构数据库系统检索平台技术和中间件技术。

(五)数字信息资源整合的发展趋势

高校数字信息资源整合是把图书馆馆藏各相对独立的数字信息资源系统中的数据对象、功能结构及其互动关系进行融合、类聚和重组,重新结合为一个新的有机体,使读者能够在统一的数据存取模式下,通过统一的用户界面,完成对不同数据库和网络资源的检索利用的资源集合。

1. 扩大数字资源整合范围与规模

(1)注重对非规范性资源的整合

数字资源的类型比较复杂,有的是较为规范的,有的则并不规范。对于规范的数字资源,经过一定程度的人工处理,其格式就可以变得相对稳定,其整合也相对容易实现;非规范性的资源多为半结构化和非结构化的资源,对这类资源的整合相对困难。网格为数字资源整合提供了更为广阔的空间,同时 P2P 等技术的发展为数字资源整合范围的不断扩大提供了有利的技术实现手段。对 Web 动态的、非规范性资源整合系统的构建将成为人们关注的焦点。

(2)资源整合的范围逐步扩展

资源整合的范围得到了逐步扩展,能够对应用程序、服务等功能进行整合。随着网格、SOA、Web Service 的相继出现,对资源的整合开始逐步从资源本身向探索如何重组、集成与资源相关的应用程序和服务发展扩展其可重用性,避免重复开发,提高网络的运行效益。

(3)与个性化需求更加紧密地融合

目前,构建的数字资源整合系统非常关注资源的集成与整合,但对于用户需求方面的差异性和个性化则不够重视。基于用户需求的多样性,面向个性化用户需求构建的整合系统将成为未来趋势。这种服务的主要特点表现为:服务方式从简单的请求、应答式转变为定制方式,整合目标不再是为了解决单个的检索需求,而是支持主动的推送服务与知识检索服务。

2. 完善深化整合系统功能

加强技术开发力度,完善深化整合系统功能是提高数字化资源整合水平的关键之一。针对各整合系统功能的现状,应采取以下几个方面的改进措施。

(1)强化系统的检索功能,包括增加检索字段、增强高级检索功能、增加检索条件限定、提供多种排序方式。

(2)设立用户信息交流论坛等多种信息反馈渠道,增加系统对用户反馈信息的收集,逐步完善系统功能。

(3)提供全面深入的个性化信息服务,包括交互界面的个性化设置、检索结果的 Email 推送、检索信息的个性化定制、检索历史的保存、个人常用资源的账户管理等。

(4)加强数字资源的统计和评估。具体的统计信息包括访问主题、访问次数、访问时间、访问资源、访问 IP 等,从而确定资源重点服务对象,评测数据资源,制定服务策略。

3. 知识整合成为数字资源整合的主流趋势

(1)注重新型知识组织体系在知识整合中的应用

面对具有多样性、复杂性特征的数字资源,传统的知识组织工具无能为力,由此促进了对新型知识组织体系的研究和应用。人们意识到,传统知识组织和网络时代的知识组织有共性之处,都是对人类知识结构进行表达和有组织的阐述的语义工具,但后者并不是前者的简单重复或改良,而是螺旋式上升的质的飞跃。

目前,对本体、主题图、概念图、词网等概念关联类知识组织体系的研究成为新的焦点,包括新型知识组织体系和传统知识组织体系间的集成与互补,新型知识组织体系间的内在联系和功能整合等。

(2)构建领域本体成为知识整合的研究重心

领域本体构建研究与应用的重心包括以下四方面:

①对本体构建的理论、方法与技术进行深入研究,建立领域公认的核心概念和完整的本体构建的理论体系以及具有适用性、针对性的本体构建技术体系。

②面向某一应用领域进行领域本体系统的构建实验,包括初始本体的建立、本体的语义标注、本体的进化与学习、本体的管理、本体的展示与服务等整个过程。

③在上述基础上,总结经验、寻找规律,将其提升为理性认识,再进一步指导实践,以促进领域本体的实验研究更快、更有效地走向应用。

④引入新的研究方法和手段,以增强本体系统的功能。

(3)语义标引是研究与应用的重心

怎样按照已构建的本体概念体系,对资源对象进行概念抽取、分析、分类、描述和处理,是本体建设的重中之重。国外许多大学和研究机构正在研究和开发 Web 内容的语义标注工具,语义 Web 标注与编辑网发布了13种基于本体的语义标注工具。但目前对本体标引系统的研究还比较肤浅。理想的本体标引系统应该具有通用性,支持协同编辑,具有知识表达能力,支持多语言标引,具有自动分类、自动或半自动的知识获取与标引,同时还应该支持本体的学习与进化。

4. 加强数据标准化

实施数据标准化就是要求各整合单位严格执行各种著录、标引规则,深化标准化意识,并付诸行动,为更广范围内的整合共享打下坚实的基础。

除此之外,协同相关学科领域专家研究和制定数字资源整合所必需的标准,设立专门的机构对数字资源的开发整合进行研究、审核、协调、评估,避免重复建设和盲目投入,也是加强数据标准化的主要措施。

第六章 档案信息化建设分析

第一节 信息技术概述

我国的档案信息化建设是在信息技术日新月异、国家信息化战略不断推进、电子政务建设迅猛发展的多重背景下发展起来的。其中,信息技术是档案信息化的前提和基础。认识信息化和信息技术的基本概念和知识,有利于把握档案信息化的基本规律,克服盲目性,提高自觉性,增强对信息化战略的执行力。

一、信息化基本概念

信息化是当今世界发展的大趋势、大潮流,是各地区、各领域发展的战略制高点。在档案信息化建设的理论研究和实践推进过程中,档案工作者需要掌握信息化的基本概念和特点。

（一）信息

客观世界有三大要素,即物质、能量和信息。人们较早地认识了物质,于18世纪60年代的工业化时期才认识能量,并发现了物质和能量的转换关系。20世纪50年代以后,信息科学发展成为一门新兴学科,至今方兴未艾,并深刻地影响着世界。

研究信息化首先须认识信息。一般来说,信息有广义和狭义之分。广义（即本体论）信息是指事物存在方式和运动状态的表现形式。"事物"是指存在于人类社会、思维活动和自然界中的一切对象,运动是指一切意义上的变化,包括机械、物理、化学、生物、思维、社会的运动。在这一层次上定义的是最广泛的信息,既包括自然信息,如鸟语花香、冬去春来;也包括社会信息,如政治信息、经济信息、军事信息、文化信息、科学技术信息、社会生活信息。狭义（即主体论）信息是指人所感知或表述的事物存在方式和运动状态。"感知"是外界向主体输入信息;"表述"是主体向外界输出信息。本体论层次上的信息是客观信息,不以人的存在为前提。主体论层次上的信息建立在人的意志基础上,是人的认识、感知、理解、表达、传递能力的产物,用于特定目的,因此,其内涵要比本体论层次上的信息丰富得多。显然,档案信息属于主体论层次,是人按照自己的意志,在对本体信息效用价值判断的基础上有选择地感知、存储和表述的信息。信息技术的发展,极大地拓展和增强了人对本体信息的感知和表述能力,档案信息化应当充分利用信息技术的强大功能和技术条件,增强人类对社会化信息的掌控和驾驭能力。

（二）信息资源

信息资源也有广义和狭义之分。广义信息资源是指人类在社会信息活动中积累起来的信息、信息生产者、信息技术等信息活动要素的集合。狭义信息资源是指人类社会活动中经过加工处理后达到有序化并大量积累起来的有用信息集合。

随着信息技术,特别是互联网的普及,人们实实在在地感受到了信息的普遍性和价值性。将信息看作并转换为一种资源,是对信息或信息活动相关要素价值性高度认可的表现,是当今社会的一种先进意识。同时,从上述概念可以看出,不能随意地将信息称为信息资源。信息的资源化是有条件的,这种条件同样适用于档案信息资源。因此,我们在从事档案信息资源的建设时,也需要在"有序化"和"大量积累"上下功夫,并且要将与信息有关的信息生产者、信息技术等要素一并纳入信息资源建设和管理的范畴,实现信息资源体系的整体优化和信息资源价值的最大化。

(三)信息技术

档案信息化的物质基础是信息技术,全面认识信息技术是档案信息化建设的前提条件。信息技术是指完成信息的获取、传递、加工、再生和利用等功能的技术。它是一门综合性很强的高新技术,包括以下四项基本内容:一是感测技术,它是人的视觉、听觉、触觉等感觉器官功能的扩展,使人们能更好地从外部世界获得各种有用的信息;二是通信技术,它是人的神经网络功能的扩展,其作用是传递、交换和分配信息,消除或克服空间上的限制,以便更有效地利用信息资源;三是计算机及人工智能技术,它是人的思维器官记忆、联想、计算功能的扩展,使人们能更好地存储、加工和再生信息;四是控制技术,它是人的效应器官(手、脚、口)功能的扩展,它是根据输入的指令对外部事物的运动状态实施干预,实现信息的效应。

(四)信息化

信息化是指社会经济结构从以物质与能源为重心向以信息与知识为重心转变的过程。也就是在经济和社会活动中,通过普遍采用信息技术和电子信息装备,更有效地开发和利用信息资源,推动经济发展和社会进步,使利用信息资源创造的劳动价值在国民经济生产总值中的比重逐步上升,直至占主导地位的过程。因此,信息化不是一种固定的状态,而是一个动态变化的过程。这个过程有着丰富的内涵,包含两个支柱、三个层面、四个特点。全面认识信息化的内涵,有利于我们准确把握信息化的基本规律,引导和促进档案信息化事业持续、健康地发展。

"两个支柱"是指数字化和网络化。数字化是将现实世界中的各种模拟信息转变为以二进制代码表示的数字信息,供计算机处理和网络传输的过程。数字化是信息化的基础,没有数字化就没有计算机技术和信息技术。网络化是指利用通信技术和计算机技术,把分布在不同地点的计算机及各类电子终端设备互联起来,按照一定的网络协议相互通信,以达到所有用户都可以共享软件、硬件和信息资源的目的。网络化是信息化的手段,没有网络化,计算机终端就成为"信息孤岛",难以提升数字信息的价值。由此可见,档案信息化建设必须紧扣数字化和网络化两个主题。

"三个层面":一是信息技术的开发和应用过程,这是信息化建设的技术基础,信息技术的开发和应用是信息技术与档案工作有机结合和融合的过程,在很大程度上影响着档案信息化发展的效率和质量。二是信息产品制造业不断发展的过程,这是信息化建设的物质条件。信息产品包括计算机软硬件和网络产品,它在很大程度上决定了档案信息化平台建设,也进而决定了档案信息系统建设的水平。三是信息资源的开发和利用过程,这是信息化建设的核心与关键。档案信息资源是档案信息化管理和利用的对象,其本身的规模和质量,以及潜在和显性的价值,决定了档案信息化的效率和效益。这三个层面是相互促进、共同发展的过程,需要全面、协调、持续地投入和发展。在档案信息化建设过程中,需要建立档案信息化发展长效机制,充分利用和平衡这三个层面的互动关系。

"四个特点":一是渗透性,信息化可以渗透并融入人类社会生活的各个领域,深刻改变人类的工作、学习、交流、生活等方式。二是增值性,信息化可以实现信息的增值,使信息转变为信息资源,进而转换为知识,通过网络共享,广泛地传递信息、传承文化、传播知识,不断提升信息资源创造的社会价值和经济价值。三是创新性,一方面,信息技术的应用能够带来管理观念、管理理论、管理方法和管理手段的全面创新;另一方面,管理观念、管理理论、管理方法和管理手段的全面创新也将提高信息技术的应用水平和应用效能。四是带动性,信息化可带动档案行政管理和档案业务管理水平的全面提升。

二、计算机系统的基本构成

计算机系统一般由硬件系统和软件系统构成。硬件又称"裸机",它出厂时好像刚出生的婴儿,具有被开发的潜能,但是不具备应用能力,需要软件对它进行"智力开发"。软件是人按照自己预定的目的和要求,编写的操作指令的集合。它相当于人脑,可以按照人的意志,模仿人的智慧,指挥硬件实现预定的功能。由此,硬件是软件的物质基础,软件是硬件的灵魂,软件指挥硬件的数据存取、数据运算处理,以及输入、输出和网络设备的运行。

硬件由主机、外部设备和网络设备组成;软件由系统软件和应用软件组成。

三、硬件系统

(一)主机

主机相当于人的大脑,具有控制、运算和记忆功能。包括中央处理器和内存储器两部分。

1. 中央处理器(CPU)

中央处理器是计算机系统的核心部件和指挥中枢,主要由控制器和运算器组成。控制器是计算机系统的指挥中心,它根据计算机操作指令,向计算机的各个部件发出控制信息,使计算机系统按照人的意志有条不紊、协调一致地运行。运算器是根据控制器发出的指令进行逻辑运算、算术运算的部件。

CPU 的技术指标主要由主频、总线速度、工作电压等决定,它也决定了计算机系统的技术效能和档次。一般来说,主频和总线速度越高,计算机系统运行的速度也越快;工作电压越低,计算机电池续航时间提升,运行温度降低,也使 CPU 工作状态更稳定。当前各种移动终端的发展和普及得益于 CPU 技术的迅猛发展。

2. 内存储器

内存储器又称主存储器,简称内存,它是相对于外存储器而言的。运行时,内存储器与外存储器交换数据和程序,又将数据、程序与 CPU 进行交换,向 CPU 发出操作的指令和被处理的数据,再将处理完毕的数据存入外存储器。内存储器分为 ROM(只读存储器)和

RAM(随机存储器)两种,ROM存放计算机启动和运行的最基本的程序和参数;RAM存放正在运行的程序和中间数据。内存储器的容量等指标,也决定着计算机系统的性能和档次。

(二)外部设备

外部设备是主机与外界交换信息的中介和枢纽,其配置和使用在很大程度上受到主机技术性能的制约。

1. 外存储器

外存储器又称辅助存储器,简称外存,用于存放暂时不用,需要长期保存的数据和程序。外存可以根据需要,批量地与内存交换数据和程序。外存向内存传输数据称为"读"数据;内存向外存传输数据称为"写"数据。外存储器主要有磁盘、磁带、光盘、闪存、磁卡等。

存储器的主要技术指标是容量。存储器容量是指存储器存放数据的总量,以字节(Byte)为单位,缩写为B。一个B通常由8个二进制位组成,16个二进位合成一个字(Word)。存储器容量通常以KB(1KB＝1024B)、MB(1MB＝1024KB)、GB(1GB＝1024MB)、TB(1TB＝1024GB)为单位。随着存储技术的发展和大数据时代的到来,计算机容量单位也越来越海量化。目前,还有更大的容量单位PB(1PB＝1024TB)、EB(1EB＝1024PB)和ZB(1ZB＝1024EB)等。

外存储器的选择和配置是档案信息化基础设施建设的主要内容,同时也是存储档案数据的主要载体。

2. 输入设备

输入设备是将外部世界的数据输入计算机系统的设备。目前常用的输入设备有键盘、鼠标、话筒、摄像头、扫描仪、翻拍仪、触摸屏、无线射频识别等。

传统的输入设备是键盘和鼠标。键盘按应用可以分为台式机键盘、笔记本电脑键盘;按工作原理可以分为机械键盘、塑料薄膜键盘、静电电容键盘。其中,机械键盘价格低,易维护,使用普及;薄膜键盘无磨损,价格低,噪音低,应用广泛;电容键盘经久耐用,手感好,代表了键盘技术的发展方向。鼠标按工作原理分机械式和光电式;按接线分有线鼠标和无线鼠标。

随着多媒体技术、图像技术的发展,话筒、摄像头、扫描仪等输入设备的应用日益普及。话筒又称传声器,是声电转换的器件,按转换方式分为动圈话筒和电容话筒。摄像头是一种影像信息输入设备,可分为数字摄像头和模拟摄像头两大类,被广泛用于数码照相、录音、录像。扫描仪、翻拍仪是纸质载体信息模数转换设备,也是档案数字化的重要工具。

随着手机、平板电脑等移动终端的发展,触摸屏的应用也极其广泛,并给计算机用户带来崭新的体验。

无线射频识别(RFID),又称射频识别,是通过无线电讯号识别特定目标并将相关数据读入计算机系统,而无须在识别系统与特定目标之间建立机械或光学接触的一种数据传输技术。此项技术在档案信息化中有广阔的应用前景。

3. 输出设备

输出设备是将计算机系统的数据进行输出的设备,与输入设备一起,构成计算机与外部世界交换信息的通道。常用的输出设备有显示器、扬声器、打印机等。

显示器是显示计算机处理结果的器件。主要有 CRT（阴极射线显像管显示器）、LCD（液晶显示器）、LED（发光二极管显示器）、PDP（等离子显示器）四种。其中 LED 以其色彩鲜艳、动态范围广、亮度高、寿命长、工作稳定可靠等优点，适用于大型广场、商业广告、体育场馆等场所。PDP 是采用等离子平面屏幕技术的新一代显示设备，其优越性是亮度和对比度高、厚度薄、分辨率高、无辐射、占用空间少，纯平面图像无扭曲，代表了未来电脑显示器的发展趋势。

扬声器（耳机）是电声换能器件，分内置扬声器和外置扬声器，外置扬声器一般指音箱，其音响效果好，而内置扬声器可以避免佩戴耳机所带来的不便。

打印机是将计算机处理结果输出在纸张等介质上的器件。一般分为针式、激光式、喷墨式、热敏式等。

（三）网络设备

网络设备是指用于网络连接、信号传输和转换的各类传输介质、网卡、集线器、交换机、路由器、光电转换等设备。

1. 网络传输介质

网络传输介质是指在网络中传输信息的载体，常用的传输介质分为有线传输介质和无线传输介质两大类。

（1）有线传输介质

有线传输介质是指在两个通信设备之间实现的物理连接部分，它能将信号从一方传输到另一方。有线传输介质主要有双绞线、同轴电缆和光纤等。双绞线和同轴电缆传输电信号，光纤传输光信号。

双绞线，由两根具有绝缘保护层的铜导线相互缠绕而成，一般用于星型网络拓扑结构中。与其他传输媒介相比，双绞线在传输距离、信道宽度和数据传输速度等方面均受到一定的限制，但价格低廉，使用方便。

同轴电缆，其中心有一根单芯铜导线，铜导线外面是绝缘层，绝缘层外面有一层导电金属，用于屏蔽电磁干扰和防止辐射，最外面的绝缘塑料起保护作用。与双绞线相比，同轴电缆的抗干扰能力很强，屏蔽性能好，传输距离长，常用于设备与设备之间的连接。

光纤，又称光缆，是一种传输光束的细微而柔韧的介质，由一捆纤维组成，通过数据包在玻璃纤芯中的传播实现信息传播，是目前实现长距离、大流量数据传输的最有效的传输介质。光缆传输过程中信息衰减小、频带宽、电磁绝缘性能好、距离长，目前已经广泛用于主干网的系统连接和数据传输。

（2）无线传输介质

无线传输介质是指我们周围的自由空间，即利用无线电波在自由空间的传播，实现多种无线通信。在自由空间传输的电磁波根据频谱分为无线电波、微波、红外线、激光等，信息被加载在电磁波上进行传输。

不同的传输介质，其特性也各不相同。它们的特性对数据通信质量和通信速度有较大影响。

2. 网卡

网卡又称网络适配器、网络接口卡,是将计算机等网络设备连接到某网络上的通道。网卡的主要功能是实现数据转换、数据包的装配与拆装、网络存取与控制、数据缓存等。网卡一般插在计算机主板的扩展槽内,通过收发器接口与缆线连接,缆线另一头接在信息插座或交换机上使计算机联网。选购网卡一般应考虑以下因素:生产厂家售后服务的有效性;用于主计算机、服务器还是工作站;使用什么网络介质或网络传输方式;计算机使用的操作系统;计算机或网络设备的总线类型等。目前,由于终端接入的便捷性,无线网卡正在快速发展。

3. 集线器

集线器是基于星形拓扑的接线点。其基本功能是分发信息,即将一个端口接收的所有信号向所有端口分发出去。一些集线器在分发之前将弱信号重新生成,一些集线器整理信号的时序,以提供所有端口间的同步数据通信。目前,集线器已基本被成本相近的小型交换机所替代。

4. 交换机

交换机是一种用于电信号转发的网络设备。它可以为接入交换机的任意两个网络节点提供独享的电信号通路,具有提供桥接能力以及在现存网络上增加带宽的功能。

5. 路由器

路由器是连接互联网中各局域网、广域网的设备,它会根据信道的情况自动选择和设定路由,以最佳路径,按前后顺序发送信号。目前路由器已经广泛应用于各行各业,各种不同档次的路由器已成为实现各种骨干网内部连接、骨干网间互联和骨干网与互联网互联互通业务的主力军。无线路由器是带有无线覆盖功能的路由器,实际是一个转发器,将宽带网络信号通过天线方式转发给附近的笔记本电脑、平板电脑、手机等无线终端设备。目前流行的无线路由器一般只能支持15～20个以内的设备同时在线使用。

6. 光电转换器

光电转换器是一种类似 MODEM(数字调制解调器)的设备,和 MODEM 不同的是它接入的是光纤专线,是光信号。其原理是在远距离传输信号时,把电脑、电话或传真等产生的电信号,转换成光信号后在光纤里传播,这就需要光电转换器,它既可以把电信号转换成光信号,也可以把光信号转换成电信号。

还有一种光纤收发器,也被称为光电转换器,是一种将短距离的双绞线电信号和长距离的光信号进行互换的以太网传输媒体转换单元。这种设备一般应用在以太网电缆无法覆盖、必须使用光纤来延长传输距离的实际网络环境中,且通常定位于宽带城域网的接入层应用,将光纤最后一公里线路连接到城域网和更外层的网络上。档案部门在进行网络化基础设施建设时,不但要关注路由器、交换机乃至网卡等用于节点数据交换的网络设备,也要关注介质转换这种非网络核心设备。

四、软件系统

软件是一系列按照特定顺序组织的计算机数据和指令的集合。计算机之所以"聪明",

主要靠软件。软件的本质是人的意志和智慧,是人用特定的计算机语言,指挥计算机系统"做什么"和"怎么做"的指令集合。软件系统分两大类:系统软件和应用软件。

(一)系统软件

系统软件包括操作系统、数据库管理系统和各种工具软件等。

1. 操作系统

操作系统是管理计算机硬件资源,控制其他程序运行并为用户提供交互操作界面的系统软件的集合。操作系统是计算机系统的关键组成部分,负责管理与配置内存、决定系统资源供需平衡调剂的优先次序、控制输入与输出设备、操作网络与管理文件系统等基本任务。性能优良的操作系统,能提高计算机系统的运行效率和安全性能;操作系统的低效或故障,会造成信息系统的低效甚至瘫痪。

操作系统按照应用领域可分为桌面操作系统、服务器操作系统和嵌入式操作系统。

(1)桌面操作系统

主要用于个人计算机,个人计算机主要有两类:PC机与Mac机。PC机一般使用Windows操作系统;Mac机使用基于Unix操作系统的Mac OS操作系统。Windows操作系统有Windows XP、Windows Vista、Windows 7、Windows 8、Windows 10、Windows NT等。Unix操作系统主要有Mac OSX、Linux发行版等。

(2)服务器操作系统

一般指的是安装在大型计算机上的操作系统,比如Web服务器、应用服务器和数据库服务器等。该操作系统主要有三类:一是Unix系列,包括SUN Solaris、IBM－AIX、HP－UX、FreeBSD等;二是Linux系列,包括Red Hat、CentOS、Debian、Ubuntu等;三是Windows系列,包括Windows Server 2003、Windows Server 2008、Windows Server 2008 R2等。

(3)嵌入式操作系统

该操作系统是根据计算机应用的特定需要,如智能手机的应用,专门设计并嵌入在特定终端中的操作系统。该操作系统广泛应用于数码相机、手机、平板电脑、家用电器、医疗设备、交通灯、航空电子设备和工厂控制设备等各种电子设备。常用的嵌入式操作系统有Linux、Windows Embedded、Vx Works等,以及广泛应用在智能手机或平板电脑等电子产品上的Android、iOS、Symbian、Windows Phone和Black Berry OS等操作系统。

2. 数据库管理系统

为了应用计算机有效地管理和利用信息,人们需要将某些相关数据,如文书档案、科技档案的目录数据,按一定的方式进行组织管理,这就需要使用数据库和数据库管理软件。

数据库可以简单定义为:以一定组织方式存储在一起的相关数据的集合。这些数据具有一定的结构,尽可能小的冗余度,与应用程序彼此独立,并能为数据库管理系统的所有用户共享。在信息化社会,数据库技术是各类信息系统的核心,是科学管理和有效利用信息资源的重要技术手段。数据库管理必须借助专用的软件——数据库管理系统。

数据库管理系统(Data Base Management System,简称DBMS),是操纵和管理数据库的一组软件,用于建立、使用和维护数据库。DBMS具有以下功能:一是描述数据库,运用数据描述语言,定义数据库结构;二是管理数据库,控制用户的并发性访问,数据存储与更新,对数据进行检索、排序、统计等操作;三是维护数据库,确保数据库中数据的完整、安全和保密,数据备份和恢复,数据库性能监视等;四是数据通信,利用各种方法控制数据共享的权限,在确保数据安全的前提下广泛共享数据。

数据库按结构不同一般分层次型、网络型和关系型三种。目前,常用的数据库管理系统主要是指关系型数据库管理系统(RDBMS),主流产品有 SQL Server、Oracle、Sybase、Foxbase 和 Informix 等。

选择 RDBMS 的目的是存储档案目录数据和电子文件原文数据,实现对档案数据的有效管理。为适应档案业务管理需要,选择 RDBMS 主要考虑以下几个重要因素:

①档案管理软件所采用的数据库管理系统

②数据库管理系统在数据库建立、数据备份、分布式数据存储与管理等方面的功能

③数据库管理系统使用的方便性、易操作性、兼容性与可维护性

④数据库管理系统所能提供的大文本存储、全文检索等功能

⑤数据访问是否遵循统一的标准,是否可实现与其他格式数据库文件的转换

我国档案信息化早期多数应用 Foxbase 关系型数据库管理系统,以至于许多单位的早期档案数据库都以 DBF 格式保存。该数据库管理系统在 20 世纪 80 年代中期 PC 机中占主导地位(市场占有率高达 80%~85%),相继经历了 dBASE Ⅱ、dBASE Ⅲ、dBASE Ⅳ、Foxbase、Foxpro、Visual FoxPro 等发展历程。其中,Visual FoxPro(简称 VFP)又经过不断改良和版本升级,VFP6.0 及其中文版被广泛使用,它是 32 位数据库开发系统,不仅使组织数据、定义数据库规则和建立应用程序等工作变得简单易行,并支持过程式编程技术,而且在语言方面作强大的扩充,支持面向对象可视化编程技术,并拥有功能强大的可视化程序设计工具。目前,VFP 已经推出 9.0 版本,功能更加强大。然而,2007 年前后微软宣布停止研发 Visual Foxpro,VFP9.0 是 VFP 系列最后一个官方版本。

3. 各种工具软件

软件工具是指为支持计算机软件的开发、维护、模拟、移植或管理而研制的软件系统。它是为专门目的而开发的,在软件工程范围内也就是为实现软件生存期中的各种处理活动(包括管理、开发和维护)的自动化和半自动化而开发的软件。开发软件工具的最终目的是为了提高软件生产率和改善软件运行的质量。

工具软件按照软件工程建设阶段可分为六类:模拟工具、开发工具、测试和评估工具、运行和维护工具、性能质量工具和程序设计支持工具。此外,还有许多辅助特定业务处理的工具软件,常用的有:办公软件(如微软 Office)、媒体播放器(如暴风影音)、媒体编辑器(如绘声绘影)、媒体格式转换器(如格式工厂)、图像浏览工具(如 ACDSee)、截图工具(如 HyperSnap)、图像/动画编辑工具(如 Picasa)、通信工具(如 QQ)、翻译软件(如金山词霸)、防火墙和杀毒软件(如金山毒霸)、阅读器(如 CajViewer)、输入法(如搜狗)、系统优化/保护工具(如 Windows 优化大师)、下载软件(如 Thunder)等。档案工作者熟悉和善于使用这些工具软件,往往可以解决档案业务处理中的一些大问题,起到"四两拨千斤"的效果。

事实上，Windows等操作系统也附带一定的工具软件，如负责系统优化、系统管理的软件，这一类的软件被称作系统工具。顾名思义，与系统软件类似，系统工具作用于系统软件，而不是应用软件。常见的有系统优化（磁盘的分区、磁盘的清理、磁盘碎片整理等）、系统管理（驱动等）以及系统还原等软件。

（二）应用软件

系统软件的特点是通用，它并不针对某一特定应用领域。而应用软件的特点是专用，即针对特定的管理业务，并应用于某些专用领域的信息管理。如用于政府信息化的电子政务系统，用于企业信息化的电子商务系统，用于辅助行政办公和决策的办公自动化系统，用于机关档案室信息化的数字档案室系统，用于档案馆信息化的数字档案馆系统等。这里所指的应用软件具有以下特点：一是在特定的操作系统环境下，运用特定的软件工具研制而成；二是针对特定的信息处理需求和管理业务需求进行设计开发，且应用于特定的专业领域、行业、单位，或辅助特定的管理业务。

有些书将上述的工具软件，例如Windows Office，甚至将数据库管理系统也列入应用软件的范畴。以"通用"和"专用"为区别的原则，还是将工具软件和数据库管理系统列为系统软件的范畴。其原因是：第一，这些软件虽然也专用于某些用途，如媒体播放，但是，这种工具还是具有一定的通用性，广泛应用于各个领域、行业和单位。第二，工具软件虽然也使用某些软件开发工具进行研制，但是，它也提供了二次开发的能力，可以作为各种应用软件的开发平台，如数据库管理系统。

第二节 信息化与档案工作

档案信息化不是简单地用计算机替代传统的手工作业，也不是将传统的管理方式复制到信息化平台上去。其本质上是档案工作和信息技术的结合，其成功与否也取决于这两者融合效果的优劣，这种融合从概念到实践都是一场深刻的革命，赋予两者崭新的内涵。

一、档案信息化的概念

科学的定义是档案信息化实践的理论基础，有利于全面理解档案信息化的目标和任务，有利于按照信息化的客观规律推进档案事业的科学发展。什么是档案信息化？学界有多种定义，不同的视角会有不同的理解。"档案信息化是指在国家档案行政管理部门的统筹规划和组织下，以档案信息资源建设为核心，以信息人才为依托，以法规、制度、标准为保障，全面应用现代信息技术，不断改革传统的档案管理模式，有效提高档案信息资源收集、管理和提供利用服务水平，加速档案管理现代化的过程"。该定义总结了我国档案信息化的基本经验和基本规律，其内涵如下。

（一）必须由档案行政管理部门统筹规划和组织实施

档案信息化不是单纯的计算机应用，也不是具体的档案业务，而是事关全局和影响深远的复杂的系统工程。需要人才、设备、资金等方面的支持，需要全面、持续、稳步地推进，并需要经历较长的完善过程。因此,档案信息化不能各自为政、分头建设,而必须由各级国家档案行政管理部门建立统一的规划、制度、规范、标准,实行宏观管理和监督指导。同时,需要精心组织实施,在技术平台、网络体系、组织机构、人才队伍、资源建设、基础业务、建设经费等方面提供保障,才能确保这项事业持续有效地开展。

（二）必须以档案信息资源建设为核心

从某种意义上说,档案信息化的核心目标是使档案信息"资源化",即将档案信息转换为真正意义上的档案信息资源。资源化不是简单地将档案信息做数字化处理,也不是简单地将其放到网络上传输,而是应用信息技术,使档案信息媒体多元化、内容有序化、配置集成化、质量最优化、价值最大化,通过档案信息系统的加工处理,确保各种社会信息的真实、完整、有效,便于跨越时空广泛地共享利用,在实现档案信息增值的同时,承担起传承人类记忆的历史使命。

（三）必须建立高素质的档案信息人才队伍

档案信息化是档案专业、信息专业和计算机专业的有机结合,属于技术密集和知识密集型专业。传统的档案干部队伍结构和人员知识结构已经不能完全适应档案信息化日益发展的需要。目前,档案部门缺乏档案专业和信息技术专业的复合型跨界人才,特别是中、高级信息技术专业人才,这已经成为制约档案信息化深入发展的瓶颈。因此,一方面,要引进和培养相关人才;另一方面,要通过建立有效的激励机制,鼓励档案人员学习信息技术知识,提升档案信息化水平。

（四）必须在法规、制度、标准方面建立相应的保障体系

信息技术的应用必然向传统的保障体系提出全面的挑战。只有根据信息技术的特点和应用要求,不断制定和完善档案管理的法规、制度、标准、规范,才能确保档案信息系统的科学建设和有效运行。

（五）必须全面应用现代信息技术

信息技术具有强大的潜能,只有全面、成功地应用才能真正转化为生产力。所谓全面应用,有三层意思:一是与档案工作有关的各个工作部门和人员都要参与应用,而不是仅靠档案业务人员应用;二是应用于档案全过程管理的各项业务,而不是只应用于单项业务;三是引进、消化、吸收各种先进、适用的信息技术,并不断跟踪和应用新兴的信息技术,使信息技术真正成为档案事业发展的不竭动力。

（六）必须改革传统的档案管理模式

传统的档案管理模式建立在手工管理基础上,必然会出现与信息技术应用不相适应或不相匹配的问题。应当不断改革传统的档案管理模式,适应信息技术环境下的新型档案管理模式,而不能消极地让新技术适应传统的档案管理模式,这样才能最大限度地发挥信息技术应用的效能。

（七）必须树立强烈的效益意识

档案信息化不是作秀表演,不能徒有虚名,而要遵循经济规律,力争取得务实的效果。当然,档案信息化很难估量直接的经济效益。但是,在产出效果方面,要努力追求社会效益、

长远效益。要树立大目标，不能满足于一般的省人、省事、省力，而要致力于解决传统档案管理中遇到的收集难、著录难、整理难、保管难、内容检索难、多媒体编研难，以及电子文件的保真、保密、保用等老大难问题，力争提升档案科学化、规范化的管理水平和服务水平，在促进社会改革开放、经济发展、文化繁荣以及法制化、民主化进程中建功立业。

档案信息化的概念是在档案工作与信息技术相结合，档案管理理论研究和实践推进相结合的过程中逐步形成的。档案界曾经有过许多与档案信息化类似或相关的概念，都强调了某些侧面，如"档案管理自动化"，它强调包括微机、微电子、缩微、复印、传真等自动化技术在档案管理中的应用；"计算机辅助档案管理"，它强调应用计算机人机交互、对话的方式，辅助档案管理的各项业务工作；"档案现代化管理"，除了强调档案管理应用计算机技术，实现管理手段的现代化以外，还强调档案管理理念、体制、方法的现代化；"文档一体化管理"，强调运用文件生命周期的理论，从公文和档案管理工作的全局出发，应用计算机技术实现档案的全过程管理和前端控制，提高文档管理的效率和质量。这些与档案信息化相关的概念形成，都是计算机技术及其在档案工作中应用状态、发展水平的标志，既反映了档案信息化理论研究和实践探索的阶段性成果，也反映了我国档案信息文化发展的轨迹。

二、档案信息化历程回眸

我国档案信息化自 20 世纪 80 年代起步以来，经历了从弱到强，从低端到高端，从分散到整合的发展过程，取得了长足的进步。迄今为止，大致可以划分为三个阶段。

（一）探索起步，奠定基础阶段（20 世纪 80 年代）

这一阶段，计算机软硬件技术还处于初级阶段，数字化和网络化从概念到技术还未成熟，也未被认识。此时的档案信息化工作被称为"档案计算机管理""档案管理自动化"或"计算机辅助档案管理"，强调运用计算机技术改善和辅助传统的档案管理。在此期间，档案馆起步较早。20 世纪 70 年代末起，中央档案馆、中国人民解放军档案馆、国家档案局档案科学技术研究所等机构率先购置计算机设备，开始了档案管理自动化课题的研究和实验，至 20 世纪 80 年代中期，全国已有 20 多个档案馆成功开发并运行计算机辅助档案管理系统。随后，企业档案部门对计算机应用热情高、发展快，至 20 世纪 80 年代末，研制出一批计算机辅助档案管理系统、文档一体化管理系统，利用技术创新和管理改革的结合充分发挥计算机应用效益。这些探索应用为我国档案信息化积累了宝贵的档案数据库资源，培养了一批热心于信息技术的业务技术骨干，也推进了档案信息化理论的发展。然而，当时在总体上尚处于探索、起步、奠基的阶段，应用的重点主要是在计算机单机上模拟传统的档案管理方式，辅助传统档案立卷、著录、编目、统计、检索等。多数档案部门尚未采用网络技术，计算机应用虽然在档案部门内部取得较好的效果，但是对外界的影响较小。

我国档案信息化起步较早，发展较快主要得益于：一是微机技术迅猛发展，并在档案部门迅速普及；二是全国开展档案工作恢复整顿和升级达标活动，计算机应用被纳入档案工作升级达标考核指标；三是通过升级达标，各单位普遍建立、健全了档案管理规章制度和规范标准，提高了档案的内在管理质量，为档案信息化奠定了基础。

(二)项目带动,重点突破阶段(20世纪90年代)

20世纪90年代起,微软Windows操作系统伴随着奔腾系列微机技术的加速发展,Office软件系统日益普及,办公自动化技术广泛应用,极大地激发了广大档案工作者应用信息技术的热情和需求。20世纪90年代,随着国家经济信息化战略的启动,电子政务系统的应用催生了大批电子文件;20世纪90年代中后期,国家档案局成立了"电子文件归档研究领导小组",开始对档案信息化建设进行宏观规划。全国档案部门以需求为导向、以项目为带动,研制出一大批各具特色的档案信息系统;积极开展档案科研,成功地应用了光盘、多媒体条形码、数字水印、图像处理等技术;系统建设从单点应用到联网应用,从单项应用到综合应用,从归档后管理到文件的前端控制和全过程管理,从单纯模拟传统管理方式转向改革管理适应计算机技术应用;从对档案实体的管理转向对档案信息的管理;从封闭式应用转向开放式应用,文档一体化管理系统与电子政务、电子商务、企业信息化、办公自动化系统相连接,向着功能综合化、性能成熟化、管理专业化、传播网络化方向发展,计算机技术的应用效益进一步显现。

(三)宏观管理,全面推进阶段(21世纪以来)

进入21世纪,国家档案局加强对档案信息化的宏观管理,并将其纳入国民经济和社会信息化的总体规划。国家档案局、中央档案馆颁发《档案管理软件功能要求暂行规定》,对档案管理软件的开发研制和安装使用进行了严格规范。国家档案局发布了《全国档案信息化建设实施纲要》,对档案信息化建设进行战略布局;颁发国家标准《电子文件归档与管理规范》(GB/T 18894—2002),推动了我国电子文件管理工作的开展。国家档案局第6号令公布了《电子公文归档管理暂行办法》。国家信息化领导小组会议纪要中明确把档案信息化列入国家信息化基础信息库的建设计划。国家档案局印发的《档案事业发展"十一五"规划》中,将"建设较大规模的全国性、系统性、分布式、规范化的档案信息资源库群,建立一批电子文件中心和数字档案馆,实现档案信息资源社会共享"作为总体目标之一。接着国家档案局发布了《数字档案馆建设指南》,为各级档案馆推动馆藏档案资源数字化、增量档案电子化,逐步实现对数字档案信息资源的网络化管理以及分层次多渠道提供档案信息资源利用和社会共享服务提供了参考和依据。《全国档案事业发展"十二五"规划》将"加快数字档案馆及电子文件(档案)备份中心建设,完成国家数字档案馆建设总体规划的编制工作,对电子档案进行安全有效的管理"作为主要目标之一。随后国家档案局发布了《数字档案室建设指南》,推动数字档案室建设的全面开展。

在国家档案局的统一规划和规范指导下,我国档案信息化向纵深发展:档案馆(室)藏档案数字化、电子文件归档管理、电子档案移交进馆、档案目录中心建设、馆藏档案数字化、档案公共网站建设,以及数字档案馆、数字档案室建设等蓬勃开展。以档案馆室联动、馆社(社区)联动、馆际联动为标志的集成化数字档案馆和数字档案室系统相继建立,各自为政、分头建设的应用局面有所改变。在档案信息资源整合的基础上,档案信息共享范围有所扩大,数字档案信息资源的安全控制能力和有效服务能力进一步增强,通过档案信息化和社会信息化同步推进,促进了档案事业和社会各项事业的联动发展。

这一阶段的档案信息化建设具有以下特点和成功经验：一是突出了归档电子文件管理，并延伸到多媒体档案和电子文件的内容管理。二是充分借助局域网、政务网和互联网平台实现各级档案部门以及文件形成部门的互联互通、数据交换和共享，形成区域性的档案信息资源库。三是信息来源大大拓展，可以利用各种技术手段，实现有价值的档案信息资源（包括实体和电子）的采集和接收，既解决了原业务流程以单一传统载体为管理对象的局面，也大大丰富了档案信息资源库。四是服务水平显著提升，通过对档案信息资源的深度挖掘，提炼出不同角度和不同用途的信息资源，通过不同途径面向不同用户提供全方位、多角度、深层次的档案信息服务。五是数字档案馆（室）建设如火如荼，如深圳市、青岛市率先启动数字档案馆建设；上海市通过数字档案馆建设实现民生档案远程协同服务，建立"馆室、馆社、馆际"三联动机制；北京市档案馆实行可公开档案的大规模数字化工作及推进面向社会的服务。六是逐步建立和完善了档案信息化的宏观管理体系，国家层面的档案信息化纲要、制度、规范、标准相继颁发，其他档案工作规划、制度、规范、标准也都融入了有关档案信息化的要求。

三、档案信息化的意义

档案信息化建设无论对于档案事业自身发展，还是社会信息化发展都具有十分重要的现实意义和深远的历史意义。

（一）是社会信息化建设的客观要求

人类已经进入崭新的信息社会。信息化已经成为衡量一个国家、地区、企业或专业综合实力的重要标志，各行各业都在贯彻实施信息化战略。档案事业发展也必须主动适应时代潮流，搭上信息化快车，加快现代化步伐。

社会信息化包括政府、企业、家庭、社会保障体系信息化四大领域。这四个信息化都离不开档案信息化，因为这些领域的信息化已经或正在形成浩瀚的电子文件，这些新型文件打破了纸质媒体一统天下的局面，使信息的存储媒体、传播媒体、表现媒体呈现多元化发展态势。新媒体与传统媒体相融合，深入社会生活的各个领域，深刻地改变着人类的生存环境和生活方式，并留下精彩纷呈的数字记忆。这些记忆是社会的宝贵财富，迫切需要实行档案化管理，即采用信息技术手段进行收集、整合、保管和共享利用，以提高其整合度，延长其价值链，保障社会的全面、协调、可持续发展。因此，档案信息化是时代和社会信息化发展的客观需要。

（二）是档案工作现代化的必由之路

档案工作现代化是指用科学的思想、组织、方法和手段，对档案工作进行有效管理，使之获得最佳的工作效率、经济效益和社会效益的过程。信息化与档案工作的结合，不仅能减轻手工劳动，提高工作效率，而且能全面优化档案工作的各个要素，全面提升档案管理水平。

1."化"观念

信息化是一个充满生机和活力的领域，也是公开、公平的人类活动平台。信息技术的应用，可以使档案工作者不断破除封闭、狭隘、守旧、畏难的落后观念，激发起开拓、开放、效益、效率、服务等先进意识,弘扬追求理想、崇尚科技、奋力改革、务实创新、图存图强、团队作业的精神风貌,营造尊重知识、尊重人才、鼓励创新的社会氛围,为档案事业的持续发展赋予强大的正能量。

2."化"资源

档案信息资源是管档之基,用档之源。按照档案信息化的要求,需要将电子档案收起来,将存量纸质档案数字化做起来,将档案信息资源总库建起来。做好这些工作,就能逐步解决目前馆藏档案中存在的载体单一、门类不全、存储无序、利用不便等难题,显著增强档案资源的丰裕度、适用度、有序度、集成度、可靠度,使档案管理从实体管理转变为内容信息管理,再转变为知识管理,更好地满足社会大众不断增长的档案信息利用需求。

3."化"管理

信息技术的应用,会暴露出传统管理模式的弊端,向传统管理模式提出挑战,从而促使档案管理部门加快建立与信息技术应用相适应的档案管理原则、体制、机制、规范和考核体系,加强档案收、管、用等各项基础工作,以保障档案信息化的顺利实施和建设成效。信息化管理水平越高,对改革传统管理观念和模式的要求也越高。因此,档案信息化的推进必将全面、持续地提升档案管理的现代化水平。

4."化"技术

先进和适用的技术永远是档案信息化发展的强大动力。然而,先进和适用有时会产生矛盾,只有进行档案信息化实践,才能使技术的先进性和适用性取得统一,产生效益;才能持续激励档案工作者关注、引进、吸收新兴的信息技术。事实证明,档案信息化一方面能促使先进的信息技术与档案管理有机结合,对档案和档案工作产生带动和增值作用;另一方面也会使信息技术在档案需求的导向下日臻完善,促进信息产业的发展。

5."化"队伍

信息化是技术密集型、知识密集型的事业,档案信息化对高素质人才具有依赖性。一方面促使我们去选拔和培养人才,更新档案人才队伍的专业结构和知识结构,并合理地组织和使用人才,最大限度地调动人才的积极性;另一方面档案信息化的理论研究和实践锻炼,又为人才的培养和能力的发挥提供了机会和舞台,使越来越多热衷于、尽心于、擅长于信息技术的档案人才脱颖而出,创新创业。

(三)是提高档案服务水平的必然选择

在传统的管理方式中,档案人员借助简单工具,通过手工方式对档案实体进行收、管、用。其局限性在于:只能通过档案实体(如文件、案卷、卷盒)的整理、存放、调用和传递,管理和利用档案的内容;用户利用档案,只能实时(上班时间)、实地(在阅览室)调用档案实体(案卷)进行查阅;档案信息难以脱离档案实体,不能灵活、高效地跨越时空、广泛共享。信息化时代的档案利用可以突破原有档案利用的局限,提高档案信息资源利用效率。

1.直接查阅内容

电子档案信息内容和实体的可分离性,使我们可直接对档案信息内容进行灵活地分类、排序和组合,利用计算机检索途径多、能力强的优势,快速查找;同时,还能实现对档案信息内容的全文检索。

2. 提供多媒体信息

可以采用多媒体技术，提供声情图文并茂的多媒体档案信息，真正做到让记忆说话，让记忆显影，生动逼真地还原历史。

3. 跨越时空障碍

档案信息化系统可以借助互联网，将任何档案信息在任何时间传递到任何地点的任何人手中，彻底打破了档案信息传递的时空障碍，实现"全天候"服务。

4. 实现联动服务

通过网络将档案服务的主体，包括档案馆、档案室、社区事务受理服务中心的档案资源连成整体，通过数据集成的手段，在馆室联动、馆社联动、馆际联动的基础上，实现档案信息的"一站式""一口式"或"一门式"服务，联动服务在民生档案服务中特别有效。

5. 服务的多样性

信息技术，特别是网络技术的应用，极大地拓宽了服务主体、服务对象、服务手段、服务形式和服务媒体，如网站查询服务、电话咨询服务、微博微信服务、个性化推送服务、主题展览服务等，使服务真正做到以用户为中心、以需求为导向，进一步改善档案部门的服务形象。

第三节 档案信息化的战略和任务

档案信息化不是一般意义上的档案工作，而是档案事业发展的战略性举措，即关于档案事业发展的全局性、长远性谋划。战略思维是大智慧，战略谋划是大手笔，只有战略正确、任务明确，才能保障档案信息化既好又快地发展。

一、档案信息化发展战略

档案信息化的标志性发展战略是21世纪初国家档案局颁发的《全国档案信息化建设实施纲要》，该纲要不但明确了"十五"期间全国档案信息化建设的指导思想、建设目标和主要任务，也为今后制定发展战略奠定了基础。21世纪初期的《档案事业发展"十一五"规划》中再次将档案信息化建设作为主要任务之一，提出加大管理力度，全面整合各类档案资源，促进档案信息资源总量增加，质量提高，结构优化；加强多形式、多层次共享平台建设，推进服务机制创新，促进档案信息资源的公开、共享和再利用，全面提升档案信息资源开发利用水平和能力；加快优化档案信息资源开发利用工作的保障环境，建立长效发展机制。21世纪10年代的《全国档案事业发展"十二五"规划》强调要加强档案信息化基础设施建设、加强电子文件管理和数字档案馆建设、加强数字档案资源建设、加强档案信息服务建设等。在全国档案信息化战略的指导下，各省市均将档案信息化建设纳入本地区档案事业发展规划和社会信息化发展规划。

档案信息化的战略实施，即发展策略主要有以下几个方面。

(一)制定国家档案信息化发展专项规划

档案信息化建设作为国家档案事业发展的有机组成部分,在国家档案"三个体系"建设中举足轻重,其发展水平直接制约着"三个体系"建设效果。在科学制定国家档案事业发展规划的基础上,须同步配套制定《国家档案信息化发展规划》和《国家档案信息化中长期发展计划》作为专项规划,其目的是为了总结过去的经验教训,解决现有档案信息化建设中存在的短视行为、重复建设、无序状况,确保档案信息化建设协调有序地向广度和深度推进。国家档案信息化发展专项规划要研究档案信息化建设的战略定位和目标,明确实施阶段、落实任务完成的配套保障措施,做好与档案事业发展规划和国家信息化建设规划的相互衔接,把档案信息化建设的重大战略、重点项目、改革试点和政策要求纳入国家和各行业、各层面规划,并把解决档案信息化建设中突出矛盾的措施落实到具体的项目上,分清责任。

(二)加快档案信息化法规与标准体系建设

档案信息化工作要强化顶层设计的理念,加强立法、完善标准规范体系,使档案信息化工作有法可依,有章可循。档案工作肩负保存社会记忆的历史使命,在电子文件成为社会各项活动记忆的今天,需要从法律层面明确档案信息化的地位、作用与要求,明确电子文件(档案)的定义、属性、法律证据效力、体制机制、工作原则、管理内容和要求、机构及职责、权利和义务、归属和流向,解决电子文件(档案)的凭证作用不明确、电子文件的归档要求不统一、电子文件(档案)的利用及管理中存在各种风险等难点问题。与档案信息化"入法"相配套的是建立和完善档案信息化标准规范体系,包括基础标准、管理标准、业务标准、技术规范和专项标准等,使档案信息化成为技术标准清楚、质量要求准确、可操作性强的建设项目。

(三)加快"三个体系"建设

"三个体系"是指"建立健全覆盖人民群众的档案资源体系、方便人民群众的档案利用体系、确保档案安全保密的档案安全体系"。三者是相互联系、相互作用、相互影响的。其中,档案资源体系是基础,是根本;档案安全体系是保障,是为档案资源体系和档案利用体系服务的;档案利用体系是目的,是归宿,是档案事业发展的效益工程。"三个体系"建设既与档案信息化密切相关,又为档案信息化发展指明了方向。

档案资源体系建设是档案信息化的核心内容。针对国内档案信息资源建设发展不同步、标准不统一、信息"孤岛"依然存在的现象,应加大建设力度,初步形成完整配套的档案信息资源体系。在加快传统档案数字化步伐的同时,加大对新生电子文件规范化的监督和控制,建立电子文件归档及电子档案接收应用系统,推进电子文件归档和电子档案的接收、保管与利用,逐步建设全国性可共享的档案目录数据库、纸质档案全文数据库、电子档案数据库和多媒体档案数据库;加大档案信息资源的整合,一方面加强各部门档案信息资源的纵向整合,另一方面加大与其他相关信息系统之间的横向整合,实现档案信息资源的共建共享。

档案利用体系建设是档案信息化的服务方向。通过建立档案信息共享通道和服务平台,拓展档案信息服务社会的渠道,强化档案信息资源共享机制,逐步减少"信息孤岛",加快档案信息资源的开发利用,挖掘档案信息利用服务的社会效益和经济效益,建立高效、优质、快捷的新型档案利用服务体系。

档案安全体系建设是档案信息化的重大课题。档案部门必须始终坚持把档案信息安全与档案实体安全放在同等重要的位置，通过提高认识，强化管理，采用先进技术和各种有效措施保障档案信息安全，确保数字档案和电子档案内容真实、长久可读和有效利用。

（四）加强档案信息化的理论体系研究

档案信息化建设发展至今，已到了强烈呼唤先进理论的时候，这种现象是由信息化建设"技术引领需求"的特有规律所决定的。档案信息化建设之初，大家都尝试将传统档案管理基本理论运用到信息建设实践中。随着实践不断深入、范围不断扩大，目前档案信息化建设遇到了"瓶颈"，在一定程度上是由于缺乏相应的理论指导，导致法规不健全、标准不配套、研究方向不明确、管理对象不明晰等问题出现。数字档案馆、电子文件中心、档案信息服务体系、档案信息利用体系、档案信息安全保障等档案信息化建设中的热点、难点问题，也需要基础理论来支撑。档案信息化理论研究要立足于档案工作实践、行业特点、专业特色探索档案信息化发展规律，构建系统的、具有中国特色的档案信息化理论体系，引领、指导档案信息化工作。

（五）推进档案信息化成果共享与交流

应本着成果资源共享的原则，有效整合政府、院校、企业的智力资源，积极吸纳和采用具有全国推广价值的档案信息化技术研究成果，减少项目重复建设，节约国家投资。国家应对已经实施档案信息化建设的单位加强经验总结和理论研究，搭建一个交流平台，把取得的成果在档案业界进行推广和共享。另外，在具体项目建设过程中，要立足实践应用，合作攻关，充分吸纳先进信息技术的成果，优化建设中的各种技术方案和各种技术选型要求，解决具体的关键技术应用问题，注重使用标准规范的研究成果，引导市场，重点培育精通档案信息化建设业务的IT企业。

（六）探索档案信息化建设评估体系

档案信息化建设是一项系统工程，涉及的范围很广，它几乎涵盖了档案业务建设的所有内容。在档案信息化建设过程中若要确保建设质量，弄清建设中的短板或缺项，就需要对档案信息化建设实施评估。评估作为一种控制手段，需要建立一套科学、合理、可行的评估体系，该体系需要从系统论的角度考虑，全面分析评估体系的各个构成要素，合理设置评估指标，综合考量档案信息化建设成效，尤其是最后的评价结论要成为推进和改进档案信息化建设的重要参考依据。

二、档案信息化建设的主要任务

21世纪初，国家档案局颁发的《全国档案信息化建设实施纲要》将档案信息化建设任务归纳为以下六项内容。

（一）档案信息化基础设施建设

基础设施是档案信息资源收集、管理、开发利用的物质基础和技术条件，主要包括计算机和网络的软硬件系统、数据库管理系统、网络系统以及计算机用房设施等。基础设施应当从先进性和适用性相统一的原则出发，按照档案信息化建设的规划和应用系统建设的实际需求,进行采购、配置和安装。目前,全国尚无统一的档案信息化基础设施建设规划,强调将档案信息化基础设施建设纳入本地区、本行业、本单位信息化发展总体规划,与电子政务、电子商务、办公自动化等基础设施共同建设,形成统一的系统平台和设备环境,以便获得必要的资金、技术支持,相互协调发展。

(二)档案信息资源建设

档案信息资源是国民经济和社会发展的战略资源,档案信息资源建设的任务包括三个方面:一是开展档案目录和全文信息资源总库建设,满足机读目录检索和共享利用的需要;二是加快馆(室)藏档案的数字化工作,加强对珍贵档案的保护,满足档案内容网络查询利用的社会需求;三是加强电子文件归档和电子档案移交进馆,将具有档案价值的电子文件收集好、管理好和利用好。档案信息资源建设应当与数字档案馆、数字档案室,以及社会公共信息库、所属单位管理信息库的建设相结合,充分实现资源的无障碍传输、互联互通和共享利用。

(三)档案管理应用系统建设

档案管理应用系统建设是信息技术与档案工作需求相结合的产物,是实现档案信息化实用价值的关键环节。其主要任务包括:研制开发和推广应用相对统一、符合规范的档案管理软件,包括电子文件归档管理,数字档案馆、数字档案室、档案行政管理等软件;推进档案信息化与电子政务、电子商务、办公自动化的同步发展;建设档案网站,并与本地区、本系统各级各类档案门户网站建立链接;运用档案管理系统开展档案管理各项业务,并做好应用系统的维护。

(四)档案信息化标准规范建设

标准规范化是档案信息化建设的重要基础,要在充分调研的基础上,根据国际标准和通用规范,逐步推出适合我国国情的档案信息化标准规范。档案信息化标准规范体系包括管理型、业务型和技术型三种,其内容包括电子文件归档和电子档案管理,档案信息资源的标识、描述、加工、存储、查询、传输、转换、管理和使用等,逐步形成具有中国特色的档案信息化的标准规范体系。形成的标准规范体系应与信息源(档案生成者)、信息用户(档案利用者)的标准规范体系兼容,使分散的档案机构、档案信息系统、档案资源库集成为有机的整体,真正在跨地区、跨行业、跨层次、跨部门的广阔空间内最大限度地实现档案信息资源的广泛共享。

(五)档案信息化人才队伍建设

坚持以人为本,始终把培养人才、建设队伍、提高人的素质放在第一位。将信息技术基础知识培训列入档案干部培训教学计划;加强档案信息化建设相关技术、技能培训课程与教材的建设;加强对档案业务人员实用技术的操作培训;更新档案人才队伍的知识结构,在内部培养人才的同时,吸纳社会信息技术人才力量,形成开放式的人才队伍,形成尊重知识、尊重人才、鼓励创新、人尽其才的良好工作氛围,营造优秀人才脱颖而出、健康成长、才尽其用的政策环境。

(六)档案信息安全保障体系建设

档案信息化安全责任重于泰山。档案信息安全保障体系建设包括:建立档案信息安全保障组织体系;健全档案信息安全管理的法规制度;加强档案管理应用系统的安全管理;采取管理和技术手段确保档案信息网络传输的安全;加强对档案信息安全的行政监管和业务指导;加强档案人员的安全教育等。

第七章　档案信息化的实施策略

第一节　档案信息化的措施

一、档案信息化建设的目标

　　档案信息化的建设目标是根据国家对档案信息化建设的基本要求,在国家宏观政策指导下建立起来的,它主要包括以下几方面的内容:按照电子政务总体建设的要求,实施电子档案工程;依托局域网、公务网和因特网,推进档案数据库建设和办公自动化建设;推进档案事业持续、快速、健康的发展,力争使我国档案信息化建设总体水平接近国外先进档案馆水平。

　　(一)实现档案资源的整体规划和综合利用

　　档案管理部门应在"加强统筹规划,促进综合利用,避免盲目发展"的思想指导下,制定档案信息化的整体规划,最大限度的实现档案资源的综合利用。按照"统一、通用、科学、标准、共享"的原则要求,积极推进应用先进的计算机管理软件;按照国家电子政务的基本要求,加强档案计算机管理系统和办公自动化管理系统的衔接和融合,广泛应用文档一体化管理系统;进一步健全档案网站,不断丰富网站内容,有计划的开放数据库,提供网上查询和利用服务,并逐步增加交互式的网上办事功能;加快使用率高的专题数据库建设,不断增加档案信息资源的数量,加快查阅率相对较高的专题数据库建设,不断扩大数据来源和规模,最大限度的实现档案资源的综合利用。

　　(二)实现档案信息资源的社会共享

　　档案信息资源作为社会信息的基础资源,已经成为衡量档案馆综合实力的一个重要标志,也是档案馆融入社会,提供公共服务的"资本"。如果把档案网络环境比作道路交通设施,把档案馆计算机软硬件当作交通工具,档案信息资源就好比亟待流通的"货物",因此档案资源建设是档案信息化建设的核心,它包括各种载体的档案资料,特别是电子档案的收集,档案馆馆藏资料的数字化和档案信息资源共享体系的建设。它主要包括以下三方面的内容。

　　1.电子档案的归档

　　随着电子政务的不断发展,大量的电子档案和电子目录是今后档案信息的主要增长点,同时也是档案信息资源建设的源头之一。从档案信息化建设的长远考虑,各级档案管理部门必须加强对电子档案的归档、保管、利用的技术手段的管理,制定电子档案接收标准的管理制度,可根据实际情况,实行纸制档案和电子档案"双轨制"的接收模式,并依托局域网构建电子档案的网上接收平台,开展电子档案目录和电子档案的全文接收,达到省时快捷的建档效果。电子档案目录的建立方便了档案的检索和查找,加速了档案的周转,提高了档案的利用率。

2. 电子档案的数字化管理

传统的档案管理体制下档案多以纸制档案为主,为了适应信息化建设的需要,实现档案信息资源的社会共享,就需要对纸制的档案进行数字化转换。档案信息的数字化包括两方面的内容,即档案目录信息的数字化和档案全文信息的数字化。档案目录的数字化包括全宗级目录、案卷级目录和文件级目录,各级档案馆必须在加快档案著录速度、严格规范著录标引的前提下,建设覆盖馆藏档案的全宗级目录和案卷级目录数据库,一些重要的档案将逐步实现文件级目录的机检,有条件的档案馆可实现全部文件级目录机检。档案全文信息的数字化,应围绕利用需求,以建立高质量的数据库为目标,积极地加以推进。通常是一般的馆藏照片、音视频档案,应全部数字化,一些重要的全宗档案、利用率高的馆藏资料和专题文件,应逐步进行全文数字化,一些条件比较好的档案馆,可建立多媒体全文数据库,形成档案全文数据中心,这样不但方便了电子文档的检索,也满足了电子文件实现社会共享的需要。

3. 电子档案共享平台的建设

网络环境下的档案信息资源建设,不仅包括自身馆藏的信息资源,还包括馆藏以外的档案信息资源。这种可供双向利用信息资源的实现模式就是建设档案目录中心。档案目录建设的实质是网络环境下各种档案信息资源的"虚拟整合",以实现更大范围内的资源共享。各级档案馆应有计划地建设本系统的档案目录中心和目录分数据库,并通过公务网与主数据库连接,整合各种利用率较高的专题档案目录,建立机读目录的逐年搜集和送交机制。

(三)加强电子档案的安全保障体系建设

随着档案信息化建设的不断发展,档案信息化的安全问题显得越来越重要。国家对信息化的安全问题极为重视。档案信息的安全保障体系建设主要包括以下几方面的内容。

1. 建立保证安全的法规制度

尽管我国已经颁布了一系列的安全管理法规,但还缺少国家级的统领全局的信息安全制度。在有法可依的情况下,档案管理机构本身还必须根据国家相关的法律、法规、规章制度制定符合本单位实际的安全保密制度,比如安全等级保密、电子文件管理、违章操作审计查处等,把对信息安全的威胁降到最低。

2. 档案信息的安全管理

在电子文件的形成、处理、归档、保管使用的过程中,档案信息都有被更改、丢失的可能性,即使拥有完善的信息安全技术,也需要有相应的管理措施来保证其得以实施。为此制定安全的管理制度对于维护档案信息的安全就显得十分重要。

(1)建立科学的归档制度

归档时应对电子文件进行全面、认真的检查。在内容方面检查电子文件是否完整、真实可靠,相应的机读目录、应用软件以及其他相关的内容是否一同归档,归档的电子文件是否是最终的稿件,CAD电子文件是否反映产品定型技术状态的版本或本阶段产品技术状态的最终版本,电子文件与其他纸制的文件的内容是否一致,软件产品的源程序与文本是否一致等。在技术方面应严把质量关,严格检查电子文件是否有病毒存在,确保信息的准确性。

(2)建立严格的保管制度

所有归档的电子文件都必须进行保护处理,使之处于安全的状态。在对电子文件进行处理或对电子文件实行格式转换时,要特别注意转换过程中的信息失真。另外还必须对电子文件进行定期的有效性、安全性的检查,发现信息或载体有损伤时,及时采取维护措施,进行修复或拷贝。

(3)建立电子文件管理的记录系统

电子文件形成后因载体转换和格式转换而不断改变自身的存在形式,如果没有相关的信息可以证明文件的内容没有发生任何变化,人们是无法确认它的真实性的,因此应该为每一份文件建立必要的记录,记载文件的管理内容情况,确保信息的准确可靠。

3.维护公共设施的安全

随着电子档案信息应用范围的不断扩大,数字档案信息的安全工作也日益重要。目前威胁数字档案信息物理安全的因素主要有:机房、办公室管理不严,人员随意出入;对电脑文件、数据、资料缺乏有序的保存管理;工作人员对技术防范手段、设备认识不足,缺乏了解,操作不当,造成设备损坏,内部网、电脑办公网与因特网混用。

二、档案信息化建设的内容

档案信息化建设是一项庞大的系统工程,它的最终目标是实现档案信息资源的共享,为了避免各地信息化建设各自为政,国家有必要制定与信息化建设配套的规划标准以及相应的法律法规,来保证信息化建设的正常进行。

(一)档案信息化的规范化建设

标准规范化是实施档案信息化建设的重要内容之一,在档案资源的收集过程中,资源的存在形式是多种多样的,社会对信息资源的需求形式也是多种多样并在不断地发生变化的,因此没有标准化的规范体系,数字资源很难保证其内容的长期保存、有效的操作、数据交换、永久性的保管,更难以实现信息资源的社会共享。

长期以来我国档案信息化系统建设层次标准不一,各种标准的规范性、标准性、共享性较差,还不能完全适应档案信息化建设共享的社会需求。从信息化建设的科学性要求和解决长期以来信息化建设中存在的各自为政、相互封闭、重复建设的问题出发,在档案信息化建设中必须总体规划,制定统一的规范化标准,这是做好信息化建设的最基本的工作,也是必须做好的首要工作。

所谓标准,是对重复性的事物和概念所做的统一规定。它以科学技术和实践经验的综合成果为基础,经有关方面协商,由主管机构批准,以特定形式发布,作为共同遵守的准则和依据。所谓标准化是指在经济、技术、科学及管理等社会实践中,对重复性的事物和概念,通过制定、发布和实施标准,达到统一,以获得最佳之需和社会效益。

档案信息化的最终目的是实现档案资源的社会共享。档案信息化体系建设是以档案信息资源库建设为核心,以信息技术的应用为手段,以网络建设为基础的系统工程。档案信息资源体系建设涉及各种数据、网络建设和应用体系开发等各方面,档案信息标准是档案信息资源共享体系建设的重要保障。

标准统一是实现网络信息互通、信息资源共享的前提条件。标准规范体系包括管理、业务、技术三个方面。管理性的标准规范包括计算机安全法规与标准,工作人员、用户及设备管理规范,利用管理规定数字档案信息资源合法性的确认等。业务性标准规范包括术语标准以及相关电子文件和电子档案管理的标准、规范。技术性的标准规范可分为硬件、软件、数据标准等三个方面。硬件包括计算机、网络服务器、网络通信等电子设备;软件包括系统软件和应用软件;数据标准是确保档案的通用、共享与交换,确保在软、硬件环境变化时档案数据的完整、安全与有效。

(二)档案信息资源的建设

信息资源的开发利用是信息化的核心工作,是信息化工作取得实效的关键。目前我国信息资源在开发利用中还存在许多问题,如信息资源的开发不足,利用效率不高,基础设施和应用系统落后,政务信息公开滞后,跨部门信息共享困难等,所有这些严重制约了我国档案信息化建设的发展。档案的信息化建设要想在信息化的社会中求得生存和发展,就必须把档案管理融入到信息化的网络环境中,才能提高档案的利用率,提升档案自身的利用价值。

1.档案信息资源的主要内容

一是接收的电子文件档案,对电子文件的接收和管理是档案信息资源建设的重要内容。二是馆藏档案,是目前最主要的信息资源来源,是目前档案信息化建设的重点工作。三是网络信息资源的获取,档案信息化建设是我国信息化建设的组成部分,所以它的发展不可能离开整个社会信息化的大环境,档案信息化建设要想不断得到发展,就必须扩展自己的工作思路和范围,这样才能给信息化建设以更大的发展空间。四是其他资源的获取,档案信息资源还包括信息人员、信息技术、信息系统等。

2.档案信息资源建设的构成体系

一是数字化处理前的准备,档案信息从数字化处理角度可以分为符号信息、静态视频信息、动态视频信息和音频信息。每一种信息都有不同的处理方式,因此要对不同的信息制定不同的处理方案,最大限度地将档案实体上的信息保留下来。因此档案信息数字化前的准备工作,对数字化档案信息的质量起着十分重要的作用。二是数字化处理子系统。这一部分是整个系统的核心部分,它利用各种设备系统对不同类型的档案信息分别进行处理,然后进入数据库,进行必要的组织和管理。它包括:①电子文件的处理系统,包括对电子文件的接收和实行统一规范的管理以及提供网上查询利用服务;②数据存储子系统,可以按不同类型存储在各类数据库和文件系统中;③档案馆藏数字化处理系统,它是对非数字化的档案,采取不同的方法进行数字处理,成为统一的数字化档案信息。

(三)档案信息资源数据库的建设

档案信息资源数据库是档案信息化建设的核心部分,档案信息的数字化、网络化工作都要围绕着数据库建设进行,其工作结果都要存储在数据库中,数据的质量对于数据库的质量起着实质性的作用,其建设要以国际、国家标准为依据,为此必须做到数据的准确性,要保证存储的数据规范、准确。数据准确是对档案数据的最基本的要求,数据的规范要求档案数据库的数据著录项目符合规范要求,对于目录数据库的建设要依照事先确定好的著录标准进行数据库建设。同时还要做到数据的有效性,要采用通用的文件格式标准记录档案数据,特别是对一些图形、图像、声音等全文信息,要采用标准和通用格式进行记录,降低未来有可能进行的数据存储格式转换和数据迁移的成本,杜绝馆藏数据无法读出的情况的发生。最后是数据的稳定性,档案建设重要的数据库结构、数据著录标准确立后,不能轻易变更,以维护系统的稳定和数据规范的连续性。

三、档案信息化建设的任务

(一)档案信息数据库建设

档案信息化建设的指导思想,是以档案信息资源建设为核心,档案信息资源建设的最重要体现,便是档案信息数据库。它既集中了档案信息的精华,又是社会利用档案信息的最主要源泉,理应成为档案信息化建设中的主要任务。

1. 档案信息数据库的性能指标

(1)收录数据的准确性

数据库中收录的数据是否准确可靠,关系到档案检索系统的检索效率的高低。数据的任何差错,如字符的不一致、格式的不统一、拼写的错误等,都会对计算机检索产生影响,尤其在数据型数据库中,数据的不准确往往会造成严重的后果,可能降低信息系统在用户心中的可信度,会使用户对信息的准确性产生怀疑。

(2)数据记录的完整性

数据记录的完整性是评价数据库质量的首要指标。数据库覆盖面的大小,收录数据的完备程度,关系到它是否能全面满足用户的检索需求,这是取信于用户的基本前提。

(3)信息内容的丰富性

信息内容的丰富程度是揭示信息特征的重要指标。如对一份档案著录项目的翔实程度、有无摘要、外文、标引深度的大小。数据库的内容越充实就越有助于用户判断档案的价值及其切题程度,从而帮助用户准确、快速地找到所需的信息。

(4)数据库的及时性

数据库的及时性主要指一份档案从形成到纳入数据库之间的时差。如果用户先看到原始档案,然后再从数据库中检索到所需的信息,就会认为数据库提供的数据不及时,数据库的及时性对于现实效益较强的科技档案尤其重要,数据库的时差越短,其价值就越大。

(5)数据库的成本效益

建立数据库需要花费大量的人力物力,因此经济成本是衡量与选择数据库类型的重要指标,应尽可能用最低的成本获得最大的效益。计算数据库成本的指标包括每个字段、每条记录的平均费用,每次检索、每次命中记录的平均费用等。

2. 档案信息数据库的组成和功能

数据库、数据库管理系统和数据库系统这几个概念常常混淆，其实它们是三个不同的概念。通常人们所说的数据库，是指数据库系统。一个数据库系统是一个实际可行的，按照数据库方式存储、维护和向应用程序提供数据或信息支持的系统。它是存储介质、处理对象和管理系统的集合体，通常由数据库、硬件、数据库管理系统和数据库管理几部分组成。对于档案库来说，还应包括档案信息数据。

数据库就是存储信息的仓库。这些数据被存储到计算机中，使人们能快速方便地对数据库进行查询、修改，并按一定的格式输出，从而达到管理和使用这些数据库的目的。硬件机制存储数据库和运行数据库管理系统的硬件资源，包括物理存储数据库的系统和其他外部设备等。数据库管理系统是负责数据库的存取、维护和管理的软件系统。数据库系统各类用户对数据库的各种操作请求，都是由 DBMS 来完成的，它是数据库系统的核心软件。

数据库系统克服了以前数据管理方式的缺点，试图提供一种完美的更高层次的数据管理方式。它的指导思想是对所用的数据实行统一、集中、独立的管理，是数据存储独立于数据存储的程序，实现数据共享。数据库系统管理方式具有数据共享、数据结构化、数据独立性、统一数据控制功能等特点。

3. 档案信息数据库的构成

档案信息数据库中的各类档案数据，不仅包含馆藏档案的各类信息，如纸制文献、照片和音频、视频资料等，还包括政府的公开信息，从而使档案管理资源库通过计算机通信网络连接成为大规模的知识群库。离开了这些数字化信息的资源库，档案馆信息化建设就成了无源之水，无本之木。档案数据库存在的档案信息种类繁多，既有案卷级目录信息和文件级目录信息，又有全文信息数据，还有专题目录数据和视频目录数据等。不同类型的档案数据库的应用，往往和不同类型的应用软件相配套使用。目前档案信息数据库的建设主要包括以下几个方面。

(1) 档案全文信息数据库建设

档案全文信息数据库是最实用也是最受社会不同层次利用者欢迎的数据，因为这些全文信息通过网络环境，有可能使各方面的利用者不受空间的限制，利用方便快捷。建立全文信息数据库关键是档案文献数字化的前处理工作。

(2) 档案文件级目录建设

档案文件级目录一般包括重要文件级目录和案卷文件级目录。档案文件级目录建设至少具有两项优点：一是有利于用户对有关档案文献做更深度地检索和查阅，使查找更具有专指性；二是有利于与档案全文信息数字化开展相匹配。由于文件级目录建设耗时耗力，一般以馆藏重点全宗档案为对象。

(3) 档案案卷级目录建设

案卷级目录是档案资源建设最基础的数据。在档案信息化的建设中，档案案卷级目录应涵盖档案馆全部馆藏，必须达到馆藏要求，其内容包括馆藏各个时期和各种载体档案的目录。

(4)照片档案目录建设

照片档案目录是最受重视的专题档案目录之一。它有三个特点:一是著录项目多,与普通纸制文件相比,照片档案的著录项目更为齐全,因而其揭示的信息特征更多。二是照片目录与数字化或图片文件数据相关联使用。照片档案目录建设的关键是每条目录数据著录项目的完备性。三是分类标准独特,与普通纸制档案相比,照片档案的分类更切合档案馆藏的实际,使用者更易接受。

(5)专题档案目录建设

专题档案目录是目前最热门的电子档案检索工具之一,是以真正提供利用为目的、方便利用者的检索工具。积聚了馆藏中有关档案专题的所有案卷级目录和文件级目录,这些目录包括全宗的目录集合体。专题的内涵包括档案内容、档案文本或档案载体等。专题档案目录建设的关键是对有关专题的选择和确定,需兼顾馆藏特色和社会利用需求。

(二)数字档案的收集

数字档案馆主要收集各个立档单位的电子文件以及各立档单位经过数字化处理后的传统档案,是档案馆数字档案信息的重要来源。

1. 电子文件的收集

电子文件和纸质文件的生成背景和发挥作用的不同,造成其收集方法和要求也不相同。如"无纸化"的电子文件,不仅要收集积累,更要有严格的安全措施,因此可制作成拷贝,以免电子文件系统发生意外使文件信息丢失;起辅助作用或正式作用的电子文件,应及时收集与整理,并与其相应的纸制文件之间建立标识关系;草稿文件一般不予保留,如果出于对所保留电子文件重要性的考虑,则应对其进行收集和积累。

在进行电子文件的收集时我们应具体问题具体分析,不能用同一种收集方式。因不同信息的电子文件,由于其技术特性不同,存储载体和记录信息的标准、压缩算法也不同,所以应分别采取措施保证其原始性、真实性、完整性。另外与纸制文件不同,电子文件的读取、还原,离不开其生成的软硬件环境和元数据等,所以电子文件的收集、积累还必须包括这些内容。

电子文件的类型多种多样。按形成电子文件的性质分,有文本文件、图形文件、图像文件等;按电子文件的功能分,有各种公文、文本文件、设计文件、研究试验文件等。对电子文件的收集、积累应包括归档范围内所用的电子文件,对未列入收集归档范围的电子文件,有的也要收集,因此尤其需要对一些项目作补充归档或扩大归档。因此归档人员需要了解一些未列入接收电子文件的形成、承办情况,有的要及时主动收集。特别是对个人电子计算机产生的电子文件的收集工作,实践性很强,错过时机,电子文件就有失散、损毁的可能。

2. 电子文件归档的具体形式和要求

电子文件归档的形式概括起来主要有三种:即物理归档、文本转换归档和逻辑归档。

物理归档是将带有规定标志的电子文件集中拷贝到耐久性能好的磁、光记录介质上,一式三套:一套封存保管,一套供查阅使用,一套异地保存。这种归档方式缓解了紧张的存储空间,并且延长了数字化电子文件的寿命。拷贝归档,常常采取压缩归档和备份系统归档手段。压缩归档即采取数据压缩工具，对电子计算机网络上应归档的文件，经过一段时间积累后进行压缩操作，录入到磁、光记录介质上。这种方法往往对将来的电子档案管理有利。备份系统归档，即在电子计算机网络环境下，将归档的电子文件在网上进行一次备份操作，就可将归档的电子文件记录在磁、光记录介质上。为保证电子文件的真实性，在归档电子文件时也将记录日志和数据库都备份到磁、光记录介质上。

文本转换归档是将电子文件转换成纸制文件归档，并使纸制管理系统与电子管理系统建立互联关系。这种归档方式是为了适应现有的科技水平，保证电子文件的原始性和凭证价值而采取的措施，有其局限性。

逻辑归档是指电子文件的管理权从网络上转移到档案部门，在归档工作中，电子文件的存储格式和位置暂时保持不变。这种归档方式解决了许多机关"收集归档难"的问题，并使档案部门对其应予以接收的电子文件有了控制权。

对电子文件的基本要求，首先是文件的真实性和完整性，按照电子文件归档的不同阶段的标准，准确说明配套软硬件环境；其次是归档电子文件格式应为工业标准，在标准的用户界面下操作，支持不同的平台，与现有的设备兼容，能以标准的数据库语言与数据库相连或者确定统一的标准，在内部的电子计算机网络上使用，以实现良好的转换状态。因为电子文件是由内容、存储载体、现实的软硬件设备组合，电子文件归档时必须考虑电子文件的组合问题。

目前电子文件归档分三步实行：首先由电子部门和文书处理部门合作，在电子文件的形成或收到的同时，对列入归档范围的文件进行逻辑归档。其次在有逻辑归档标识的电子文件办理完毕后，有专人对电子文件进行真实性和完整性的检验，检验无误的纸制文件，与该电子文件的物理载体建立互联并一同归档。最后对有逻辑归档标识的电子文件定期进行物理归档。

3.加强电子文件归档管理的标准化建设

电子文件是电子政务和电子商务发展的必然产物，它必须有标准化的现代化管理。因此有必要对电子文件著录标准化、存储格式化和元数据标准化等电子文件标准化管理中的基本问题进行深入的研究，尽快使电子文件的管理全过程做到有章可循，保证电子文件从生成到归档管理上的连续性和规范性，为最终确定电子文件的法律效应创造必要的条件。

制定科学的电子文件归档标准是当前我国档案管理标准化工作的重点，也是加强电子文件管理的一项有力的措施和必要的途径。制定标准应充分重视以下几项任务：第一，明确当前急需攻关解决的标准，如电子文档的归档标准、电子文件著录格式标准、电子文件的储存格式标准等。第二，提倡使用统一的软件。通过统一的软件，使电子文件归档管理逐步纳入规范化的轨道上，由档案行政管理部门与专业软件公司共同技术攻关，合作开发通用软件，并逐步在各级档案部门中推广使用，将是一条切实可行的途径。第三，与计算机行业联手合作，区分档案部门内部制定的标准和档案部门和计算机行业联手指定的技术标准，尤其是后者要列入规划，最终构成完整的电子文件归档管理标准体系。

4. 电子档案的接收和迁移

按档案存储法的有关规定，电子档案到了一定的年限就应向综合档案馆移交，其中包括目录和全文信息。综合档案馆的收集一般采用介质接收和网络接收两种形式。介质接收即用存储体传递的电子文件，如磁盘、光盘，进行卸载式离线报盘接收，一般按规定进行登记、签署，对于更改处，要填写更改单，按更改审批手续进行，并存有备份文件防止出现差错。网络接收即在电子计算机网络系统上进行在线接收，系统应设计自动记录功能，记载电子文件的产生、修改、删除、责任人以及记录数据库的时间等，并在进入数据库之前，对记有档案标识的内容进行鉴定、归档和接收入库。

在数字档案的接收过程中，我们从一个网络的数据库中，将数据导出到磁、光介质，再将这些介质接到另一个网络，将数据导入其数据库，从而完成从一种技术环境到另一种技术环境的转换，使数字信息发生了迁移，在数字信息迁移过程中，要注意三个问题：一是确保档案信息内容的真实和维护使用功能。对于那些在不同操作系统之间迁移的数字信息而言，即使不可能保持原格式外观时，也必须保证内容和使用功能的不变。二是降低迁移成本和风险。数字信息迁移需要考虑迁移成本和可能存在的风险，因此要考虑合适的迁移间隔时间。三是确保信息内容的原始性和完整性。

（三）馆藏档案数字化

馆藏档案信息的数字化是档案信息建设的一个重要组成部分，其主要目的是利用计算机、扫描设备、图像处理技术等现代信息技术将传统的介质存储的各类档案，根据需要进行数字化处理，以积累数字档案资源。档案馆经过几十年的建设，不仅将各种档案信息组织化和有序化，而且形成了丰富而独特的档案文献信息资源。在档案馆收藏的大量经过整理、分类的档案文献资源，除极少数在其形成的过程中和前期运行阶段就采用了数字化记录形式以外，绝大部分是纸制档案。针对这一现状，现阶段和今后一段时间内，对纸制档案信息进行数字化转换，便成为档案馆藏数字化的中心任务。

1. 馆藏档案数字化的工作内容

馆藏档案数字化主要包括两项任务：一是将传统载体的档案目录进行数字化。二是将档案内容进行数字化。档案目录数字化的主要工作是对载体档案进行编目，并将目录信息录入到计算机中，建立档案目录数据库，利用管理信息系统实现档案目录数据的计算机管理和目录信息的资源共享。档案内容数字化的主要工作是对馆藏的纸质、录音、录像、照片等档案，通过扫描、加工、处理转变为文本、图像、图形、流媒体等数字格式信息，存储在网络服务器中，利用计算机及信息系统提供查询、检索和浏览。

档案内容数字化工作包括数字化预加工和深加工两个步骤，数字化预加工能够将纸制档案、照片档案、微缩胶片等转变为电子图像文件，不能将纸制档案上的文字信息进行完全处理；数字化的深加工则是利用技术含量较高的语言识别处理技术获取载体档案中的文字信息，方便提供全文检索。

2. 馆藏档案数字化的业务流程

（1）数字化的预处理

预处理是数字化加工的第一步，其主要的工作是将馆藏的实物档案，比如纸制档案、录音录像、照片、微缩胶片等按照数字化加工的轻重缓急原则进行筛选,然后再按照下一步数字化处理工作的具体要求做拆分、分类、整理、模数转换等处理工作。此环节中的安全风险主要来源于公共环境等人为因素,主要安全任务是防火、防抢、防盗、防泄漏以及防止因错误操作而导致档案受损的事故的发生。因此该阶段采取的安全防范措施是:按照加工工序制定严格的安全管理制度,明确各工作的岗位职责,并严格监督执行;启动档案馆的安全监控系统,实行实时监控,一旦出现问题应立即采取措施。

(2)数字化加工与转换

数字化加工与转换就是将传统的档案转换为数字形式标识的档案信息资源,其主要工作包括:纸制档案的扫描,录音录像、数码拍照的数字化转换,微缩胶片的数字化等。本阶段安全问题主要是加强对损坏程度比较严重的、纸质又很薄、很难直接进行扫描或者无法采取扫描方式进行数字化的历史档案的处理。本阶段的安全重点是数字化过程中原件的保护,必须在大量实践经验的基础上,选择科学的、合理的数字化加工与转换的技术与指标开展工作。

(3)信息的处理

信息处理的主要工作是将数字化后的图像文件、多媒体信息等与档案的著录信息进行关联的重要过程,也是整个数字化工作的重要内容。首先是档案资源的编目、标引等基础数据的录入和处理等工作,其次是将图像与多媒体文件对照原始档案而进行的核对、压缩等处理工作,无论是纸制档案还是录音录像档案通过模拟到数字化的转换后,都可能造成一定程度的数据丢失或信息的失真。因此本阶段的安全重点是保证档案数字化后能够被存储、保存和提供利用,并考虑如何将失真度降到最低的问题。

(4)信息的存储

经过处理的数据需要存储到网络环境中并提供利用,而不仅仅是存储在光盘上保存在库房做档案备份。因此应根据数字化的存储容量及网络化提供利用的要求,选择网络存储设备、考虑数据库与电子文件存储和被访问的方式,这一阶段安全的重点是考虑电子文件的存储和保管的安全模式,严格按照档案管理的标准开展规范化操作。

(5)信息的利用

这一阶段将采用计算机应用软件系统,按照档案法及本单位的管理规范,将数字信息发布到网上,并提供不同网络范围内的不同数据内容的档案利用。本阶段安全防范的重点是:系统用户权限的严格管理、对访问系统中用户身份的严格认证以及内网、外网计算机之间的访问控制等安全问题,同时还要严格管理网络上各服务器、客户端等计算机系统,并防止应用程序受病毒的感染、网站受黑客的攻击等非安全因素的发生。

(四)馆藏档案数字化方案的确定

选择什么样的方式是进行馆藏数字化的关键。由于档案馆保存的档案数量众多,不同档案的价值信息、开放利用的时间不相同,对不同档案的保密程度也各不相同,因此在档案信息化之前,档案馆必须确定哪种信息可以数字化、哪种档案信息资源目前不需要或者暂缓数字化、哪些资源应优先数字化。最后选择何种方案,应当紧密结合馆藏的具体情况和社会利用发展趋势做出判断。目前主要有以下几种形式。

1. 全部馆藏数字化

采用此方式是将传统的档案馆全部馆藏信息数字化,建立数字档案馆,完全继承传统档案馆的全部信息资源。这是理论上最彻底的数字化方案,对利用者来说是最理想的。这种方案比较适应那些馆藏档案数量较少,开放档案占据绝大多数馆藏档案的档案馆。对于那些馆藏数量众多,利用率较低,且档案数量大、需要控制利用档案的数量较多的档案馆,从降低成本和效益的角度来考虑,不一定是最佳策略。

2. 高利用率馆藏数字化

这种方案在一定程度上可以起到降低成本、提高效益的作用,但具体实施有一定的困难。一般来说,不同用户所需要的档案信息,在范围和重点方面有不同的特点,且对不同类型的档案信息的使用频率也不同。另外一部分高利用率的档案具有时效性。因此档案馆向利用部门提供一份较长时间的利用反馈报告,可能会有助于对馆藏高利用率档案的合理选择。

3. 珍贵馆藏数字化

从理论上说这是最合适的方案,其难点是对"珍贵档案"必须具有可操作性的诠释,这种可操作性应是建立在对馆藏档案资源熟悉和价值判断的基础上。一般地说,那些高龄档案,涉及某一地区重要机构、重大事件和重要任务的档案,在同类档案文献中较为稀少的档案等,都可以列入珍贵馆藏之列。一般来说这部分档案的利用率是很高的。

4. 即时利用数字化

即对部分档案并不数字化,只是到利用时才进行数字化。这是最具功利色彩的"用户至上"方案。所有用户不需要的馆藏均被排除在外,这是该方案最突出的优点,但也是最致命的弱点所在。用户的即时需求有很大的偶然性,过分考虑这一需求,无疑会提高档案馆数字化的经济成本。

总之,选择什么样的信息化策略应根据实际需要来定,不考虑实际需要单纯地选择某一种方案都会导致片面,如何兼顾馆藏具有永久价值的档案和用户当前的信息需求,将几种数字化的方案有机地结合起来,才是馆藏档案数字化的最佳方案。

(五)数字档案馆建设

1. 数字档案馆的定义

广义的数字档案馆是指存储、利用档案信息资源的信息空间,是一个由众多档案资源库存、档案信息资源处理中心、档案用户群构成的数字档案馆群体。这个数字档案馆群体是建立在现代信息技术普遍应用的基础上,利用数字化手段,以综合档案信息资源为处理核心,对数字档案信息资源进行收集、管理,通过高速宽带通信网络设施相连接和提供利用,实现在线资源共享的超大规模、分布式数字信息系统。简单说,就是利用电子网络远程获取档案信息的一种方式,因此广义的数字档案馆不是一种物理存在,而是一种虚拟的信息组织与利用环境。

狭义的数字档案馆是指某个具体的个体档案馆,除了馆藏档案数字化外,还涉及档案信息的采集、整理、存储、检索、传递、保管、保护、利用、鉴定、统计等全过程,代表的是一种信息环境和基础设施的构建,包括软硬件系统的设计和组织实体的建立,具体内容有:对应归档的电子文件及其元数据,开展馆藏档案的数字化,实现馆藏各种档案实体的自动化管理,以网络连接并提供各类档案信息资源,组织对数据的有效访问。

2. 数字档案馆的特点

数字档案馆的特点有以下几个:第一,接收档案的数字化程度高,即档案馆可以及时对电子政府和立档单位的电子档案、电子文件实行卸载报盘接收,或网络在线接收。第二,档案信息在线共享程度高,即不仅可以接收在线的网上信息,而且可以与众多的档案信息资源库相连接,或借助档案目录中心的构建形式,实现广泛的信息资源共享。第三,对不同信息技术的容纳程度高。数字档案馆以信息技术为基础,充分利用了多媒体信息处理技术、数据库技术和内容的检索技术等。第四,实体档案的数字化程度高,即利用者借助计算机检索系统,可以实地或在线查阅到丰富的档案目录信息和档案全文信息。

3. 数字档案馆建设的内容

数字档案馆建设的内容十分广泛,其主要的建设内容有基础设施建设、应用系统建设、信息资源建设和标准规范建设。

(1)基础设施建设

数字档案馆与一般的档案馆相比具有海量存储、用户多和长期接收服务请求等特点,需要稳定可靠、可扩展的运行系统作保障。基础设施建设包括网络更新建设、硬件更新建设和系统软件建设等。数字档案馆网络工程的建设根据服务对象的不同可分为三个层面:即档案馆内部网、与政府各职能部门相连接的政务网和与互联网连接的外部网。这三网之间适应物理隔离,并各司其职。硬件设施主要包括数字化加工设备、网络设备、服务器、存储设备和输出设备。系统软件包括计算机的监控管理程序、调试程序、语言翻译程序、数据库管理程序、数据通信程序及操作系统,其中计算机操作系统是系统软件的核心,它独立于计算机,是控制和组织计算机活动的一组程序,是用户和管理的接口,是整个系统运行的基础。

(2)应用系统建设

数字档案馆的应用系统是一个可根据需求进行扩展的网络应用系统,其功能通常包括档案的数字化加工,档案信息的收集、录入、检索、利用、编研,具有可扩展和使用特性。应用系统的开发必须具备开放性和扩展性、易用性和易管理性、稳定性、安全性等。

(3)信息资源建设

信息资源是数字档案馆的核心资源,因此信息资源的建设是数字档案馆建设内容的核心。信息资源主要来源于传统档案馆馆藏、各立档单位的材料、专题信息数据和政府公开信息等。首先传统档案馆收藏的大量纸质、声像微缩等传统介质的档案资源是数字档案馆重要的信息资源。通过多媒体技术和数据压缩技术等手段,将可以公开的馆藏载体的各种文献数字化,能充分发挥档案馆的资源优势,加强熟悉档案馆的资源建设工作。除传统介质的档案文献外,各传统档案馆馆藏的各种在电子环境中生成的电子档案也是数字档案馆的重要采集范围。其次,各立档单位的档案文献和目录也是数字档案馆的重要收集内容。随着办公自动化的广泛普及,各立档单位产生出大量的电子文件和电子档案,按照档案移交的有关规定,按年限通过网络或介质向档案馆移交,其中包括档案文献全文或文献目录。再次,专题档案数据已经成为档案馆资源建设的新生力量,其中包括各种备受社会关注、社会利用需求集中的具有档案性质的政府或行业信息。专题信息数据包括全文信息和目录信息两种,且大多以电子形式报送传统档案馆。最后,政府公开信息。各政府职能机构现实产生的可公开政府信息,尤其是其中的行政规范性文件易被社会各界所关注,其查阅量之大、需求之集中、访问量之多,在一定时间段内,已经接近甚至超过档案文献的利用率。政府公开信息大多生成于电子环境中,并且以电子文献形式报送传统档案馆,所以将越来越成为数字档案馆资源建设的重要来源。

4. 标准规范建设

标准规范是实施数字档案馆工程的重要基础之一,面对数字档案馆资源形式的多样性以及社会对数字资源共享要求的广泛性,传统档案馆应根据国际标准和通用标准规范,确保数字资源内容的长期保存、数据交换、资源管理和安全实用。一个完善的标准、规范体系的制定,应借鉴国内外先进的相关标准、规范,考虑国与国之间信息化接轨,优先采用相关的国际标准、规范,并在使用过程中进行必要的本地化工作。数字档案馆的标准化建设,包括管理性标准规范、业务性标准规范和技术性标准规范。

四、档案信息化建设的原则

档案信息化建设是档案部门为了适应社会信息化建设的需要,根据社会对档案信息资源的利用需求,通过利用现代计算机技术和网络技术,将反映馆藏档案内容和形态特征的目录信息以及部分馆藏档案主题的信息进行数字化处理,以数字化的方式,方便快捷地为社会各界所利用的过程。这一过程涉及大量的信息资源的著录、部分档案信息资源的整合等基础性的工作,也涉及按照各种不同的信息的检索利用等要求进行一系列方便系统利用的系统功能的开发工作,因此在人力、物力上必然会进行较大的投入,是一项十分庞大的系统工程。为此档案馆信息化建设的具体措施,必须在科学、缜密的思想指导下进行,才能少走弯路,以较少的投入,取得最大的效益。在实际运行的过程中,这些缜密、科学的指导思想是根据社会信息化发展的一般规律,并结合档案信息化自身的特点总结和提炼出来的,在具体实施档案信息化建设的过程中,这些科学、缜密的指导思想便转化为必须遵守的原则。因为档案信息化建设本身是社会信息化的一个方面或一个组成部分,因此社会信息化实施所应遵循的原则,同样适用于档案信息化建设,如信息共享原则、以人为本原则、信息化建设可持续发展原则等。

(一)协调发展的原则

档案信息化作为一项规模庞大的系统工程,从工程的组织实施来说,其固有的规律是各个子系统之间必须协调发展,这是档案信息化建设必须遵守的一项基本原则。

1. 同档案馆的基础工作协调发展

档案信息化建设需要进行大量的基础工作。其主要的工作在于各种档案信息的加工和集成,离开了这些基础工作,档案信息化建设就成了一句空话。因此档案信息化建设必须贯彻同基础工作协调发展的原则。在基础工作中,档案信息的著录和输入是最基本的内容。档案信息的著录根据利用的要求可以有多种形式,通常用的是档案著录和文件级档案著录。档案案卷级著录体现着国家的有关政策,对一个案卷的内容进行著录,产生几项重要的知识性信息,从而揭示这一案卷在内容、载体方面的重要特征。文件级著录级别较高,针对性较强,在著录的过程中投入的人力、物力也相对较大,因此档案馆一般并不要求一定要实行档案馆藏的文件级著录,可以根据实际情况进行分步实施,可以选择一些比较重要的档案进行文件级著录。对于档案馆藏较少的档案馆,在人力物力条件允许的情况下,则可以考虑实行所有文件级著录。信息的输入包括已经著录的文件级条目和文件级条目的输入,也包括档案信息的全文扫描输入和相应关系的建立。这些工作从技术层面上并不复杂,但由于工作的程序复杂,工作量较大,因此在信息化实施的过程中绝对不能忽视,必须与基础工作同时考虑,严防由于基础工作没有及时完成而影响了整个信息化建设的进程。

2. 同信息技术的开发利用协调发展

信息技术的综合利用是档案信息化建设的难点。信息技术的综合利用,包括各种信息软件的开发、硬件配置的集成、网络环境的构建。大量的实践证明,信息化能否取得实效,其预期的效果能否达到,系统软件的开发和利用程度的高低起着十分重要的作用,信息化建设的先进性就在于此。同信息技术的开发协调发展是指要充分重视与信息化建设密切相关的系统软件开发和应用的重要性;在考虑做好丰富馆藏和加强著录信息化前期工作的同时,必须把实现效能的系统开发软件放在重要的位置,加大投入的力度,进行广泛的调研论证。在进行系统软件开发的过程中,我们应积极采纳先进的技术成果加以利用;然而信息技术的不断发展变化,任何最新技术都是相对的,因此在新技术的应用方面,我们必须面对现实,实事求是。我们必须认识到系统软件开发完成后,其功能的不断完善还需要一个渐进的发展过程。而系统的开发者多数是对档案业务不熟悉的计算机技术人员,他们对系统软件的需求、结构和功能的认识有一个逐步深化的过程,而信息技术的实现是各种设想和技术整合后的具体体现,因此许多技术软件在当初开发时都还不成熟,需要在以后的实践中不断地补充、发展和完善。因此在信息化的建设过程中,切实贯彻同信息技术的开发利用协调发展的原则十分必要。

3. 同馆藏信息协调发展

档案信息化的根本目的是实现资源的社会共享,决定档案信息的功能和作用的发挥是看资源本身给社会提供了多少有价值的信息,所有这些都取决于档案馆藏的数量和档案资源的丰富程度。如果一个档案馆的馆藏达到一定的程度,结构也比较合理,信息的种类也比较齐全,那么信息化就有了比较好的资源基础,在实施信息化的过程中不会感到在档案的门类等方面存在较大的缺憾。反之,如果一个档案馆本身的数量有限,资源的种类单一再加上自身结构的不合理,那么信息化的发挥将会受到很大的阻碍,因此在信息化之前,档案馆自身馆藏的实际情况是一个必须考虑的基本因素。由于历史的原因我们无法改变档案馆已有的馆藏,但我们可以扩充现有的馆藏的品种和数量,可以通过征集等措施尽可能地增加馆藏的数量,达到档案信息的多门类多品种,为档案信息化建设提供较为丰富的资源基础,避免因为馆藏不足影响信息化建设进程的事情发生。

4. 同实际应用协调发展

档案信息化的目的在于利用,不是为了信息化而信息化,因此在信息化的过程中必须贯彻同档案利用工作协调发展的原则。也就是说必须以社会对档案利用的需求为导向,来规划和调整信息化的实施步骤。一方面要以利用率高的信息作为信息化的重点内容,使信息化有一个牢固的使用基础,充分显示其对社会的适用性;另一方面,要根据社会利用需求的发展趋势,进一步扩大档案的利用范围,充分发挥档案信息的内在潜质,对信息化建设做全面的统筹和规划。另外档案信息化建设是一个长远的动态发展的战略性建设,其信息化的过程也是一个动态的发展过程,因此在信息化实施的过程中,必须根据社会对档案利用的需求变化,对要调整的档案门类和品种进行及时的调整,同时对信息化做出一个长远的发展规划,避免关起门来自己建设的封闭做法。因此信息化建设要贯彻协调发展的原则,就必须重视信息化建设同实际应用协调发展的原则。

(二)分步实施的原则

档案信息化建设是一项庞大的系统工程,因此它的建设不可能在短时期内完成,由于各地档案馆的实际情况不同,有的档案馆的信息储存量多,信息化需要投入的人力物力较多;同时由于计算机技术的发展变化较快,实现信息化在硬件上的投入较大,也不可能一步到位。因此信息化建设必须实行分步实施的原则。它的实施包括信息资源的分步实施和系统功能的分步实施两部分的内容。

1. 信息资源的分步实施

档案目录信息资源的建设是信息资源建设的重要内容之一,它建设的主题内容包括本身的馆藏目录和本地区所用的档案目录建设两部分。这两部分资源覆盖的范围不同,基础条件也不同。对于建设本馆所藏的档案目录来说,需要从馆藏结构特点出发进行规划和设计,提出整体规划和设计要求,然后组织实施;对于覆盖地区范围的目录中心,由于地区方位内各档案机构的基础状况不同,目录的数据结构不同,首先对能够在同一平台上运行的目录进行整合和转换。在整合转换的过程中需要解决许多技术问题,必须以科学的态度,逐一加以解决,因此在构建目录中心时,必须根据具体情况制定具体措施,分步组织实施。对于那些基础性、专题性和全文信息的实施步骤一般是,把基础性的信息作为信息化的第一步内容;把专题性的信息作为信息化的第二步内容;把全文性的信息作为信息化的最后内容来处理,这也是根据信息实际操作方便的难易程度以及人力、物力的投入多少等因素进行综合考虑后所实施的分步策略。

2. 系统功能开发的分步实施

档案信息化的利用程度在很大程度上取决于系统功能软件的实现,关系到计算机技术的应用为主题的系统功能的开发。一般的开发原则是,考虑到系统开发的费用巨大,计算机技术的迅猛发展,系统功能的开发可采用分步实施的原则,急用、利用率高的先开发,拓展性功能可以延续开发。系统功能的分步开发在经济上可以避免一次投入过多的开发经费,减轻经济上的压力；在安全性上可以防止重大失误而导致整个信息化实施的重大挫折，从系统功能的最佳实现来说，由于采用了不同的计算机技术，有利于技术的及时更新，保证系统功能与最新技术的接轨。

（三）安全的原则

档案的安全管理是信息化建设的首要前提条件。档案安全本身的重要性是由档案本身和档案管理的性质所决定的，档案信息化的建设必须充分考虑到安全问题，正确处理好方便、高效与安全管理的关系。一般来说，数字化的档案存储应该使用带自动备份功能的服务器，配置备份信息设备，如光盘库、专用网络存储设备，对备份信息还应实施迁移，同时使用安全介质定期刻录备份信息实行异地保管。

数字档案的安全保障必须建立严格的管理制度和操作规范，必须实行有效的网络安全措施，必须采取严格的授权管理系统。安全保障的原则主要包括：

①密级区分原则：即对密级档案实行物理隔离并落实责任到人

②内外区分原则：将开发档案信息与内部业务运行过程的信息实行隔离

③用户区分原则：将档案管理人员和档案形成人员，内部用户和公共用户加以区分

④系统区分原则：将档案信息管理系统及其网络化归档、信息共享、辅助决策等子系统加以区分

（四）应用性原则

档案馆在实施信息化过程中进行的馆藏档案的信息资源整合和集聚，建设档案信息资源共享体系时，其主要任务是将能揭示和反映档案主要内容和原形特征的目录信息、相关原始档案信息，经过现代计算机技术的应用，进行海量存储，并通过多种检索途径，顺利地实现快速实施的直接查阅利用。要取得这些海量档案信息利用的理想效果，涉及很多的工作环节，需经历多个阶段。一般将档案信息资源的整合和开发作为信息化的前处理工作，不管前处理工作多么复杂，其最终的目的是为了实现档案信息工作的有效利用。为此档案馆在实施信息化建设的过程中，首先应该贯彻的原则是实用性原则。实用性原则的指导思想，是所有在信息化过程中被整合处理的档案信息，必须能够适应各种利用需要。也就是说档案信息化必须以社会各方面在相当长一段时间的利用需要为原则。

1. 获取知识的第二课堂

档案馆除了具有查考和存史的功能外，还具有传播知识的功能。档案馆蕴藏着丰富的馆藏文化以及本地区经济社会发展的档案资料，这些丰富的档案资料对于社会公民以及青少年了解本地区的文化发展来说都是不可多得的珍贵史料。我们可以把档案馆当作是学生获取知识的第二课堂，这样既能使档案馆的信息功能得到延伸，也避免了信息资源的浪费。因此在信息化的构成中应注意把知识性的信息放在首位，这一崭新的课题对于档案部门是一个新的挑战。因为以往的档案馆主要是供查找资料之用，所以在查找接待方面积累了丰富的经验，而对档案馆作为获取知识的场所则是一个全新的管理课题。对此档案管理者必须树立全新的管理理念，从适用于知识获取方面考虑，可以将档案信息中具有知识性的信息有限信息化，比如反映本地区社会经济发展的信息资料、反映本地著名人物的历史传记以及

具有历史渊源的档案史料等,都可以作为开辟第二课堂的生动教材,这些史料对于当地居民和青少年了解当地的历史具有十分重要的学习价值。

总之,在档案信息化的过程中,凡是有关当地物质文明建设和人文发展历史方面的档案信息,都可以作为知识性的信息加以知识化,以适用于社会大众特别是青少年知识获取利用的需要,同时也是档案馆为当地的精神文明建设做出的积极贡献。

2. 为领导的决策起助手和参考作用

科学的决策来自科学的管理,科学决策是科学管理的重要手段,也是各级领导组织管理实施各项大型工程或推进建设事业全面发展的先决条件,同时也是提高执政能力的重要措施。科学的决策需要有充分的科学信息,经过周密的论证最后做出科学的判断,形成科学的决策。因此充分地获取各种信息对于领导做出科学的决策十分重要。档案信息记录了以往历史活动的进程和结果,是前人智慧的结晶,同时也积累了丰富的经验教训,所有这些宝贵的信息资料对于领导做出科学的判断具有重要的参考价值,这些信息可以开拓领导者的眼界,借鉴前人的经验和教训,以便在前人成果的基础上进行新的突破。

总之,丰富的档案信息对于各级领导进行科学的决策具有十分重要的参考和借鉴意义。因此档案管理部门在信息化的过程中必须把适应于领导决策参考的信息放在首位,在进行信息化的过程中,应该将那些能够为领导决策提供借鉴作用的档案信息资源进行整合,在考虑和设计信息检索的途径时,应该把方便寻找和挑选有助于领导决策的信息放在重要的位置,为这些信息的检索提供方便快捷的查找方式。

3. 为科学研究提供重要的参考

科学研究是人类社会不断发展的原动力。科学研究需要大量的信息资源,特别是社会科学的研究,其研究的主要内容多为社会的政治、经济、文化和社会发展方面的内容,更离不开档案馆的信息资源。因此把适应于科学研究作为档案信息化必须遵守的规则,是档案馆信息化建设所要重点考虑的内容。档案信息化要适用于科学研究,就必须将那些具有研究价值或者能够提供可持续研究对象的原始材料的档案信息进行信息化。这类信息从大的方面来说,包括的内容十分丰富,它不仅包括经济发展的基础数据,也包括政治、文化以及生活各个方面的详细资料。科学研究所涉及的信息面非常广泛,因此所使用的信息更是包罗万象,但由于各个时期社会的研究会有不同的侧重点,因此我们应根据社会研究的需求采取分步实施的原则,即对于档案科学研究急需的资源应首先进行信息化,及时准确地为科学研究提供参考资源。

4. 成为爱国主义的教育基地

随着社会的不断进步,档案馆的职能不仅仅局限在提供需要查找的历史资料,还肩负着开展爱国主义教育的重要任务。档案馆应充分挖掘自身的教育潜能,对社会特别是对青少年开展爱国主义教育、革命传统教育,把档案馆办成爱国主义的教育基地。国家档案局适应这一形势,提出了把档案馆建成"一个中心、两个基地"的要求。这两个基地其中一个就是爱国主义的教育基地。因此档案信息化必须服从于爱国主义教育基地的建设要求,坚定不移地贯彻开展社会教育的原则。从这一原则出发,在实施信息化的过程中,对具有教育功能和作用的有关信息档案进行整合、处理以及建立专用的检索渠道就显得十分必要。这就需要从档案信息中挖掘具有教育意义的信息,考虑到爱国主义教育基地的建设和影响,除了文献信息外,也可将这些史料制成专题片或光盘配送到各个学校,使这些珍贵的史料更贴近生活,使青少年在潜移默化中受到爱国教育,增强他们的民族自豪感和自信心。

5. 业余休闲的需要

随着社会经济的不断发展,人们的文化需求也在不断发展并呈现多元化,休闲活动正成为一种时尚开始流行。在发达国家,民众文化休闲已经开始从图书馆、博物馆向档案馆延伸。因此前来档案馆利用档案必定是有专门目的的习惯正在被打破,休闲型利用已经成为一种时尚行为,读者可以在休闲的环境中得到文化熏陶和审美享受。在国内,近年来,档案界的一些有识之士也开始重视这种发生在档案馆的新的利用方式,并呼吁尽快建立相应的环境和机制,促使这种休闲型利用成长起来。为此档案馆实施信息化的过程中,应该看到这种虽处于萌芽状态的社会需求可能随着社会经济文化的快速发展而快速成长。休闲利用与其他利用相比有它的特殊性。由于这方面的利用还没有很好地开展起来,所以我们很难对这方面的需要说出一些规律性的东西。但我们可以从图书馆、博物馆、展览馆方面汲取营养,深入思考,进行借鉴。休闲作为人们的一种生活方式,历史悠久,而文化性的休闲活动也必定有其自身的规律。比如人们往往通过休闲活动,寻求到一种精神上的享受和乐趣,在休闲利用的同时,既获得了相关的知识,又从中得到美的享受,一种兴趣的培养,一种情操的提炼,一种心情的调适。

总之,既是休闲,就同正规的工作完全不同,它可以没有目的,随机而来,在这里转了一圈后,得到了美的享受,精神上得到了某种启示与升华,得到的是精神上的休息与放松,也是一种收获。基于这样的认识,我们在实施信息化时,应该重视将那些具有可读性、知识性、趣味性、观赏性、珍贵性的档案信息优先予以信息化,以吸引和满足潜在的休闲利用的需要。

(五)效益原则

1. 系统功能效益

在一定程度上系统的功能状况是衡量信息化是否达到了预定效果的一个重要指标。信息化能否顺利地进行和运转,很大程度上取决于信息化功能的实现程度的高低。信息化投入最大的经费是在系统功能的设计、开发以及硬件设备的配置上,因此信息化功能的显示不但包括系统功能覆盖的全面性,操作维护的方便性,系统运行的快捷性、安全性等,同时也包括整体功能的先进性和稳定性。一个系统如果达到了以上方面的要求,我们可以认为它是成功的、有效的;否则这个系统就是失败的。

2. 利用效益

利用效益指的是信息化系统能够进行各种专职性信息利用的程度。一般来说,满足度与针对性效益是成正比的,既满足度越高,其针对性效益也越高,反之,满足度越低,针对性效益也越低,这种满足度主要取决于信息积聚的覆盖面以及新增信息的周期性和及时性。由于社会对档案利用的专指性需求经常处于动态变化中,这就决定了信息的积聚和扩充也处于动态的变化之中,即能够把社会的有用信息增补进整个信息系统,最大限度地满足专职性、特殊性信息利用的需要,提高信息利用的针对性。

3. 成本效益

档案信息化是一项长期的系统工程,特别是网络技术的运用,使整个系统的结构更加复杂,技术含量更高,因此在对系统进行使用和管理上,除了对管理人员有技术的要求外,在经济上也需要投入相当大的成本。一般系统维护和管理的成本效益主要包括两个方面:一是系统建设必须建立在科学和可靠的基础上,即必须有比较成熟的技术作支撑,确保系统建成后日常的维护和管理能够以相对较低的费用加以维持,而不会出现系统的功能发挥还算可以,但系统维护的庞大开支却难以支撑的情况,或者是系统建设先天不足,使用中毛病百出,致使在维护和管理上不断增加投入。二是系统的建设必须考虑今后功能的扩充和设备的升级。也就是说,系统在建设的过程中必须考虑以后系统升级的兼容性。如果一个系统建设得很好,但生命周期很短,几年之后就无法扩容,原来的系统就无法使用,只能购买新的系统,那么这样的系统建设就没有贯彻效益的原则,也可以说,这样的系统是不成熟的,是不能被市场所推广和利用的。

在信息化建设的过程中,我们应始终贯彻效益的原则,这样可以使我们投入少量的资金,取得较好的经济效益,产生预期的效果,从而使档案信息化建设进入良性的发展轨道,加速信息化建设持续、稳定、健康地向前发展。

(六)社会化原则

档案信息化建设涉及的范围广,工作难度大,需要的技术力量相对较强,这就决定了档案信息化建设仅仅靠档案馆自身的力量是远远不够的,必须依靠外在的社会力量才能胜任信息化建设的各项任务,这种依靠外在社会力量的做法,就是社会化原则的具体表现。

1. 建档的基础工作的社会化

建档的基础工作主要指各种原始档案信息资源的加工、整合和存储。由于档案馆的信息利用比较广泛,内容也相对较多,因此这方面的工作量也相对较大,面对比较丰富的馆藏资源要想进行信息化建设,仅仅靠档案管理人员去做是远远不够的,必须借助社会的力量来完成。比如,把档案数据录入的基本工作承包给专业公司来做,聘请有丰富经验的档案管理人员来帮助进行档案文件的著录工作等,档案馆只要加强技术指导和质量的监督,把好质量关,这样大大地减少了档案馆的建档工作任务,也使档案馆的工作人员有更多的时间钻研业务,在时间上保证了档案信息化的历史进程。

2. 系统的开发社会化

由于档案馆缺乏专业的软件开发人员,因此档案信息系统的开发必须依靠社会上专业的开发公司才能完成。在这个过程中,关键是要选择社会信誉高、技术力量雄厚的开发公司作为合作伙伴,现在比较可行的方法是通过招标的形式确定合作伙伴。但并不是说档案馆就无事可做,由于系统的开发涉及专业的档案管理的应用,一些开发公司并不了解档案管理的业务,因此在借助于社会力量进行开发的过程中,应该派有经验的档案管理人员积极参与,了解整个开发过程,特别应该注意掌握和了解一些程序技术的关键点,防止在今后的使用中一出现程序问题就束手无策,同时也防止在今后的使用中被开发商牵着鼻子走的被动局面。这样也为以后本单位自己进行软件升级换代打下良好的基础。

3. 系统管理的社会化

随着IT行业的不断发展,近年来软件公司也拓宽了服务业务,开始接受管理系统的委托服务。对于一些比较小的档案馆可以考虑采取委托管理的办法来进行信息系统的日常维护和管理。这种委托公司的做法好处是:可以节省人力,弥补单位人员不足的缺点,同时可以节省在系统维护方面的经费开支,系统出现什么问题都有托管方负责处理。从不利的方面考虑:主要是缺少了使用的自主权,在信息扩容、系统升级和更新方面不能及时进行,需要和委托方商量才能解决,在一定程度上制约了信息系统的拓展。如果寻找的软件公司人力缺少、业务繁忙或技术力量不到位,那么整个系统的升级运作将会受到阻碍。但委托服务作为一项社会化的内容有其存在的合理性,并且今后随着第三产业的不断发展和壮大,社会监管力度的不断加强,社会服务质量的不断提高,IT行业服务领域的拓展和完善以及档案管理人员的进一步精简,系统管理的社会化服务必将得到进一步的发展,服务行业在运行的过程中出现的一些弊端会不断得到改进,相信服务行业必将为信息化的发展起到积极的推动作用。

(七)数量和质量统一的原则

数量和质量相统一,是我们开展各项工作经常要遵循的一个重要原则。在档案馆信息化建设的过程中,必须同样遵循这一原则,而且更具有现实的意义。档案馆信息化功能和作用的发挥,十分重要的一个因素是整个系统必须达到一定的信息量,也就是说信息化首先是以一定的信息量为基础的。只有把其中不同门类的信息积累在一起,能够满足用户不同利用的需要,才能真正显示出信息化的优越性。但是集聚的这些新信息必须是有一定质量的信息,而不是无用的信息,这就决定了档案馆信息必须遵循质量和数量相统一的原则,这一原则不同于传统意义上的数量和质量统一的概念,而有其很强的针对性。主要体现在以下几个方面。

1. 基础信息数据数量和质量的统一

在档案馆信息化的过程中,如果整合和存储的基础性数据,如案卷级目录、文件级目录等没有达到相当的数量规模,所谓的信息化将大打折扣。如果有了数量庞大的基础性数据,这些数据的质量却有问题,那么将会直接影响信息检索的正确性,严重时将影响信息检索的顺利实现。就信息化功能的实现来说,基础数据的数量决定和限制了信息化的辐射面,而基础数据的质量将决定和限制利用者直接的利用效果,因此数量和质量的保证,是确保信息有效检出和利用相辅相成的两个方面,必须高度重视。为贯彻这一原则,在实现信息化的过程中,既要考虑使基础数据的整合和存储达到一定的存储规模,同时必须严把质量关,确保每一条基础数据都符合规定的质量标准,使整个信息系统的功能得到最充分的实现。

2. 系统功能与系统稳定运行的统一

人们在实施信息化的过程中,往往希望所建立的系统具有多方面的功能,能够满足多方面的要求,这可以说是对系统功能作用发挥的数量要求。而从信息化能够收到实效的实际经验来看,整个系统的稳定运行,确保其设计的功能能够实现也很重要,这可以说是对系统平稳运行的质量要求。而在实际过程中,系统多项功能要求的实现,同时也给系统运行本身带来很重的负担,它对系统的稳定运行是一种负担,同时也是一种威胁。所以新系统功能的强大和系统稳定运行往往是信息化过程中一对突出的矛盾。一个功能强大而又运行稳定的系统是人们所期待的,但实现这个愿望往往充满风险和压力。也就是说越是功能强大的系统,要保证其稳定运行,付出的代价将越大,负担将越重。为此,需要在实际建设中正确把握好系统本身建设的数量和质量要求,既不能好高骛远,不切实际地要求系统具有多方面的功能,也不能因陋就简,在低水平上重复,既要有创造性,敢于突破,又必须扎实稳妥,注重实效,以确保系统的多功能具备和稳定运行达到圆满的统一。

3.经费投入的数量与信息化建设的质量相统一

档案馆信息化既是一项规模宏大的工程,又是一项需要投入巨额经费的建设,为此必须贯彻因地制宜原则,确保投入的经费能取得理想的效果,防止过分贪大求全,不计成本,忽视效果的做法。为此在信息化过程中需要制定严密的制度,通过信息化系列的环节,对经费投入后建设的质量进行检测和评估,对于质量达不到要求的要采取措施加以整改,以确保工作质量。同时按照经济管理学投入产出的原理,对于信息化所做出的巨额投入,应该要求有相应的产出。当然由于档案信息化作用的发挥在很大程度上具有公益性,不能简单以经济收益的多少来要求和衡量其产出的效能,而应该从社会效益和经济效益两方面来综合评估所产生的效能。比较而言,档案馆所固有的特点,决定了社会效益的产出将是对档案馆信息化评估的一个重要方面。此项内容的贯彻,对于避免考虑不全所造成的浪费,防止没有经过科学规划和严密论证而盲目建设和决策失误等所带来的损失,都具有十分重要的意义。

五、信息化的具体措施

(一)需要型措施

档案信息化是社会信息化的重要组成部分,因此它与其他信息化的建设部门有许多相同的地方,为了在信息化的过程中少走弯路,减少失误,我们必须汲取成功者的经验和教训,对自己所选用的档案管理系统有比较深刻的认识,并对本单位的实际需要进行个性化的处理,这是一项行之有效的实施方法,但绝不是直接的照抄照搬。被选用的方案是在充分了解本单位情况的基础上,再借鉴其他成功单位成功与失败的经验教训,选择适合自己的管理系统,来开展本单位的信息化建设,坚决反对照抄照搬的拿来主义或者过分强调自己的个性习惯又不符合标准,这两种做法都是脱离了实际需要的错误做法,都是不现实的、不可取的。

(二)有效化的措施

在档案信息化的实施方法上,要结合本单位的实际情况,比如人才队伍状况,目前档案工作开展的实际情况,且不可偏颇任何一种实施方法。在选择实施策略时应根据本单位的技术力量状况,如果本单位的技术力量比较薄弱,就选择现成的软件系统或者对外承包的实施办法,充分利用外在的专业化的资源,不仅能够在短时间内实现快速实施与应用,还可以降低实施的成本。如果本单位的技术力量较强,建议采取自主与外包相结合的实施方法:对于专业性强、功能复杂、开发周期长的系统,可以采取外包的形式,降低实施成本,提高实施效率,在开发的过程中本单位可以派人参与软件的开发和项目跟踪,了解设计的细节,为交付使用后系统的更新和维护打下良好的基础;对于专业性不强,设计的流程较为简单,开发周期短的系统采取自主开发的方式,这样不仅节约了购买软件的经费,而且在开发的同时培养了自己的技术人才,加强了本单位的技术队伍力量,无形中也培养了本单位的业务骨干。

(三)过程化措施

1. 加强宣传过程

使大家充分认识到信息化策略实施是国家信息化策略的重要组成部分,使他们充分认识信息化的目的和意义,认识到管理的规范化给社会带来的良好的经济效益,认识到落实信息化策略的实施工作不仅是当前形势发展的需要,同时也是档案信息化建设的需要。

2. 加强培训的过程

加强对工作人员的业务培训,比如计算机技术的培训、档案管理软件的使用培训以及安全技术防范措施的培训。

3. 规划制定过程

根据业务需求进行咨询和总体规划,其中包括信息的安全、资源的需求、系统功能等,可以了解同行业的实施情况,或通过咨询公司的规划,然后再有针对性地开展工作。

4. 购买软件的过程

在充分调研的基础上,结合本单位的实际情况,选择那些售后服务信誉比较好的大公司,比较有发展前途的扩展性好的硬件和软件系统。

5. 选择示范,以点带面

根据工作的实际需要,选择那些比较重要的部门来实施,先树立一个示范的典型,然后以点带面,全面突破。在成功示范应用的基础上,根据馆内业务的发展需要,逐步把信息化建设扩展到整个单位的每一个部门。

(四)安全保障措施

档案信息化的基础是建立在网络软件和信息管理系统的基础上,但这些也正是引发安全问题的隐患所在。造成黑客攻击、病毒蔓延、信息窃取的问题在于安全架构不科学、制度不健全、管理不规范、措施不到位,这其中既有客观的因素也有主观的因素,其中最主要的原因是信息化建设之初,安全意识薄弱,技术方案不成熟,系统的安全保护性能较差。要想在今后信息化的道路上走得更远,我们必须提高安全防范意识,强调今后在实施信息化的过程中全面设计和考虑安全问题,在今后的管理过程中制定并落实安全方案,加强信息过程的安全管理,对一些机密的档案落实责任到人,并加强安全措施的技术监控,只有提高了安全意识,加强了安全管理的技术保障,才能最终保障计算机网络和信息系统的安全。

(五)应用型措施

档案信息化建设的目的是为了更好地利用信息资源,在实行的过程中容易出现信息化的建设与档案业务的管理脱节的现象,把信息化与业务管理分割开来,这种现象的出现主要有两种情况,一种是信息化的宣传归宣传,业务部门根本没有执行,仍然按照原来的工作方法和思路开展工作,雇佣临时人员录入数据,档案管理者根本不关心管理信息系统运行的任何情况,最多是利用查询模块查询一下档案信息;另外一种是对于购买的信息软件只使用很少的一部分功能,比如基础信息和查询模块等,对于信息的整个流程化的管理过程全不了解;还有一些单位信息化的热情很高,舍得花钱购买贵重的应用软件,而实际应用的部分却很少,在实际操作时仅限于目录数据的录入并将此部分数据导入系统,以此来满足数据上网数量检查的要求,而档案信息系统中大量的功能如流程化管理、全文管理和全文检索都没有使用,运行几年后还要面临系统的更新换代,造成了投资上的浪费和信息资源的严重流失。造成这种情况的原因是没有从本质上真正理解信息化的含义,也没有将业务管理与信息系统真正地融会贯通,而是隔离开来甚至是对立起来,其结果造成人力物力的极大浪费,不但没有感受到信息化所带来的方便快捷,反而把人变成了档案的奴隶,无形中加重了管理人员的负担,在一定程度上挫伤了档案人员信息化建设的积极性,为信息化建设造成了负面的影响,因此如何应用好才是信息化建设的关键。

(六)兼顾型措施

科学技术的发展使人们越来越考虑人的因素,即"以人为本"的理念越来越受到开发者的重视。随着人们需求的多样化,一些个性化的产品、个性化的界面、个性化的业务流程和功能模块充斥整个市场,这就与档案信息化管理标准的规范化相矛盾。因此如何认识和处理个性化和标准化之间的关系也是档案管理信息系统实施过程中的一大难题。这个矛盾的解决,必须在实施的过程中找到一个既能满足个性化要求,又能满足档案管理规范化的平衡点,才能促进档案业务与信息技术的融会贯通,而选择平衡点的前提是,档案部门应制定适应时代变化的标准和规范,档案工作者也应严格遵守行业规范以开展业务管理工作,个性化则是在标准规范的基础上根据管理需要进行扩充,个人习惯如果与标准背离应彻底改变。因此在信息化的过程中,要正确处理好标准化与规范化的关系、安全与应用之间的关系,当个性化与标准化发生冲突时应首先考虑标准化的原则,即个性化适应总体化的原则,只有这样才能解决好个性化与标准化的关系,保证信息化建设的顺利进行。

第二节 档案信息化的实施途径与过程

一、档案信息化实施的原则与方法

档案信息化是一个系统的工程,信息技术的应用和网络平台的搭建是手段,数字档案资源的积累和管理是核心,档案信息的开发和利用是目的。档案信息化建设的重要内容就是建立一个标准的、功能强大的、安全稳定的、可拓展的档案管理信息系统,在档案工作中广泛应用。

实施与应用档案管理信息系统有三个要素:方法要科学、手段要先进、实施要得当。只有当领导和档案工作者都充分理解和认识档案信息化和档案管理信息系统的必要性、重要性和有效性,且期待通过信息化来获得更大的效益时,档案管理信息系统的实施与应用才能实现。

（一）实施的原则

在档案信息系统实施的过程中，应在遵循信息化建设总体原则的基础上，采取有效的技术型原则以推动系统实施的成功。下面介绍的几项都是非常有效的基本原则。

1. 务实导向、重视实效

系统的实施以安全、稳定、实用、方便、易操作为主要目标，过分追求大而全、先进的软件产品，是一种不务实的做法。这主要是由于需求不一样，行业有差别，同时信息技术、软件产品的更新换代非常快，市场上会不断有新产品出现。

2. 软硬件资源共同建设

系统的实施过程中不仅需要重视硬件平台的建设、设备的购买，更要注重在人力资源和软件系统方面的投资。IT人才、档案工作者是信息化建设的核心力量。软件系统的技术含量、现代化的管理理念更应该重视，只有硬件设施平台是无法开展信息化管理工作的，软件系统是硬件系统发挥作用的心脏，因此应十分重视软件系统的开发及其升级的投资。

3. 从实际出发，重视需求

信息系统的实施需要从当前的业务需要出发，提前做好需求分析，并在一定阶段的实施过程中，锁定相对需求来开展实施工作。边研发、边实施、边改变需求的做法只能得到事倍功半的效果。而对于变化较大、新增加的需求，需要放在下一阶段进行。

4. 重视维护，升级换代

随着信息系统的不断应用，档案管理信息系统也在迅速地发展，而其中的难度也在逐渐增加，软件系统的安全、客户化定制等工作量比较大，也比较复杂，非专业人员很难做到专业维护；另外，随着应用的不断深入，这就需要加强软件系统的拓展。因此购买软件系统的同时，需要购买相应的实施、维护服务，以开展有效工作，支持系统拓展和业务的发展。

（二）实施的方法

档案信息化建设有两种不同的策略和实施方法，即以组织战略为导向的战略推动型和以实际业务需要为导向的需求驱动型。

1. 战略推动型

战略推动型的实施方法采取的是从整体到局部的实施路线，强调首先在观念、目标和方向的认识达成共识的基础上，逐步将工作分阶段实施，分阶段完成。采用战略驱动型的方法实施的前提是，整体的目标和规划不仅要从全局出发，而且更需要符合档案管理机构的实际需求，既要注重发展的前瞻性，又要注重当前的实用性；一般来说对实施战略管理的人员要求较高，既要有行业发展的规划能力，又要有信息化体系的架构能力，需要懂管理、懂业务、懂技术的专业档案管理的复合人才。

2. 需求驱动型

需求驱动型采取的是从局部到整体的实施路线。这种实施方法强调以当前业务需求为主，首先在观念、目标、方向和认识等方面达成共识的基础上，逐步将工作分阶段实现，分步骤完成。采取战略驱动实施方法成功的前提是战略、规划的制定不仅要从全局的高度出发，而且更需要符合档案管理过程的实际需要，既要有前瞻性、发展性又要注重当前的使用向；

要求制定战略的人员既要有行业发展的能力，又要有信息化驾驭的能力。需要懂业务、懂管理、懂技术、在档案管理和信息化的建设中有丰富经验的复合型的人才。

真正意义上的"战略驱动"实施方法并不是不允许在实施过程中坚持"永恒不变"的策略，而是根据实际需要和业务变动的需求进行机制的调整和完善，因战略与规划制定落实的过程往往需要很长的时间，而信息技术在发展，档案业务也在改进，管理模式在变革。因此实施的过程中必须根据需求的变化而有所变革。

目前我国档案信息化建设正在走向标准化和规范化，"战略推动""需求驱动""总体规划""分步实施"成为主流实施策略。各档案管理机构应紧密结合全国档案信息化的发展战略，将档案信息化纳入本单位档案信息化的全局，制定适合本单位业务发展要求的信息化规划和信息系统的实施方案，并在实施和应用的过程中，将以"务实"为导向的自我调整的策略贯穿于信息化建设的始终。

二、档案信息化的实施途径

（一）整体引进模式

这种模式是选择具有丰富经验、信誉度比较好的开发商，由其提供或统一购置档案管理商品化的软件及其软硬件设备，由专业化的实施队伍负责项目的完整实施。好的软件一般是具有丰富经验的管理专家和高级专业计算机技术人员共同开发的，软件本身蕴含了许多先进的管理思想和手段，针对档案室提供各种功能的模块，这些软件模块为档案流程的优化与重组提供了可借鉴的参考模型，能够在较高的层次上提升档案管理的水平，而且软件已经拥有相当大的用户，经过实际的考验一般都比较成熟与稳定，质量有保证；售后的维护比较有保证，又有利于档案信息系统的更新。但商品软件追求通用化，其功能无论在方位上或是在深度上常常使档案管理部门的需求得到部分满足，但系统的实用性不强，更难以形成特色。在具体的实施过程中，单纯依靠软件的提供商可能出现用户过分按照软件提供的立项模式行事，而忽视档案管理的具体实际，或软件提供商过分依从用户的所谓特色，造成软件的先进性、通用性消失。此外，这种模式由于没有源程序代码，给系统的后期维护和二次开发造成一定的困难。

（二）自主开发的模式

采取自主研发模式的单位一般是本单位的技术力量较强，具备较强的软件开发实力，这种研发的模式一般是单位自己根据档案业务管理的需求进行定制开发，并随着业务的不断开展，对系统不断进行完善和改进。此模式适合业务比较特殊和有特殊需要的档案部门。这种研发模式的优点是能充分考虑本单位的业务工作需要，针对性强，系统实施相对比较容易，可以考虑到本单位使用细节问题，其风险较小，可以培养自己的研发队伍，对于今后的系统维护和更新都能及时到位。缺点是由于大多数档案管理队伍的人员结构不合理，往往是业务人员多，技术人员少，尤其是高技术的系统开发人员更少，而技术人员不仅要开发系统，还要跟踪现代信息技术的发展，进行系统的维护，考虑系统的安全备份等问题，并且自主研发的工作量较大，开发的周期较长，相对成本比较高，并且自主开发人员不是专门的研发公司人员,在系统的开发过程中,与社会上的先进软件相比还是具有一定的局限性。

(三)对外承包的开发模式

采取这种研发模式的单位一般是资金比较雄厚的单位。采取的方法是购买社会上开发好的现成软件或者选择一家软件公司,按档案业务实际需求定制开发,也就是说把档案信息系统的开发工作对外承包出去。这种模式对于档案部门的工作人员要求不高,在数据的备份和系统的维护方面主要是聘用专业的技术人员来做,或是委托给专业的公司。

这种方案适用于业务比较简单的档案馆,它的优点是充分利用了外部IT公司的力量,开发的时间较短,降低了开发的成本;缺点是如果不注重培养自己的研发队伍,而研发单位的人员不熟悉档案业务,开发系统的实用性较差,而档案机构人员对信息技术的认识不充分,很难提出比较好的建议,难以对开发单位的需求和设计资料进行准确的评价,往往是到使用的过程中才有较为准确的需求,给实施完成后的正常运行带来困难,同时也浪费了资金的投入。为了解决好开发与使用之间的矛盾,档案部门在选择开发机构时应选择开展档案信息化解决方案的专业开发商,注重考查该公司的咨询和售后开发能力,要求他们不仅有咨询能力还有一定的培训能力,促进档案管理人员尽快理解和掌握系统的管理思想和应用模式,还需要提供长久的系统更新能力和良好的售后服务能力。

(四)外包与自主开发相结合的模式

这种模式也称为混合型模式。即信息化的项目在档案机构立项,委托第三方公司在其商品化软件的基础上,针对本单位的档案业务现状和业务发展需要进行客户化的定制和开发。采用此类模式的档案部门一般来说是基础条件较好,相对来说资金比较充足,这种模式也是目前档案管理采用较多的一种方式。这种模式的优势在于由开发商解决技术难点,对开发过程进行科学的安排和严格的控制,这样既解决了档案机构开发队伍经验少、技术力量薄弱的问题,又为档案部门培养了懂业务、懂技术、懂管理的复合型人才。同时档案管理机构还可以拥有信息系统的知识产权,更重要的是软件的开发切合用户的实际要求,系统未来的运行和维护也有保障。目前规模较大的一些综合档案管理机构大多采用此种模式,使用的事实证明这种混合性的实施模式也是目前比较理想的运行模式。

三、档案信息化实施的过程与策略

实施过程是在国家信息化政策的总体规划下,按照信息化建设的整体要求,来确定档案信息化建设的战略目标、总体规划,在人员、技术、资金、环境等各类资源已经具备的情况下,来开展档案信息化建设与档案信息管理系统的应用。

(一)信息化实施的过程

1. 正确理解国家信息化战略与档案信息化之间的关系

首先要正确理解国家信息化战略与档案信息化建设的关系:国家档案信息化战略为档案信息化目标、远景以及职能的拓展、业务流程的转变实现完整融合,它描述了档案信息化的目标与方向、信息体系结构、技术路线、操作方法、信息化过程的内部操作标准、软件系统的评估方法和考核的指标体系等众多"软性"的规划和策略。其次要正确理解档案信息化规划与信息系统规划之间的关系：信息化工作实际上是信息化战略的执行过程，它所研究的内容与信息化的战略有非常大的相关性，在战略体系下的具体软硬件系统设计过程，是在信息化战略的指导下，分解总体目标，针对不同的业务内容、工作流程提出功能模式，做出系统建设的成本预算，制订系统的实施计划，确定系统的组织、管理、选型方案、评估标准和过程控制方法。

总之，系统实施是信息化建设的重要内容，是完成系统建设并投入使用的关键业务过程。其成功实施标志着信息化战略与规划决策的正确性，也标志着信息化进入实质性的运行阶段。

2.从思想上充分认识档案信息化建设的艰巨性和复杂性

档案信息化建设是一项历时较长、涉及面广、内容复杂的系统工程，而档案管理信息系统的实施与应用，是以档案业务为核心，以计算机技术、网络技术、信息技术为手段，以现代管理为指导，以提高档案的利用率和利用价值为宗旨而开展的一项划时代的业务革命，其最终目的是提高档案的信息化管理水平，挖掘档案的社会价值，提高全民族的文化素养，推动社会进步，改变经济增长模式，以适应信息社会发展的需要。AMIS的实施与应用是涵盖计算机工程学、项目管理学、档案管理学、信息技术等多学科知识在内的系统化应用工程，在应用和实施的过程中严格遵循软件项目管理的先进理念，并将多学科知识融会贯通到档案管理信息系统实施与应用的每一个环节，这就要求参与档案管理的所有人员，特别是信息化项目的主要责任人必须从思想上充分认识到信息化建设的艰巨性和复杂性，在思想上、认识上和行动上做好迎接挑战的准备。

第一，要从思想上充分认识到信息化是一项具有划时代意义的新型工作。其最终的目的是提高档案的现代化管理水平，挖掘档案的价值，提高全民族的素养，推动社会进步和改变经济增长的模式，以适应信息社会发展的需要。充分认识到档案信息化带来巨大的社会经济效益的同时，也给各级领导和基层的工作人员带来工作上的方便性和灵活性，使每个从事档案工作的人员都真正成为信息化的受益者，从而达到统一思想，统一认识的目的，确保档案信息化工作的顺利开展。

第二，加强档案管理业务的学习。信息系统的应用是实现档案信息化的基本手段，其一切活动的开展必须服从档案业务的全过程和未来信息发展的需要，信息系统的应用要求档案工作者必须是懂业务、懂技术的复合型人才。如果说信息专业技术人员将软件系统设计完成后，仍然对档案业务及其知识一无所知，对档案管理流程含糊不清，那么他所设计的系统一定无法使用。因此档案技术人员在开展信息系统的基础工作时，必须加强对档案管理业务的学习，在了解、熟悉、分析和发展档案业务和档案学基础知识的基础上，综合运用档案学、信息技术、计算机技术、网络技术等知识，加强对档案管理的理论、原则、策略、方法等内容的进一步探讨与研究。

第三，加强网络信息技术的培训。在信息化的背景下，档案管理人员必须加强网络技术知识的学习，提高自身的管理水平。档案信息化是一个系统的复杂工程，其过程包括可行性的论证、系统的规划、详细的设计、编码、实施、应用和持续性的维护等多个阶段，每个阶段都涉及多方面的技术知识的渗透、融合与综合利用。同时整个信息化的建设过程也是一个不断完善和逐步发展的过程，所有参与人员无论是管理人员、操作人员、系统设计、系统开发和应用实施人员都必须了解和清楚各个环节的紧密关系和各个业务功能模块的来龙去脉，重点掌握自己业务范围内和所操作的系统功能模块的基础知识，才能使整个系统顺利运行并不断得到应用和完善。

第四，加强档案信息资源的建设工作。档案信息化建设涉及的内容非常广泛，而且这些内容会随着社会时代的不断进步发展而得到不断的丰富，档案信息化建设面临的任务很艰巨，困难也很多，因此我们要有重点地突破，把信息资源的建设当作核心工作来抓，实现重点带面的良好局面。在信息已成为重要的社会资源的背景下，档案信息作为一种原生信息，正发挥着越来越重要的作用，把国家的档案资源建设好是档案工作的中心任务。这项工作主要包括三方面的内容：一是要加快现有档案馆藏文件级目录数据库和全文数据库的建设，以满足快速检索利用的需要。要加快现有档案目录的整理、著录和建库工作，局部实现档案级目录级检。二是有条件的档案部门要积极推进那些重要的、容易受损的、利用频率高的档案数字化进程，加强重要档案的保护，提高档案的利用率。三是对新产生的电子文档，要采取科学的管理方法和利用现代技术手段，收集好、管理好。随着信息技术和电子政务的不断发展，电子文件将是未来数字档案信息新的主要来源。管理好、利用好电子文件将是档案工作在信息化时代一项至关重要的任务和面临的重要课题。各级档案部门要积极介入本地区、本部门电子文件的产生过程，加强对电子文件的积累、鉴定、著录、归档等环节的监督、指导，保证归档电子文件的真实、完整、有效。要研究探索电子档案的接收、保管、利用的技术方法，为电子档案的进馆做好准备工作。

第五，不断提高档案信息化的服务水平。档案管理工作是一项服务性的工作，它的根本任务是为国家建设和社会的发展提供可靠的信息服务，在信息资源共享成为社会发展趋势的背景下，档案信息资源因其独特的价值而日益受到社会的关注，档案信息资源的社会共享已成为国家档案事业适应社会信息化发展潮流所亟待研究的重大课题之一。随着社会经济的不断发展，社会信息意识不断增强，为信息资源的社会共享提供了良好的发展空间。新时期档案工作应做到：经济建设发展到哪里，档案工作就延伸到哪里；政治建设发展到什么阶段，档案工作就服务到什么阶段；文化建设发展到什么水平，档案工作就服务到什么水平；党的建设对档案工作提出什么要求，档案工作就提供什么服务。为了更好地实现档案信息化建设的目的，我们应根据社会信息化的客观趋势，在不断优化传统的档案服务方式的基础上，与时俱进地促进档案工作的创新。要实现档案服务方式的创新就必须更新服务理念，整合档案资源，兼顾需要与可能创新档案服务模式，实现档案服务工作质的飞跃，使档案信息资源的社会化共享逐渐由理想变为现实。

第六，安全保障体系的建设。档案作为人类历史的记忆和现实工作的支撑，其信息的安全性至关重要。因此在管理信息系统实施与应用的过程中，应保证档案信息不流失到非保管单位和个人，应确保档案信息安全并可读取，应确保档案信息分权限管理和分权限查询、浏览及检索利用。这不仅仅需要对档案管理信息系统提出安全保障要求，更重要的是实施单位的安全管理措施和加强，安全管理方法要得当。

安全保障体系的建设是档案信息化建设的重要内容之一，各级档案部门在开发利用档案信息资源和网络系统建设工作中，必须提高信息安全意识，防止失密、泄密以及档案丢失现象的发生。要保证信息的安全首先要加强安全保密技术的应用，依靠先进的技术手段，在档案网络技术建设中，必须充分应用信息安全保密技术，解决好档案信息传输与存储安全保密问题。其次是要建立完善的保密制度，各级档案部门在信息化建设的过程中必须制定针对性强、操作性能好的信息安全保密规定，确保档案信息的安全。最后是要建立严格的管理制度，各级档案管理部门要加强档案著录标引、数字化转换、档案网络信息公布等过程中的安全管理，实行安全责任制。非公开的档案信息一律不准在网上提供，已公开的档案目录或全文查询服务，要认真采取安全防护措施，实行严格的授权管理体系，确保档案信息和系统的安全。

我们要把档案安全问题提到议事日程上来，任何时候都不能有丝毫懈怠，越是在信息化程度日益提高的情况下，越要全面兼顾档案的实体安全和信息安全。要严格执行档案安全保管的责任制度，杜绝一切事故的隐患；严把档案利用审查关，不该提供利用的档案坚决不能提供利用；要严格执行"三网"隔离制度，采取可靠的防范技术和措施，确保档案部门的网络信息安全，对于面向公众的网上信息进行严格的审查，确保上网信息的安全性。

3. 加强资源建设

(1) 人才资源建设

档案信息化管理系统改变了传统的手工操作方法，因此对档案管理人员的整体要求较高，因为它的应用要涉及许多方面的知识，需要有变革的管理思路，这就要求档案管理机构首先要转变管理理念。档案管理信息系统本身就蕴含着现代管理思想，比如归档流程的自动化、信息著录标准化以及信息著录的一致性、系统集成等现代管理理念，它的成功应用是在对其进行深刻理解的基础上才能见到明显效果，这不仅要求决策者而且要求业务人员能够接受和理解。其次是在认识上的转变。档案管理者在充分认识到网络化应用带来方便的同时也带来一些新的问题，认识到提高档案管理信息系统是提高业务服务效率与质量的手段，认识到资源共享的重要性，认识到需要不断地学习新的知识，认识到有了档案管理系统做助手，档案业务人员才能将工作的重心转移到钻研业务、深层次管理开发利用上。

总之，要建立一支既熟悉档案业务又懂信息技术的人才队伍，需要不断提高档案部门人员的素质。一方面应通过实施各种培训，提供各种学习条件使档案管理工作人员能够很快熟悉掌握信息技术的理念、方法和思路；另一方面应大胆引进信息技术、网络技术等方面的人才，信息技术融入档案业务管理中，真正做到业务技术双精通，做到各尽其用。

(2) 信息资源建设

网络环境的核心资源是档案的数据和信息，它们是网络环境的基础资源，离开了这些基本资源，网络信息化就成了无水之源。在实际运行的过程中，不是所有的档案部门都能重视这些基本资源的建设，有一些单位在规划实施甚至已经购买了设备和软件后，还未将档案的目录进行整理，系统就被淘汰了，更不用说电子文件的管理了。因此各单位在建设网络环境之前，必须将基础数据录入到档案专用服务器中，建立分类数据库，为以后应用网络管理系统打下良好的基础。

在数据信息录入的过程中必须遵循标准化、规范化的原则，这也是国家对档案信息化建设的基本要求，并不是所有的信息化单位都能够做到，在一些使用单机版的单位，其档案数据在遵循标准和规范方面离国家规定的档案管理目标还有很大的差距。因此在进行网络化管理信息系统时，必须提前做好录入数据的规范性工作。

数据的整合也是网络化之前必须要做的工作之一。数据的整合就是按照标准、规范以及网络化资源共享的要求，将同类和相关数据进行整合，将数据字段整理出来，进行合理的分类。也就是将原来一个个独立存在的数据进行分类整合，并抽取其中规范的数据字段以方便统计，这项工作也是档案信息资源建设的基础工作。

(3)安全资源建设

一个安全、稳定、可靠的信息系统，是顺利开展工作的可靠保证。网络版的档案管理信息系统必定需要支持网络化应用的数据库管理系统，目前有的解决方案只将档案目录信息存储在关系性数据库中，而将电子文件全文存储在文件服务器中，这样又多了一层数据管理，这些数据一旦出问题，系统也就失去存在的意义，因此必须制定相应的档案管理信息系统的安全保障措施，才能保证档案信息的安全和信息系统的安全，才能保证信息化战略的顺利实施。

(4)设备资源建设

网络是信息化的基础设施，拥有一套可靠、稳定、安全的网络设备是档案信息化的基本保证。由于使用单位的情况各不相同，因此在建立本单位的网络体系时应根据实际需求状况和本单位的发展需要，构建适合自己的网络运行环境，这样既能保证目前的正常使用，又能为将来的网络扩展创造条件。

一般来说网络布线、端口设计、设备摆放等网络基础设施的建设，在设计建楼时已经考虑到并予以实施，但在使用的过程中也会随着需求的不断变化而逐步调整。对于网络设备的购买，最主要是结合本单位的实际需要来购买，在购买的过程中一定要严把质量关，确保购买的设备是先进的合格的产品，绝不能为了贪图便宜以次充好，结果造成工作过程中故障频繁，那样就得不偿失。最后是警钟长鸣的安全问题。一般来说网关、防火墙、入侵检测等安全产品是网络安全保证的基本需要，如果将本单位的计算机接入Internet而没有采取任何的保障措施，那是非常危险的做法，也是违背安全保证工作条例的。

(二)信息化实施的策略

1.提高认识，需求驱动策略

管理信息系统是实现现代档案管理的一个重要工具和手段，它能给档案管理工作带来多少效益，一方面取决于所选择的管理信息系统是否适合本单位的实际情况并具有先进性；另一方面取决于档案管理人员采取什么样的理念来应用它。更重要的是应充分认识到网络、计算机及档案管理信息系统本身并不是万能的，它需要人们在充分认识的基础上，按照需求驱动原则结合实际工作为它的功能进行准确定位，然后才能更正确地使用它，才能真正发挥计算机的先进作用。

2. 总体规划,分步实施的策略

档案管理信息系统是档案管理信息化的基础,它的应用与实施都必须围绕信息化建设的总体战略规划来进行,因此必须遵守总体规划、分步实施的原则,在实施的过程中,要有选择地挑选基础工作做得比较好的部门来进行重点的建设,并将其成功的经验加以推广。

首先必须强调分步实施一定要从总体规划出发。信息化规划的目的是为信息化实施提供指南,那么规划与实施之间应是规划先行,实施紧跟其后。在选用应用软件时,就应该从整体的需要出发,避免脱离目标而陷入实际的困境;应该从业务变革出发而不是从技术变革出发,以有利于充分利用组织的现有资源来满足关键需求。不坚持这两项原则就很难实现信息资源的综合利用,也无法适应社会利用档案变化的多端需求。另外,总体规划必须科学、务实,对分步实施才能有指导和依据作用。因此,信息化总体规划必须在设计上提供一个高度集成的、统一的、满足信息化管理整体需要的弹性应用框架,才能使分步实施有的放矢。其次是要讲究实施的策略。总体来说,长远规划、重点突破、快速推广是一种有效的策略。应该选择那些需求迫切、能较快实现业务流程整合和现阶段信息化应用较好的领域加以突破。在阶段实施的步骤上,由于数据库的建设是一项艰苦的长期工作,不能马上见效,所以可以先抓网站的形象建设,以引起领导重视,增加投入。最后是要注意分步实施的系统之间的衔接问题。时间上的分阶段实施要注意前后系统的衔接问题;空间上的分阶段实施则要注意不同单位和部门之间所开发系统的标准化问题。

3. 转变观念、与时俱进的策略

社会信息化建设的不断发展,使人们对信息化建设的认识也在不断地深入,人们只有转变陈旧的管理理念,不断地加强自身的综合素养才能跟上时代的发展步伐,这就要求档案管理部门的领导应正确认识到信息化建设的社会效益,同时多给档案管理人员提供学习机会,让更多的人认识到档案信息化的重要性,确保在实施和应用档案信息化系统时做到:领导对档案信息化建设和管理信息系统的应用有足够的理解和指导能力;业务部门的领导能够制定规划并组织实施;档案工作人员能够配合。

4. 抓住机遇、勇于探索的策略

档案信息化建设的顺利开展必须在基本条件具备的情况下才能进行,因此抓住合适的机会开展信息化建设和网络化应用是非常重要的。特别是对于那些正处于采用什么样的方案、选择什么样的软件系统入门的初级用户就显得更加重要。网络化应用首先是需求驱动的,并且是在档案业务管理比较规范、人员素质较高、业务流程清晰、标准规范严格、基础数据准备充分、网络及设备资源基本具备的情况下才能开展起来。因此无论是正在开展信息化建设还是正准备开展信息化建设的档案部门,都应抓住时机积极开展,才能取得良好的效果。

看一个单位开展信息化建设的时机是否成熟,主要看它周围的环境因素是否成熟,即人、财、物等方面是否具备,而具体需要什么样的条件取决于系统实施的内容、范围、应用规模及当前业务的规范程度等。特别是建立网络化的信息系统,涉及的人员比较多、系统的功能相对比较复杂、需要购买和配置数据库的服务器以及文件服务器较多,实施的过程也比较复杂,这需要根据实际情况来确定资金、人员和设备、网络资源是否具备条件,同时还要考虑本单位当前业务需要和未来的发展需要,因此制定总体规划是十分必要的,这样可以确定近期和远期的发展目标、系统功能、工作计划、实施的范围、工作的内容、搭建软硬件的环境及管理人员的培训费用,进行风险分析,来确定开展工作的策略和方法。

5. 安全的保障体系、实行专业化服务的策略

在社会信息化的背景下,档案信息化建设势在必行,但采用什么样的措施才能保障档案信息在为社会提供利用服务的同时,保证信息的安全性呢?这里的安全性是指信息不被篡改,不流失。从讲"互联的程度"到与"因特网隔离"等信息安全策略应根据档案的密级、保管方式、加工处理及其存储方式等采取恰当的措施。为了保证安全采取"一刀切的孤岛式管理"的极端的、片面的安全管理策略是不可取的。特别是在数字化和网络化推广应用后,档案信息管理和维护工作量比较大,数字化加工的工作量更大,一些单位采取自己加工的方式,结果耗费了大量的人力、物力和财力,而且工期拖得很长,最终是得不偿失;另一方面是系统的维护问题,包括网络、硬件、操作系统及应用系统都需要专业技术人员进行统一的管理和及时的维护才能保障资源的安全性。针对这种情况市场上出现了专业的数字化加工、信息化应用服务的新技术公司,对于一些有条件的、信息化工作量大的单位,在指定严密的安全措施和签订保密协议的基础上,委托第三方开展专业化技术服务是当前行之有效的解决办法。

6. 领导主抓的策略

档案信息化的实施与档案管理信息系统的应用几乎涉及本单位所有的工作人员,其中最难的是人的协调,而信息技术部门与业务档案部门之间能够解决的是业务上的沟通、系统上的理解和业务上的操作,但担任不同的职位、承担不同任务的人员从不同角度上对信息化的认识和系统应用是很难达到完全一致的。因此工作上的不足、思想上的抵触、认识上的缺陷、观念上的差异等都会造成工作无法顺利开展,而这些问题特别是人、资金及重要资源等问题,只有拥有权力的"一把手"管理层,真正"融入"档案信息化的建设过程中,才能有效地解决。许多成功的案例也证明了这一点,只有坚持"一把手"工程,坚持管理层的参与和控制,才能将人力资源落实到位,才能将协调的难度降低,将IT资源达到最佳配置,信息技术才能真正发挥作用,应用系统才能得到深层的应用和广泛的普及。

第三节 档案信息系统实施的步骤

一、与信息系统实施有关的基本要素

(一)项目组织

项目组织与团队建设是项目启动工作的重要内容,也是决定整个项目能否成功的关键因素,每一个项目的实施,都涉及多方面的组织或个人的参与。为了确保项目的进度,把好

项目的质量关,控制项目的资金投入,监理方通常被聘请来全面监督项目的执行,因此项目的实施至少会涉及建设方、用户方和监理方的利益。

1. 建设方

承担信息系统建设的集成商或软件系统的开发商,其职责是提供商品化产品,为客户提供信息化解决方案,根据需要进行客户化定制、实施、操作等工作以及实施软件系统并开展必要的咨询和培训等工作。

2. 用户方

客户是项目承担的主要对象,是档案信息系统实施与使用的最终机构。其主要的职责是,根据自己的需要设立项目,并选择供应商、开发商及软硬件产品。客户是项目的出资方,也是项目成果的使用商,是最终的项目受益者。

3. 监理方

客户出资聘请的项目实施顾问和项目建设质量监督方,对客户负责。其主要的职责是监督和控制整个系统的进度、成本、质量等风险的综合要素,维护用户的权益,降低系统建设的成本和风险,提高系统实施的成功率。

总之,项目的成功开发,需要协调这些利益相关者之间的关系,选择平衡点,最大限度地调动所有参与者的积极性,减少项目实施过程中的阻力和影响。

(二)项目团队

项目的开发需要人才,这就需要建立一个强有力的工作团队,并有组织的展开建设。项目团队涉及的面很广,几乎包括了所有的项目相关者,在项目实施的每个阶段也将组织相关的团体。在项目启动前成立项目委员会来分析项目的可行性,而在项目的执行过程中,项目经理则起着举足轻重的作用。

当前,在我国开展档案的信息化建设基本形成了两套体系:一套是开展信息化建设和运行维护的信息管理组织体系;另一套是当前已经存在的行政及业务管理组织体系。其主要原因是业务管理和信息化应用没有真正融为一体,在业务管理和信息化的应用上存在着观念和认识上的差异。项目的管理模式是二者合二为一,这就要求档案管理的领导是既懂档案业务又懂信息化业务的现代管理的复合型人才,要求信息化管理机构中的每一个员工都要把档案业务和信息化管理结合起来开展工作。

(三)项目资源

资源包括的内容很广,主要有自然资源、内部资源、外部资源、有形资源和无形资源。这里所强调的资源不仅包括支持项目开发的人力资源、资金资源、技术资源、环境资源,也包括档案信息化建设过程中不断产生的IT资源,如网络、服务器等硬件设备,操作系统、应用系统等软件资源,同时还包括档案信息资源。因此要求我们不但要管好、用好能看得见的设备资源,也要学会管好、用好软资源。项目开发的不同阶段,资源的需求在不断地变化,有些资源用完要及时追加,任何资源积压、滞留或短缺都会给项目带来损失,各类资源的合理、高效使用对项目管理尤为重要。

(四)项目的进展

项目的进展情况需要根据项目的目标要求来进行制定,然后才能落实实施。这些计划的制订对供应商、开发商以及档案管理人员的工作进度都有明确的要求。事实上,在档案信息化建设的过程中,由于档案机构内部人员的不配合、工作繁忙、需求变化等影响项目进度的情况比较常见。因此项目在实施的过程中,要求每一个参与此项工作的人员都要明确自己的职责、进度要求,只有这样才能保证项目的顺利进行。

(五)项目的质量

质量在信息系统的管理中起着举足轻重的作用,它直接关系着档案管理机构的根本利益,同时也影响着供应商和开发商的声誉,应该说参与项目的每一个成员都希望获得高质量的实施效果,这也是客户的最终满意度。在信息化的过程中,要想保证产品的质量,就必须严把质量关,对过程进行严格的质量监控,落实阶段目标,只有保证了每个阶段的质量,才有可能保证最终的项目质量。另外,由于参与项目的多方机构和人员对信息化项目的认知程度很难达到完全的统一,质量的标准也不完全一样,即使用户在当前满意,也可能在短时间内满意度就会改变,因此,加强开发商与用户的沟通、交流、达成共识仍然是保证项目质量的有效方法。

二、系统规划

系统规划是项目工作的前瞻性、全局性和关键性的第一步,档案信息化建设的高层行政管理人员和高层信息管理人员是系统规划的主要成员,其主要任务是确定系统实施的目标、系统的体系结构、系统实施方案和实施过程的资源计划,因此参与系统规划的人员对档案业务、现代化管理和信息技术的掌握程度以及他们的创新精神和务实态度是有效开展系统规划的基础。

系统规划阶段所做的主要工作有:工作团队的组织、系统实施的进程计划、信息系统部署方案的确定以及资金的分配使用方案,还包括人力资源、行政管理、技术支持的协同以及对项目实施过程的风险估计。

三、系统的开发

系统开发是信息系统建设工作的核心,这一阶段的工作是由承担信息化建设的软件供应商来完成的,档案馆工作者的主要任务是提出目标阶段的需求,档案馆的技术支持人员则在业务工作者和开发人员之间起到沟通桥梁的作用,并解决系统开发过程中的问题。

分析市场的需要是项目开发的最终目的,因此项目开发的基本任务是要了解市场需要什么样的软件系统;该软件系统具有什么样的功能;这些功能的优缺点是什么等。尽管项目在启动时已经确立了系统的目标,但这个目标相对来说是宏观的、大概的,具体一些细节的内容并不明确,因此明确需要将会对目标系统提出完整、准确、具体的要求。

需要分析阶段主要涉及三类人员即档案业务的管理人员、管理信息系统的研发人员、系统的实施人员,这一阶段的主要任务是加强沟通和交流。这一阶段对档案管理人员的要求是能够准确地描述当前及未来业务的发展需要,系统分析并能够准确地理解、认识业务的需求,必要时可以借助自身的工作经验对客户进行启发和诱导,让他们说出自身更深层次的业务需要,来指导今后的开发工作。需求阶段的工作内容主要包括以下几个方面。

（一）组织结构的调研与分析

了解用户单位当前的机构设置与管理模式,充分分析其利用的合理性、完整性及运作的有效性,用以确定信息系统的体系结构,包括系统的运行结构、功能框架结构和系统的总体部署方案。

（二）对实际需要的调研分析

以用户的需要为出发点,充分考虑用户对软件的实际需要,编写可满足用户需求的规格说明书以及用户手册,表述对目标系统外部行为的完整描述,需求验证的标准,用户对系统的性能、质量、可维护性等方面的要求以及用户界面描述和目标系统的使用方法等。

（三）信息化现状的调研分析

在充分调研的基础上,了解归档单位与档案馆目前的硬件和软件运行环境、当前应用系统的使用情况、当前的数据格式和数据规范性、数据处理的方式等,分析需求开发的继承接口系统的内容和功能、数据迁移和数据导入导出的需求,确定进行二次开发或进行系统实施过程中的具体工作和任务以及软硬件系统的需求。

（四）对需要的检验过程

系统分析人员需要在档案管理人员和系统软件的实现人员的配合下对自己生成的需求规格进行检验,保证软件需求的全面性、准确性、可行性,获得档案管理人员的认同,并对需求规格和用户手册的理解达成共识,达成对目标系统理解的一致性,发现问题及时解决。

我们所做的需求信息的获取、需求的分析以及编写需求规格、需求说明等工作是相互渗透、增量并行和连续反复的,其工作的过程主要包括以下几个方面:首先是系统分析员和档案业务管理员开展的面对面的交流,记录用户提供的信息,即开展信息的获取活动。其次是系统分析人员对获得的信息进行分析归类,并对客户的需求同可能的软件需求相联系,也就是开展需求分析活动。再次是系统分析人员对档案业务需求信息进行结构化的分解,编写成文档和示意图,形成需求规格的说明书。最后是组织档案管理业务的代表评审文档并纠正其错误,完成需求的验证工作。

四、系统的设计

系统的设计是基于对需求分析的工作成果,对于系统做深层次的功能分析实现流程设计,分析总结出行之有效的系统实施方案,是整个项目在逻辑上和物理上得到良好的实现,从而实现对最终目标系统的准确架构。

（一）系统的设计

软件系统设计的首要任务是体系结构的设计,在此设计的基础上逐步完成详细的设计工作,把设计的风险降低到最低程度。虽然一个良好的软件结构不一定能产生令人满意的软件,但一个非常差的软件结构设计,一定会导致软件项目的失败。因此我们应高度重视软件的设计工作。

(二)软件的编码

编码就是软件系统实例化的具体过程。在完成系统分析和设计工作之后,信息系统运行结构、模块结构和数据组成已基本确定,然后就是把系统设计的结果翻译成某种程序设计的语言编写的程序及信息系统代码编写的具体工作。这一阶段的任务是将需求分析和系统设计的结果与内容转换为用户需要的实际应用过程。

(三)系统的自测试

软件的测试是系统开发过程中非常重要的环节,是系统实施阶段的一项重要工作,开发人员进行系统自测试的目的是为了尽可能地发现和修改系统设计和系统编码中的错误,开发人员自测试阶段发现的问题越多,交付的目标系统的质量就越高,后期纠错型的维护工作就越少。

在实施和应用档案管理信息系统时,软件开发的执行人因项目的开展方式不同而有所区别,如果采用自主研发的方式,则由本单位内部技术人员开展系统设计、软件的编码和测试工作;如果采用购买商品化的软件实施方案,则一般的供应商已经根据档案业务的共性和标准流程开发出管理信息系统的原形产品,本阶段的主要工作是用户熟悉和使用商家产品,并按照自己的需求对系统进行功能、性能等方面的测试,最终确定商家的产品是否满足目标系统的要求;如果采用自主开发和商品化应用相结合的方式,也同样执行以上三个环节的内容,并对商家提供的产品原型进行改造,以适应本单位业务管理的需要。

五、系统的实施

系统实施的主要任务就是软件系统的客户化定制过程,这一时期的主要任务是建立能满足需要的软件系统。其主要包括客户化的定制、系统的测试、系统的试运行等内容,另外还包括数据的导入与客户的培训等工作。系统实施阶段主要包括以下几方面的任务。

(一)对软件系统的针对性定制

主要包括四项内容:一是框架定义,即根据用户的业务需求建立系统总体框架结构,比如按照档案的门类进行系统分类,或者按照信息分类方式或者按照用户自己的管理方式进行分类定制。二是数据库结构定义,即按照每一个档案门类确定属性、操作方式等。三是业务流程的定义,即按照用户对档案业务流程定义系统的功能。四是用户模型定义,即按照实施单位用户操作系统的功能和数据权限建立用户模型并授予其操作权限。

(二)数据的整合

在系统的使用过程中,数据的迁移、载入等工作是需要软件的供应商来帮助完成的,而用户单位的主要工作是定制数据的管理规则、严把实施过程关,并建立严格的档案保密措施,保证档案信息的安全。这一内容是实施过程中工作量较大的部分,是最容易被忽略的部分,同时也是最容易出现问题的部分,因此档案管理部门应充分认识到这一点,并在实际工作中引起足够的重视。如果原有的数据不能安装到系统中,新系统的实施工作就等于失败。

（三）系统的检测试用

当客户定制了新的软件系统，并把原有的数据迁移、装载完成后，一个新的应用系统就算建立起来了。在这一工作完成的过程中，首先由供应商或软件开发人员对系统的原形进行全面的测试，测试的过程中一定要按照软件的要求严格测试，由建立单位严格把关，并从专家的角度提出测试意见和改进意见；最后由用户单位的档案管理人员根据最初双方形成的分析报告中规定的系统功能进行测试，如果测试没有问题则进入试运行阶段。

对用户来说，试用和测试新软件的过程非常重要，它不但是检验软件系统的过程，同时也是对一个系统的学习、理解和接受先进管理理念的过程，要求所有的用户积极地参与并提出合理的建议，以便软件开发商对软件中不合理的部分及时改进，通过不断地升级更新，试运行一段时间后确定一个用户系统运行的版本，达到最终满足用户需要的目的。

六、系统的应用和培训

（一）对管理人员的培训

根据档案管理系统对各类管理人员的要求，结合用户对计算机操作系统、网络知识、数据库知识的掌握程度，根据信息系统的管理人员的工作内容进行分期的培训，以适应新系统对档案用户的要求。

（二）系统的操作培训

结合 AMIS 的用户操作手册，对用户进行有针对性的培训，确保每个用户都能够在自己的权限范围内完成正常的系统与业务操作。在对业务人员的培训完成后要进行上岗前的考试，其目的是督促其掌握培训内容。在系统各级操作人员对应掌握的内容都掌握后，用备份的数据库文件替换用户培训时使用的数据库文件，使系统投入试运行。

（三）系统信息的归档

一是整理此次系统实施的架构模型，特别是基础数据表、工作流程，形成本单位独有的系统运行模式，并将本单位的数据库结构进行拷贝，进行归档，以备未来使用。二是建立客户信息档案，将其基本信息实施情况、使用系统版本情况等进行归档，同时将数据库结构一同刻录成光盘进行归档，为以后系统的升级维护奠定基础。

（四）系统的实施切换

当用户得到一个可以真正接受的系统后，就可以实施系统的正式切换，也就是说可以正式利用新系统开展工作，为了保证数据的准确性以及防止数据的流失，在应用新系统开始工作时不急于将原有的系统毁掉，应在使用新系统后继续保留一段时间，在确保没有丢失数据后再彻底停止对原有数据的使用。系统切换的实施过程中，一定要将系统试运行阶段的部分数据及时装载到新系统中。

七、系统的检测和验收

档案信息系统项目的验收标志着该系统已经得到用户的认可，同时也标志着实施工作将要结束。在这一阶段项目实施单位的工作内容：在此项目实施的过程中一些特殊性的信息资料,如增加了新的档案类型的数据库模板、增加了新的功能模块等,要及时进行整理,以便归档。整理可以作为项目验收依据的相关资料,比如使用说明书、变更登记、用户手册等。另一项工作是编写项目验收的文档,结合项目合同和需求说明书的内容,整理出验收的内容以及目前的运行情况及验收的标准。

这一阶段客户方的主要工作内容:成立项目机构,其主要职责是按照验收申请报告、项目的合同、系统试运行报告、需求说明书等材料,结合系统现场使用的情况和递交给用户的资料情况,检查实施工作是否达到了合同中规定的要求。另一项工作是进行项目的验收。由项目验收机构对系统实施的现场进行实地考察,检查各项实施工作。如果各项工作都已达到了合同中规定的要求,即可以验收通过;对于不符合要求的项目要提出改进和完善的建议。

八、对实施系统的评价

档案信息系统投入使用并运行一段时间后,用户和开发商可根据双方的合作协议及共同认可的需求分析报告、系统设计方案及相关要求,对系统进行综合分析与评价。评价的内容主要从实用与适用的程度,分析较之以前手工管理方式效率是否有明显的改善,目前已解决了哪些问题,使用是否方便,是否达到了预期的效果。如果与最初设定的目标相差甚远,尽管满足了一些实用功能的要求,也不能算是有效的实施。当然在最初设定阶段目标时,也应该采取比较现实灵活的态度,采取由小及大的方法,不断扩大成果的应用范围。

一般情况下衡量管理信息系统是否成功主要有以下五种情况:

①档案信息系统实施完全成功:即指项目的各项指标都已经完全实现或超过了预期设定的目标。

②档案信息系统的实施是成功的:即项目的大部分目标已经实现,基本上达到了预期的要求。

③档案信息系统的实施只有部分成功:即项目实施实现了原定的部分指标,没有达到预期的目的。

④档案信息系统的实施是不成功的:即项目实现的目标非常有限,根本没有达到预期的目标。

⑤档案信息系统的实施是失败的:即项目的目标没有实现,必须终止项目。

总之,对档案信息系统的评价结论是档案工作者应该十分重视的工作之一,应当从评价信息中获得档案管理信息系统实施过程中的经验和教训,以提高今后系统建设的成功率,从而提升档案管理信息系统的时效性。

第八章　档案信息化展望及探索

第一节　档案信息化新技术的应用

一、档案信息服务机制创新

随着数字档案馆的建成,档案的信息服务更多地代替了传统的查档案服务,人们的档案利用已从传统纸质档案转变为档案信息,档案馆的服务也会逐渐发生根本的改变,通过档案信息服务观念创新、档案信息服务方式创新、档案信息服务手段创新和档案信息服务内容创新,实现档案工作管理规范化、资源数字化、服务网络化,更好地为社会提供服务。

(一)档案信息服务观念创新

用知识管理思想指导档案信息服务创新,知识管理对信息服务创新的指导表现在深化信息服务内容,即提供知识服务,它不是简单的信息积累和传递,而是知识的再开发和利用。在服务内容的深度上,对档案信息资源进行深层次的开发利用。数字档案馆较之传统的档案馆,应具备档案编研、统计分析、建立强大知识库的功能。在服务内容的广度上,应有更宽的知识涵盖面,真正起到知识传播和共享的作用,主动为用户提供帮助与指导,以快捷有效的方法满足用户的知识需求。很多软件系统,如 OA、PDM、ERP 系统中保管的信息都是珍贵的知识资源,也是档案信息的组成部分,可以开发知识库管理平台,将其中的知识共享、提炼,实时有效地进行各项知识收集、交换与传递,对于不同系统中提取的知识信息进行整合与收集,将档案信息资源转变为显性知识为利用者所用。

(二)档案信息服务方式创新

在传统档案利用时代,档案利用者基本处于被动地位,利用者提交利用需求后只有被动等待,能否得到信息有很大的不确定性。数字档案馆的建成构建了一种新型档案信息资源环境,以利用者的需求和方便作为创建档案信息环境的根本出发点,其宗旨是为利用者提供准确和全面的信息服务,利用者通过自主行为实现与档案信息资源的互动。

传统档案馆一般只能提供文字类信息。在数字档案馆中,利用者得到的档案信息是多种多样的,包括文字、声音、图形、图像及数字视频。利用者不仅能查阅档案信息,还可获取知识、接受教育。在纸质时代,用户查阅档案信息需要到档案馆,需要由档案人员在场提供。而在数字档案馆中,利用者可以超越时间、空间的限制,在任何时间、任何地点通过网络得到各种档案信息。

(三)档案信息服务手段创新

在传统档案馆中档案信息被按照全宗、目录、案卷、文件四个层次组织成树状结构,存储档案信息的文件之间虽然存在着内容上的逻辑关系，也只能以一种或几种角度来显示档案信息的有序化。而在数字档案馆中，可对信息资源进行智能检索、分析、处理，根据文件的内容特征在文件之间建立起多种链接，各信息节点间形成多维网状结构，可以任意一种角度来显示档案信息的有序化。

(四)档案信息服务内容创新

档案资源库是数字档案馆最基本的特征，也是数字档案馆建设的重点，只有不断丰富档案资源库的内容，才能在加强收集积累的基础上，创新档案利用服务内容。一是根据馆藏情况建立文书档案、设备档案、基建档案、标准、图书、光盘目录等数据库，采用扫描方式将纸质档案全文数字化处理，扫描成 PDF 文件格式，在数据库中挂接扫描文件，形成档案全文资源库。二是对于增量档案，即 OA 等办公系统中产生的电子文件，通过开发数据交换接口，在线实时或离线定时接收产生的档案信息。三是多渠道收集多媒体档案，如在科研、生产、基建、培训等活动中采用拍摄录制形成多媒体档案。四是建立档案专题数据库，它是以各类档案基础库为主要数据来源，通过档案信息管理系统，按照某一专门题材内容编制而成的各类档案数据集合。

二、"互联网＋"与档案管理

"互联网＋"就是"互联网＋各个传统行业"，如网上银行、12306 订票等，都是"互联网＋"比较成熟和典型的运营模式。但这并不是简单的两者相加，而是利用信息通信技术以及互联网平台，让互联网与传统行业进行深度融合，创造新的发展生态。

从技术上讲，"互联网＋"是创新 2.0 下的互联网发展新形态、新业态，是知识社会创新 2.0 推动下的互联网形态演进及其催生的经济社会发展新形态。"互联网＋"是互联网思维的进一步实践成果，它代表一种先进的生产力，推动经济形态不断地发生演变，从而带动社会经济实体的生命力，为改革、创新、发展提供广阔的网络平台。

那个"＋"号后面要是"档案"，又该如何？"互联网＋档案收集""互联网＋档案管理""互联网＋利用"将彻底改变档案工作的方式、方法。

三、大数据与档案信息

(一)大数据的概念

大数据并非是一个确切的概念，从字面上来讲，表示数据量的庞大。维基百科对大数据的定义比较直接：大数据是指无法在可承受的时间范围内用常规软件工具进行捕捉、管理和处理的数据集合，大数据是人们获得新的知识、创造新的价值的源泉；大数据还是改变市场、组织机构，以及政府与公民关系的方法。我们可以归纳出大数据的"4V"，即大数据是具有规模性(volume)、多样性(variety)、高速性(velocity)、价值性(value)的数据。

大数据技术的战略意义不在于掌握庞大的数据信息，而在于对这些含有意义的数据进行专业化处理，在于提高对数据的"加工能力"，通过"加工"实现数据的"增值"。

(二)大数据与档案的关系

《中华人民共和国档案法》明确档案是指过去和现在的国家机构、社会组织以及个人从事政治、军事、经济、科学、技术、文化等活动直接形成的对国家和社会有保存价值的各种文字、图表、声像等不同形式的历史记录。从档案的定义来看,除电子档案外,其他载体形式的档案与大数据没有任何关系,只有档案记录的信息可以称之为数据。从档案的特征来分析,档案具有社会性、历史性、确定性及原始记录性,而大数据也具有类似的特征,大数据是人类社会活动的原始记录,其内容具有确定性,且其记录的内容只反映事物已经完成的状态,同样具有原始记录性。因此,档案信息与大数据的关系具有相似的特征,大数据是具有鲜明档案特性的数据集合。但是,从数据的保存价值来讲,有些数据集合对国家和社会没有永久的保存价值,因而不需要永久保存。

(三)大数据时代与档案资源建设

应对大数据时代的电子档案归档工作,首先,要做好现阶段电子档案归档系统与办公系统的融合,加强电子公文流转系统的全程控制,按照公文起草、签发、拟办的过程存储形成电子档案,确保公文类电子档案内容齐全。对于专业类电子档案,应分门别类制定有关专业类电子档案数据标准,确保专业类电子档案的系统配置、标准规范的落实。其次,要逐步完成存量档案的数字化,建立丰富的档案内容数据库。最后,要瞄准大数据时代电子档案归档工作的需要,研究数据资源采集、管理、发布、分析、利用的数据平台模型,满足电子档案归档及管理的需要。

(四)大数据时代与档案服务领域拓展

大数据时代的一个重要目标就是对数据获取和利用的便捷性,在提升档案信息服务能力的过程中,除了要开展档案信息化以及做好网络信息平台的整合,更重要的是要以用户体验为中心,把档案信息服务领域延伸到手机及手持终端等领域。档案部门要着眼于未来手机以及手持应用终端的市场,搭建具有拓展性的综合信息平台,开发手机应用 App,使人们随时随地都能享受高质量的信息服务。

第二节 档案信息化技术探索

一、移动互联网和档案信息共享

在互联网的发展过程中,PC 互联网已日趋饱和,移动互联网却呈现井喷式发展。移动互联网(Mobile Internet,简称 MI)是一种通过智能移动终端,采用移动无线通信方式获取业务和服务的新兴业务,包含终端、软件和应用三个层面。终端层包括智能手机、平板电脑、电子书、MID 等,软件包括操作系统、中间件、数据库和安全软件等,应用层包括休闲娱乐类、工具媒体类、商务财经类等不同应用与服务。随着技术和产业的发展,LTE(4G 通信技术标准之一)和 NFC(近场通信,移动支付的支撑技术)等网络传输层关键技术也将被纳入移动互联网的范畴之内。

随着宽带无线接入技术和移动终端技术的飞速发展,人们迫切希望随时随地都能方便地从互联网获取信息和服务,移动互联网应运而生并迅猛发展。然而,移动互联网在移动终端、接入网络、应用服务、安全与隐私保护等方面还面临着挑战。其基础理论与关键技术的研究,对于国家信息产业整体发展具有重要的现实意义。

(一)移动互联网络拥有更多的用户量

移动互联具有相当广泛的群众基础,移动互联网用户数量已超过 PC 用户量,并有进一步增长的势头。如果大量档案信息服务应用于智能移动终端,将会更大地促进档案信息的利用与传播,使档案服务真正走进人民群众当中,同时用户可以轻松转发或分享自己的信息,也可实现多种形式的互动使档案利用从小众化发展为大众化,充分发挥社会价值。

(二)移动互联网络突破时间和空间限制

由于移动互联技术的发展,用户可随时随地享受网络服务,而智能移动设备就像贴身物件一样与人们形影不离,档案信息的传播也就不再受空间和时间的限制。对于档案信息的接收,用户还可以随意选择,随时查看,对于档案信息的提供者来说,也不仅仅是只能通过固定的办公设备在固定的时间传输,还可通过自己的移动设备,如平板电脑或手机甚至智能手表等其他移动设备随时随地发布信息。

(三)移动互联网络传播信息的多样性

通过接入移动互联网,用户可接收各种形式的文件信息,将文字、照片、声音、动画甚至视频融为一体,这样的信息形式能很好地丰富用户体验,运用智能移动平台提供档案信息,打破单一的服务格局,不仅能充实信息内容、丰富信息形式,还有助于档案信息化建设和档案服务工作的创新。

(四)移动互联网络与档案政务微博服务

微博是一个基于用户关系信息分享、传播以及获取的平台。用户可以通过 WEB、WAP 等各种客户端组建个人社区,用有限的文字信息实现即时分享。微博的关注机制分为可单向、可双向两种。微博作为一个档案信息传播平台,不同人群都可以阅读或传播信息,利用可公开的档案信息解答历史谜团,普及历史知识,也可推出一些趣味话题讨论,使神秘的档案走进百姓生活。

(五)移动互联网与微信业务

微信能够发送文字、图片、语音、视频等不同形式的消息,而相比微博,微信的对话更为直接,接收消息及时,这些独具的优势使微信逐渐成为人们的一种生活方式,因此将档案信息服务和微信技术相结合必将成为新的发展点,具体应用可以实现查询业务、朋友圈传播和信息订阅。

二、云计算对档案信息化的影响

云计算(Cloud Computing)是基于互联网的相关服务,提供虚拟和动态的存储空间和计算能力。云是网络、互联网的一种比喻说法,好比是从古老的单台发电机模式转向了电厂集中供电的模式,意味着计算能力也可以作为一种商品进行流通,就像煤气、水电一样,取用方便,费用低廉,最大的不同在于它是通过互联网进行传输的。

云计算里面的资源可以被任何单位和个人租赁使用而无须掌握复杂的计算机技术,使用的费用也相对低廉。云计算自从诞生之后,便在各个计算机应用领域掀起热潮。在档案管理部门可以利用云计算促进档案的信息化建设,解决档案的众多小规模区域的分片式管理。云计算对进一步提高档案信息化建设管理的水平,以及更好地为国家、社会服务也有极大的促进作用。

云计算是一种基于互联网技术平台运行的商业发展模式,内部采用的是虚拟资源共享模式。所谓的"云",就是在互联网上的众多的计算机硬件及软件资源。有了"云",我们就不需要为提供档案服务所需的各种软硬件资源耗费大量的前期建设成本,只需购买相应的服务,就可以调集云平台里面大量的计算设备进行运算,并在很短的时间内返回运算或查询结果。云计算对于用户的客户端没有任何要求,可以是手机、平板终端等低端运行设备,所需的只是进行一些相关指令。

目前,档案信息管理完全可以使用云计算平台来提升档案管理的服务水平。云计算平台给档案信息化管理带来以下几点优势。

(一)降低运营成本

现在各类档案的增长速度都是几何级的,为了能够确保档案的正常管理及正常的对外服务,需要有大量的档案管理人员,既要做好纸质档案的保存工作,同时又要升级服务器、管理软件和软硬件设备以应对服务需求。但是如果应用了云计算平台的档案管理,所有的升级维护都不再需要,全部由云平台的供应商提供,所有的服务检索运算等都在云计算平台上完成,而客户端所做的只是投入少量的费用,购置一些便捷的客户端。档案馆工作人员的工作强度得到降低,可以更好地进行档案馆的其他工作。

(二)共享档案信息

云计算平台的出现,将原来局限在各档案馆、机关档案室的档案信息进行了最大化的共享,用户甚至可以在异地进行业务的申请和办理,就像现在各地的档案系统没有联网,异地办理一些证件需要来回奔波,增加了用户办事的难度,通过云平台,只要获得相应的授权,就可以通过不同的终端连接到相应的档案服务部门,享受数字档案馆的优质服务。云计算平台的档案服务使原来存在的信息"孤岛"的问题得到根本解决,同时也可以通过该平台为用户跨库检索提供便捷。

(三)保障档案服务平台的运行

在运行的档案管理系统中,一旦档案服务器出现故障或者出现电力供应问题,档案资源或者信息就没有办法再被网络使用,而在云计算平台上,有强大的集群服务器作为后盾,通过虚拟化的技术使档案信息在多个服务器上进行备份,即使某台服务器出现问题,智能纠错系统会及时地将其他服务器的信息进行转移,解决信息服务的中断问题。

(四)为档案存储提供海量空间

随着时代的发展,档案管理由单一的纸质文件逐步向电子形式,视频、音频等多媒体形式发展,对数据存储能力提出了更高的要求。档案信息化的发展,如果全靠档案部门自己扩大存储空间来进行信息存储,投入成本过大。而云计算平台的云存储提供的成千上万台服务器组成了庞大的服务器的集群,拥有海量的达到 EB 级别的存储空间,而租用这些空间的费用极其低廉。

(五)应用系统模型构架便捷

云计算平台下提供信息咨询服务的模式不再是在单机运行,而是通过在 Web 网络上的大规模的集群系统来完成,所需的数据也是在网络的存储空间保存,通过网络安全传输协议保障数据传输的安全,就像我们接入国家电网一样,只要接通了开关,就可以使用电网中的电力,非常便捷,系统的应用对客户端基本没有任何要求。

第三节 档案信息化管理的创新探索

一、多载体档案统筹管理

(一)档案目录信息统筹管理

无论是电子的还是纸质的档案,无论是手工管理还是采用计算机实行自动化管理,整理、分类和编目始终都是档案工作的重要组成部分,档案目录是各级各类档案馆提供档案服务利用的基础信息,也是实现档案检索和提供档案利用的重要依据。

馆藏的传统载体档案中,手写档案目录是最常见的方式,而新归档的各类档案会形成各种机读档案目录,或以 Excel、Access、Word 的形式,或以关系型数据库格式存储的数字形式的目录信息,为了方便档案利用者,档案馆必须对已有馆藏和以后归档的所有档案的记录信息进行整合,按来源原则或信息分类方式分别进行整理、分类与合并处理,形成能够覆盖各类档案资源的目录信息,并采用档案管理信息系统对档案目录信息实行统一管理,实现目录信息的资源共享和统筹管理。要避免长期以来一些档案馆的做法:数字化档案采用管理信息系统进行管理,纸质档案采用手工翻本的方式进行检索。在档案馆实施信息化过程中,目录信息的数字化也是很重要的一项任务,不能由于工作量大、过去没有录入就让它继续成为历史遗留问题。

档案目录信息统筹管理的另外一个含义是案卷目录和卷内文件目录的关联管理,即尽可能将卷内文件目录也实行计算机化管理,并与其对应的案卷目录进行关联。当检索到案卷目录,就可以方便地浏览其卷内文件目录,提高检索的准确度;当检索到卷内文件目录时,也能够很快地定位到它所对应的案卷目录及其所在的库房存址,以方便调卷。

当然,由于档案馆人、财、物等资源的限制,档案信息化工作也是一个循序渐进的过程,不可能做到一蹴而就,因此需要根据业务工作需要的紧迫程度,首先解决重要问题。有些档案馆在信息化实施一开始,注重新接收档案的目录建设和全文管理,而将原有馆藏档案的目录和实物数字化作为二期工程来实施。实力较强的档案馆则将两项工作并行开展,以加快档案数字化处理和信息化利用的效率。无论采取哪种策略和方式,档案信息化最终的效果是将档案馆的档案全部实行信息化统筹管理,既方便档案工作者,又方便档案利用人员,更能为未来档案资源的社会化服务与信息共享奠定坚实基础。

(二)档案目录全文一体化管理

档案全文,一方面是指馆藏档案内容的数字化信息,如缩微胶片、照片以及纸质档案数字化形成的静态图像文件,磁带、录像带等经过模数转化后形成的声音、图像等多媒体文件;另一方面是指各机构使用计算机和办公自动化系统等产生的电子文件归档后形成的数字化档案信息。这些全文信息是档案的内容实体,与档案目录信息相比较,档案全文能够提供更详细、更完整和更准确的内容和信息。

我们知道,数字化信息最大的特点是利用的方便性和检索的快捷性,档案馆花费大量的时间、人力、物力和财力开展馆藏档案数字化和接收电子文件进馆的主要目的是方便利用,对于使用频繁的历史档案而言,也能起到保护档案的目的。

实行目录全文一体化管理是信息化管理中比较有效的一种方式,其工作原理是首先在档案目录中进行检索,缩小范围,然后再检索全文,以便准确定位查档目标。通常采取的方式是,将档案目录信息采取关系型数据库管理系统实行统一管理,将扫描后的图像文件和新接收的电子文件档案以文档对象或文件形式存储在文件服务器或者内容服务器上,并通过一定的访问规则将档案目录信息与这些文件对象进行关联。在检索到档案目录信息时,就可以浏览和检索全文。如果在信息系统中,还需要按照系统设定的用户对目录和全文的浏览、检索权限进行处理。

实施"目录全文关联归档",要求档案工作者要转变传统的工作方法,从档案利用者的需求出发,分析档案被利用的范围和特点,遵循档案管理的原则和标准,对部门形成的数字化档案实行即时归档,即将"目录全文关联归档"的思想贯穿于电子档案形成的全过程。档案馆的工作人员也要充分利用现代化管理手段,通过网络开展指导、鉴定、归档与管理工作,将工作重点转移到分析档案利用者的需求、开发档案资源的编研与开发、监控电子文件的形成过程,将工作模式从"被动接收"转变为"主动挑选",将真正有价值的、值得保存的电子文件转化为未来社会需要参考和利用的档案资源。

(三)档案工作的"双轨制"

"双轨制"是指在文件形成处理、归档、保存、利用等过程中,纸质文件和电子文件二者同时存在,两种载体的文件同步随办公业务流程运转,同步进行归档、同步进入归档后的档案保管过程。

实行双轨制的机构,在文件进入运转程序时就以电子和纸质两种载体并存,业务人员要对同样内容的两类文件进行并行办理。由此看来,"双轨制"的核心是从文件的产生开始就以两种载体形式记录各项社会活动的信息。这些记录中有保存价值的将作为档案进入归档阶段,将纸质和电子的记录同时移交到档案馆。

就网络、电子环境本身而言,尽管他们存在先天的"不安全"和"淘汰快"等缺点,但每一种新的服务器、存储器、数据资源管理系统的出现都会兼容老的版本或者出台新的数据转换或迁移方法,目的是确保原来的电子数据不失效或可读。

彻底的"双轨制"需要投入大量的人力、财力、物力,在电子文件形成过程的管理上也很复杂。因此,很多单位采取了"双套归档"的做法,一种是将办公自动化系统中属于归档范围的电子文件在归档前,制作纸质拷贝,归档时将二者同时移交到档案馆;另外一种则是对纸质的文件进行数字化扫描和文字识别处理,形成纸质档案的电子拷贝。这样,保存的电子文件可以方便网络化利用,纸质文件则主要用作永久保存,有些单位则采用缩微技术,实现档案的缩微化保存。这些做法不可避免地会增加档案馆接收档案和管理档案的复杂性,提高档案管理和保存的成本,但这依然是21世纪档案工作的主流方式。随着时间的推移,档案馆保存的纸质档案和电子档案的比例将会逐渐发生变化,但纸质档案仍然会在相当长的一段时间内成为馆藏的主要成分。

二、文件档案一体化管理

(一)文档一体化管理思路

文档一体化强调电子文件全过程管理的连续性和信息记录的完整性,目的是确保有保存价值的电子文件,自生成开始到生命周期活动过程结束的全过程,信息能够获得完全的记载和一致的保存。文档一体化管理的思路体现在以下几个方面。

1. 管理过程的互动性

文档一体化最重要的特点是将现行业务系统的工作与档案工作实现互动与交叉。一方面使档案工作者从文件生成之日起就能够开展鉴定、归档及归档后的管理,通过前端参与和过程控制,加强为社会积累财富的执行力;另一方面也使得开展现行业务活动的工作人员增强了对档案的认知程度,不仅要认识到,只有将有价值的文件完整归档并移交给档案部门进行保管才能算相应的工作真正结束,同时还要意识到,在开展现行业务系统的过程中,要责任明确、注意积累,记录电子文件活动全过程中所有重要的和有价值的信息,确保电子文件的真实性和完整性。管理过程的互动性加强了多方人员工作中的交流与沟通,对形成和积累有价值的、完整的、真实记载社会活动记录的电子档案具有非常重要的社会意义。

2. 应用系统的统一性

文档一体化管理模式的实现是文件和档案共同依赖统一的管理信息系统,并运行于同构的网络、服务器、数据库管理平台,采取相同的数据、文件存储格式,不同的是管理文件与档案工作人员对信息系统的操作权限有所不同。在文件的生成、处理、会签、审批等各业务工作处理阶段,业务工作人员拥有对文件的增加、修改、删除等权限,而档案工作者只有查看、浏览的权限。在文件结束其现行期业务工作之后,进入归档阶段时,由电子文件的归档整理人员进行筛选、整理,而档案工作者则开始履行电子文件的鉴定职能和归档前的指导工作。在电子文件归档形成电子档案后,档案工作者则需要开展电子档案的保管,并为档案形成单位和社会提供档案的服务。应用系统的统一性使得从文件到档案的转变过程中,不再需要数据转换和迁移,保持了文件信息的真实性和完整性,同时也降低工作人员使用信息系统的复杂性,减少了使用过程中错误的发生率。

3. 工作流程的集成性

在传统的文件管理过程中,文件的形成、归档和作为档案保管与提供利用等环节,都将文件生命周期清楚地划分为三个相对独立的过程,即现行期、半现行期和非现行期,并通过现行业务工作部门、机构档案室和档案馆三个物理位置不同的部门分别完成各自的工作,而文档一体化则将文件、档案的管理流程实现了集成,要求在一个统一的系统内,有统一的控制中心、统一的工作制度、统一的且各有特点又互相衔接的工作程序,将档案著录、鉴定、保存和管理等工作贯穿于文件的形成、流转、会签、批准或签发、整理、鉴定、归档、移交、保存或销毁等各个环节,实现各个过程中工作流程的集成和信息的共享,而且能够根据不同的文件与处理要求定义特定的工作流程,实现流程的优化和个性化处理,提高了工作效率,降低了档案接收和保管的复杂性,避免了信息的多次录入和产生不一致信息的可能性。

4. 业务处理的自动性

文档一体化是在充分信任的网络、计算机和信息系统的数字环境下开展工作,采用信息技术和基于工作流程管理理念实现的自动化信息系统,不仅提高了工作效率,而且降低了错误发生的概率。同时,在一些业务处理环节增加了系统自动处理技术,如电子文件版本信息的自动跟踪、电子文件处理过程中的责任链信息的记录、基于管理规则实现的电子档案的自动标引等,都大大提高了业务处理工作的自动化程度,减少了人工操作的复杂程度。由于这些自动化的处理过程是通过系统进行身份认证之后自动生成并保存记载的,因而大大提高了电子文件整个生命周期活动中信息记载的真实性和完整性。

5. 归档工作的及时性

通过对文档一体化应用系统的广泛使用,档案工作者能够随时对归档范围内的、已经完成现行期使命的文件实行鉴定、整理、归档和提供利用等工作。一旦电子文件的形成机构确认该文件已经结束现行期的历史使命,就完全能够实现即时归档、即时鉴定,避免以往通行的隔年归档中存在的各种问题,如丢失、泄密、滞后等。

6. 安全管理的有效性

文档一体化,一方面使电子文件归档过程变得简单、快捷,自动化程度高;另一方面使人们对电子档案原始文件与档案目录数据实现了同步管理,最大限度地减少了人工的干预,不仅提高了归档工作的效率,更重要的是大大增强了归档过程的规范性和安全性。至于网络和信息系统带来的安全风险,是能够通过采取各种现代技术手段得到控制和加强的,而管理上的漏洞,采用自动化手段执法比靠人工执法的安全性要高。

(二)文档一体化实现方法

1. 文档一体化系统业务流程

文档管理的实际办公过程比较复杂,有保存价值的电子文件经过整理、鉴定、审核、移交、归档到档案部门管理后,形成电子档案。

2. 文档一体化系统功能结构

通常情况下,文档一体化管理信息系统的功能包括收文管理、发文管理、归档管理、档案管理等。这几个模块相互关联,内部信息集成化共享,真正实现了电子文件到电子档案的自然归档和一体化管理。

(1) 收文管理

以电子文件的形式处理和记载上级公文、平级来文,用户可根据公文的登记日期、急缓程度、当前流转状态等过程信息快速有效地找到相关文件并进行相应的操作,主要包括收文登记、收文流转、文件催办、流程监控、文件发布等过程。

(2) 发文管理

发文管理是处理并转发内部制定的或外来的文件。电子文件起草后,均需逐级通过各主办与会签部门人员的审批和修改,最后提交领导签发,形成正式的公文,然后登记、归档。主要包括发文起草、发文流转、文件催办、流程监控、发布等主要工作。

(3) 归档管理

电子文件的归档大多采用以下两种方式:一是通过机构内部局域网的电子公文传输系统从网上实现自动归档,系统通过归档环节后,电子文件的管理权就移交给档案管理部门,成为电子档案。此时,其他业务人员能够按照系统授予的权限查询电子档案,但不可以修改。二是各立卷部门在向档案馆移交纸质档案的同时,上交电子载体存储的各种信息,如磁盘、光盘等。

(4) 档案管理

根据国家版本的电子档案归档与管理的相关标准,执行档案的移交、接收、审核、保存、管理、查询、统计以及提供服务利用等工作,档案形成机构可根据档案的信息类别或档案来源建立相应的档案信息资源库,并可根据归档年度、归档部门或档案实体分类等建立快速检索机制,方便借阅和提供利用。

3. 电子文件网络化归档的真实性保障方法

整个过程包括电子文件归档产生的数字化档案信息的形成、归档、管理和利用四个重要阶段,每个阶段都需要采取各种策略和方法保障档案信息的真实性。

(三) 文档一体化深化应用的要求

1. 提高认识、统一思想是文档一体化管理的基本要求

文档一体化的实质是将机构各部门相对分散独立的文件与档案统一为一个有机的整体进行管理。这不仅能够加强档案部门对文件管理的超前控制,保证档案的质量,而且能够实现文档数据的一次输入,多次利用,减少重复劳动,节约人力、财力、物力和时间。然而,要想真正实现文档一体化管理,对档案工作者而言,特别是档案部门的领导,必须对文档一体化管理理念有一个全面、客观、科学的认识,并达成共识,充分认识到一体化管理的真正受益者是档案工作者自身,认识到新形势下文档一体化的必要性和紧迫性,认识到这是时代赋予当今档案工作者的使命,只有这样才能够顺利推行文档一体化管理,加强自觉性,使他们面对困难,不逃避、不退缩,勇于接受新鲜事物,逐步实施和应用文档一体化管理模式来开展各项业务。

2. 加强电子文件管理的标准化与规范化

文档一体化管理,使电子文件与电子档案之间的关系更加密切,把二者放在一个综合的

管理系统中,作为前后衔接、相互影响的子系统,统一地组织和控制整个文件生命周期的全过程。由于文件管理与档案管理的这种前后相承的关系,文件管理直接关系到档案管理的存在和发展,只有文件管理做到标准化、规范化,档案管理才能够顺利地展开。如果文件管理无章可循、紊乱不堪,可以想象档案管理各环节也会陷入忙乱无序的状态,这也会影响综合管理信息系统整体功能的效用。

3. 加强培训和继续教育,提升档案工作者的综合素质

文档一体化管理要求档案工作者不仅具有档案学基础理论知识及专业知识,还必须掌握现代信息技术,熟练运用计算机及现代通信设备来操作网络化管理信息系统,要求档案工作者不断调整自己的知识结构,提高技能,加强综合素质的培养。如果不熟悉计算机、不懂网络知识,根本无法接受文档一体化管理思路,更无法开展电子档案的管理工作,也不可能参与到电子文件管理的全过程中。

三、档案资源多元化利用

(一)档案资源的社会化利用

在信息社会和知识型社会迅速发展的21世纪,在档案信息化建设与发展的众多方面,无论是技术手段,还是信息资源的有效积累和广泛利用,都必将以档案信息资源的整合、集成、共享、利用作为出发点和落脚点,以传承人类文明、共享信息资源,实现社会的可持续健康发展。

1. 档案资源的知识化积累

档案的形成(鉴定、收集、整理与归档)是从个体知识到组织知识,再到社会知识转换的文化积累、动态跟踪的历史记载过程,档案的开发与利用(编研、开放、发布与利用)是人类传承文明、创新发展的过程。这两个相互衔接、彼此推动的过程循环往复、推陈出新,构成了人类社会的知识化动增长和社会化自适应的档案资源不断丰富的过程模型。这表明了档案文化通过"传承—积累—发展—传承"这样一种类似于文化加工厂的生产工序,随人类自身的繁衍而形成民族文化生生不息、无始无终的传承环链。

2. 档案资源的共享化利用

社会信息化使档案信息资源面临着一个全新的生存环境与发展空间。档案应该记载"人类生活的方方面面"。档案工作者要"创造一个反映普通百姓生活喜好、需求的全新的文献材料世界",档案馆藏是反映"人类生活的广阔领地"。因此,档案资源唯有回归社会,得到最大限度的利用,才能体现档案保管的价值和作用。事实告诉我们,实现档案信息资源的集成化管理和共享化利用是档案贴近公众、服务社会的最佳解决方案。

要实现档案信息资源的共享化利用,必须在档案基础数据库的建设上下功夫。因此,研究档案基础数据库的元数据标准集、数字化档案信息的格式规范以及档案基础数据库的建设思路和方法、各类结构化和非结构化档案数据的组织、存储和检索利用的关键技术、整合方案、提供检索服务和共享利用的有效机制等,将成为当前档案馆信息化建设重要的基础性工作。

3. 档案信息服务机制变革

随着全国各行各业信息化进程的加快,档案馆信息化应用也逐渐走向更广、更深的领域。档案信息服务将不再拘泥于传统的、单一的方式,将会有所创新,趋向多元化发展。

(1) 服务方式由被动向主动转变

要改变传统的被动服务方式,积极主动地开展档案信息服务。长期以来,在档案信息利用上,总是遵循一种传统的服务方式——"等客上门",这实质上与信息社会的发展极不协调,不利于档案信息价值的体现与发挥,封闭了档案信息表现价值的众多途径。而档案信息服务方式也必须考虑到档案的特性,"送货上门"也是不行的,不符合《中华人民共和国档案法》的基本要求。档案信息的主动服务方式应该是"请客入门"。

(2) 服务手段由传统型向现代化转变

信息技术、数据库技术以及多媒体技术的发展使得档案信息服务手段发生了巨大的转变。借鉴相关学科数字化发展的研究成果,实现档案管理现代化应借助于数字化综合管理信息系统,把分散于不同载体、不同地理位置的档案信息资源以数字化的形式储存,以基于对象管理的模式管理,以网络化的方式互相连接,从而提供及时利用,实现档案信息资源共享。我国是发展中国家,经济和技术条件的制约决定了档案管理手段转变的长期性,传统的档案馆信息服务技术与服务手段将得到一定程度上的扬弃,将以新的信息传播循环方式提供档案信息服务。

(3) 服务内容由单一型向多元化发展

通过网络等信息技术与其他档案馆、信息机构及整个社会信息资源建立起紧密的联系。其信息服务将增加新的内容,诸如档案信息资源网络化组织管理、档案信息资源的网络导航、档案信息的数字化开发与提供利用、档案用户的教育培训等。例如,在档案利用者的教育培训方面,就要在对利用者进行传统档案检索和获取方式的培训基础上,重点帮助利用者学会如何利用数字化的信息资源、如何选择档案信息数据库、如何从网上获取所需的档案信息、如何操作远程通信软件等。档案信息组织方式、检索方式、采集方式,较之其他类型的文献信息来说,具有复杂多样、技术含量高、对利用者信息能力要求高等特点,而我国熟练使用档案信息的人很少,所以对档案利用者的信息检索能力、信息获取能力、信息筛选能力、信息识别能力的培养是档案信息服务的一项重要内容。

(4) 档案资源由封闭向开放转变

在网络环境下,档案馆信息服务资源已不再仅仅局限于馆藏档案信息量等指标,而是着眼于档案馆获取档案信息、提供档案信息的能力。所以,档案馆在充分开发利用本馆馆藏档案信息外,还必须通过网络检索利用其他档案馆馆藏信息和网上信息资源。建立档案信息资源的现代化管理系统,将档案信息纳入计算机网络,从而达到最快捷的信息资源利用效果。通过网络等信息技术实现档案信息价值的最大化,并最终取得档案信息服务于社会的最佳效果。这需要一个过程,从单机操作到建立档案管理信息系统网络、连接有关信息机构网站,最终并入国际互联网。从我国现实情况来看,这将是一个长远的过程,然而这必将是档案馆信息服务发展的终极目标。

(5)档案资源由单一型向多类型转变

档案馆提供的单一信息服务的资源是以收藏纸质档案为主要内容。在网络环境下,档案馆综合信息服务模式的服务资源则要朝着多种载体形式并存的方向发展,包括各种电子文件、光盘、多媒体、缩微载体和声像载体等,尤其要增加数字化馆藏资源的建设。网络环境下的数字档案馆所拥有的完整的馆藏含义应该是"物理实体馆藏+数字化馆藏"。

我国档案馆在档案信息数据库建设方面的任务是:在保留传统档案文献的同时,应通过协作与协调,在一定程度上对馆藏资源进行数字化,要注意将各馆独特价值的馆藏文献数字化,制成光盘或上网传播,使各馆上网信息独具特色,并在此基础上形成一个档案信息网络。

(二)馆藏档案数字化应用

为适应公众网络化查档和档案信息化管理的多元化需求,馆藏档案数字化应用系统的建设已成为现代档案管理的一项重要内容,对档案工作者而言,这也是一项全新的任务,需要在充分认识到馆藏数字化重要性和必要性的基础上,采取有效的策略和方法,开展馆藏档案数字化系统的建设和有效使用。

1. 馆藏档案数字化的意义和任务

中共中央办公厅、国务院办公厅联合发布的《关于加强信息资源开发利用工作的若干意见》中明确指出:"各级党委和政府必须担负起加强信息资源开发利用工作的重要责任,采取有效措施,抓紧解决工作中存在的问题,不断提高信息资源开发利用水平。"档案信息资源的开发与利用是现代档案工作的重中之重。档案作为一种特殊的文化资源,是国家信息资源的重要组成部分,它的开发与利用具有非常广泛的社会价值和实际意义。馆藏档案数字化工作主要包括两项任务:一是将传统载体档案目录进行数字化,二是将档案内容进行数字化。

2. 馆藏档案数字化的思路与方法

(1)做好馆藏档案数字化的前期基础工作

需要对哪些档案进行数字化,采取什么方法来开展,数字化加工需要购买哪些设备,除此之外还需要做哪些准备工作以及如何做等,都是馆藏数字化的前期基础性准备工作。

①做好可行性论证

要根据档案利用的需要、资金情况、馆内人员知识结构、馆内软硬件平台、馆内信息化应用现状等基本状况,在充分了解和认识馆藏档案数字化系统建设的复杂程度和技术要求之后,做好馆藏数字化系统建设的可行性论证工作,确保系统建设自始至终不被中断,确保数字化后的档案信息能够真正使用起来,见到实效。

②选择数字化加工方式

数字化是保管档案过程中所做的一项技术性较强的现代化处理工作,这对习惯了传统管理工作的档案工作人员来说,具有较大的难度。因此,需要提前做好规划,明确系统建设的实施方案。主要包括馆藏档案数字化系统分几个阶段完成,每个阶段的任务和目标是什么,应对哪些档案做数字化加工和处理,数字化加工处理过程中的安全控制、进度控制、质量控制和成本控制等过程中应采取的方法与策略,数字化后的档案信息如何与现有的计算机信息系统实现集成,如何发布档案信息以提供利用,如何解决备份和长久保存等问题,这些都需要提前做好解决方案,并在档案工作人员和数字化加工协作人员之间达成共识后,才能开始工作。边加工边讨论的方式只能导致工期拖长、见效缓慢、安全性保障难,甚至导致项目失败。

③筹备和落实资金

数字化加工的任务单靠档案馆的人力很难完成,往往需要采取商业化的运行模式或外协加工。另外,加工完成后,还需要购买网络化存储设备提供档案信息服务与利用,需要购买各种存储介质进行数据备份,而且数字化加工过程还需要购买保障安全的监控设施和扫描设备,系统实施后还需要聘用系统管理和数据管理人员开展大量运行与维护工作。建立馆藏档案数字化系统需要的资金大概包括以下几个部分:一是扫描并且进行全文数字化加工的费用;二是数据发布系统的购买费用,包括全文检索、模糊检索、多分类系统、图文关联、元数据编辑器等功能;三是购买服务器的花费;四是进行馆内人员培训、引进网络管理员和系统管理员等都需要资金。因此,在进行馆藏档案数字化之前,应在资金准备上给予充分重视。

(2) 确定数字化加工的协作模式

档案内容数字化工作包括数字化预加工和深加工两步。预加工是能够将纸质档案、照片档案、缩微胶片等转变为电子图像文件,不能将纸质档案上的文字信息进行完全处理;深加工则是利用技术含量较高的OCR和语音识别等处理技术获取载体档案中的文字信息,以利于提供全文检索。

(3) 保障数字化档案信息的真实性

在馆藏档案数字化过程中,数字化档案信息的真实性、完整性保障主要体现在档案实体的扫描加工和档案目录的数字化两个方面。

①扫描加工过程中的真实性保障

馆藏数字化档案信息在其形成、管理和提供利用的过程中,制定保障档案信息真实性的规章制度是非常重要的,各个阶段的安全保障侧重点不完全相同。

②数字化档案目录信息的真实性保障

数字化档案目录信息一般都存储在数据库文件中,它的安全性主要取决于数据库管理系统自身的管理能力。它的真实性主要取决于档案管理员"依法管档"的严格程度。这一部分数据是管理人员根据档案原件提取出来的、用来描述档案原件核心内容的元数据信息(也可能是电子文件自动归档过程中通过预先设定的规则自动生成的、描述文件属性的元数据信息),但这一部分信息并不像档案原件那样具有凭证性作用,它只是为了方便管理和快速检索而形成的,并且在以后的管理过程中某些信息可能会改变。

(4) 加强数字化档案信息的整合与集成

馆藏档案数字化和电子文件归档后,产生了大量的数字化档案信息,如果只将其刻录于光盘或存储在磁盘中,不提供系统化的档案利用服务,是错误的和无意义的,也不是馆藏档案数字化的真正目的所在。一些档案馆在开展数字化之前就使用了档案管理信息系统来管理档案的目录信息,并在馆内提供档案目录信息的检索服务,也有一些档案馆在开展数字化的同时也建立起电子文件归档系统,收集电子文件并整理其目录信息,还有些是将馆藏档案数字化作为档案信息化的启动工程。但无论是哪种情况,都需要处理好当前档案馆面临的电子文件归档、馆藏档案数字化和对传统载体档案管理的业务关系,将这三项主要工作形成的数字化档案目录信息和档案内容对象实行同步管理,对于电子档案有纸质备份的或纸质档案有数字化拷贝的,都需要做关联处理,做到同一档案内容的一致性管理。否则,在档案馆分别建立电子文件管理系统、馆藏档案数字化管理系统、纸质档案管理系统,必然会造成系统间数据重复,甚至不一致,从而增加管理的复杂程度。

(5)保障数字化档案信息的存储安全

数字化档案信息的安全管理是档案信息化应用的前提条件。档案安全管理的重要性是由档案本身和档案管理的性质所决定的,档案信息化建设必须充分考虑电子环境、应用系统和档案数据存储等方面的安全问题,要正确处理方便、高效使用与安全管理的关系,不能因过分考虑安全而限制了档案信息的网络化传输与使用,这样将大大降低网络化应用系统的使用价值。对于数字化档案的网络化存储系统,一方面要求使用带自动备份功能的专用服务器和数据库管理系统,能够配置备份作业计划并安全执行,如光盘库、磁盘阵列、专用网络存储设备等,对备份信息能够实现数据的迁移和方便的恢复;另一方面也应同时使用安全介质备份,定期刻录(复制)备份信息,实行异地保管。

(6)提供数字化档案信息的方便利用

馆藏档案数字化的一个根本目的是方便利用,如果将数字化后的图像刻录成光盘存放在库房中,与纸质档案采用同样的管理方式,那么数字化的效果就很难体现出来。只有真正将档案的数字信息放在网络环境中,提供网络化的高效服务,才能确保投资有收益。

参考文献

[1]容海萍,赵丽,刘斌.图书馆信息资源建设[M].北京/西安:世界图书出版公司,2019.

[2]马利华.图书馆信息管理与服务研究[M].延吉:延边大学出版社,2019.

[3]程东立.图书馆信息检索与资源共享教材[M].北京:中国商业出版社,2019.

[4]宋松.公共图书馆信息资源建设研究[M].北京:现代出版社,2019.

[5]李艳春,朱平哲,毛靖.大数据环境下高校图书馆信息服务转型研究[M].北京:北京工业大学出版社,2019.

[6]张理华.大数据时代高校图书馆信息服务创新研究[M].北京:北京理工大学出版社,2019.

[7]张路.大数据时代高校图书馆信息服务创新研究[M].长春:吉林人民出版社,2019.

[8]刘坤.图书馆档案信息资源开发与整合[M].延吉:延边大学出版社,2019.

[9]许艳.现代信息化图书馆建设与档案管理[M].咸阳:西北农林科技大学出版社,2019.

[10]潘连根.档案学元理论研究[M].杭州:浙江大学出版社,2019.

[11]叶继元.信息资源建设[M].北京:科学出版社,2021.

[12]黄国彬.图书馆信息资源安全:基于云计算环境下[M].北京:知识产权出版社,2021.

[13]井继龙.区县级图书馆建设研究[M].北京:中国纺织出版社,2021.

[14]赵吉文,李斌,朱瑞萍.数字图书馆建设与档案管理[M].汕头:汕头大学出版社,2021.

[15]高莉.图书馆管理与档案资源建设[M].长春:吉林人民出版社,2021.

[16]常艳丽.文化遗产信息资源数字化融合服务[M].北京:经济科学出版社,2021.

[17]韩雨彤,常飞.图书馆信息资源建设发展研究[M].北京:应急管理出版社,2020.

[18]江莹.基于信息资源建设与读者服务的高校图书馆发展研究[M].长春:吉林大学出版社,2020.

[19]余晓华.高校图书馆信息资源建设与服务[M].郑州:中原农民出版社,2020.

[20]宋丽萍,王颖,于君.大数据环境下高校图书馆信息资源建设与共享[M].北京:兵器工业出版社,2020.

[21]李丽丽.图书馆数字信息资源建设研究[M].海口:南方出版社,2020.

[22]吴环伟.图书馆文献资源建设与共享服务创新[M].长春:吉林出版集团股份有限公司,2020.

[23]王春玲.地市级数字图书馆资源建设与阅读推广研究[M].沈阳:沈阳出版社,2020.

[24]凌霄娥.图书馆管理艺术与信息化应用研究[M].西安:西北工业大学出版社,2020.

[25]张鹏,宁柠,姜淑霞.图书馆信息化建设理论与档案管理实践[M].长春:吉林人民出版社,2020.

[26]王凤翠."一流学科"建设高校图书馆支持体系创新研究[M].华中科学技术大学出版社,2020.

[27]李小贞,宋丽斌,赵毅.现代馆藏管理与资源建设[M].长春:吉林人民出版社,2020.

[28]戴艳清.基于用户体验的公共数字文化服务营销研究[M].北京:知识产权出版社,2020.

[29]朱明,周倩.图书馆服务管理内化[M].北京:中国社会科学出版社,2020.

[30]王晓柏.公共图书馆服务与管理[M].长春:吉林出版集团股份有限公司,2020.

[31]李静,乔菊英,江秋菊.现代图书馆管理体系与服务研究[M].长春:吉林人民出版社,2019.

[32]张蓉.现代管理科学方法在档案工作中的应用实践[M].南昌:江西科学技术出版社,2019.